중국
전통상업관행의
동아시아적 전개

본 도서는 한국연구재단(NRF-2010-B00029)의
지원으로 이루어졌다.

중국
전통상업관행의
동아시아적 전개

박기수 외 지음

현대중국연구 총서를 내면서…

성균관대학교 현대중국연구소는 2009년도에 20회 생일을 맞이했다! 1989년 11월에 현대중국연구소를 창립하였던 초대소장 양재혁 교수님 (현 동양철학과 명예교수)은 20주년 기념 축사를 하였다. 성균관대학교 내에 현대중국연구소를 설립하였던 동기는 중국의 "현대"를 연구하는 기관이 한국에 필요하였기 때문이라 하셨다. "현대"라 함은 마오쩌둥의 중국공산당이 1949년에 중국을 통일한 이후라 정의하셨다.

1949년 중국 공산당이 중국을 통일한 이후 중국은 20세기를 거쳐, 2010년 현재에 산천개벽의 변화를 겪었다. 성균관대학교 중국연구소도 그러하였다. 초기 중국 현대의 문사철 중심의 연구소 모습은 1997년 11월에 연구소장으로 부임한 경영대학 교수인 김용준은 현대중국연구소의 연구방향을 문사철에서, 경제·경영학적 탐구로 전환하였다. "현대"의 개념도 좀 더 협의의 1978년 개혁·개방 이후로 조작적 정의를 하였다. 그 후로 약 10년 동안 중국 특색적 시장경제 사회주의를 표방하는 중국의 시장문화를 경영학적 관점에서 연구하였다. 중국의 시장문화인 중국 소비문화와 기업문화를 심층적으로 연구할수록 중국 전통 상업문화에 대한 이해와 탐구의 갈증은 더욱 강해져 갔다. 이 학문적 갈증을 해소해 줄 기회가 왔다! 그것은 2007년 11월에 한국연구재단의 중점연구소로 선정되면서, 3년씩 3단계에 걸쳐서 9년 동안 "중국 전통 상업문화와 중국 현대 시장문화"를 연구할 수 있도록 터전이 생긴 것이다. 간절히 원하면 되나 보다! 특히 중국 전통 상업문화의 국내 최고 연구가인 성균관대학교 역사학과의 박기수 교수님과의 만남은 현대중국연구소가 비로써 한쪽 날개를 장착하는 진실의 순간이었다. 2008년 이후 8명의 대학교수와 6명의 전임 박사급 연구원이 뭉쳤다. 인문학 중심의 제1연구팀과 경제·경영 중심의 제2연구팀은 중국 황산에서, 자물쇠를 특별히 구입하여 두 연구팀의 학제 간 연구 결약식을 맺었다. 그 자물쇠의 열쇠는 황산의 깊은 계곡의 안개 위로 던져졌다.

그 후 현대중국연구소는 4번의 국제학술대회, 약 50여 편의 논문과 5권의 연구저서를 발표·출판하였다. 매월 월례세미나와 연구팀별 특별 연구회는 각각 중국 전통 상업문화와 중국 현대 시장문화를 학습·토론·연구하였다. 특별히 박기수 교수의 책임하에서 역사학을 중심으로 연구하고 있는 제1연구팀과 김용준 교수 책임하의 경영학 중심으로 연구하고 있는 제2연구팀의 교류와 소통은 마치 중국의 전통과 중국 현대의 단절된 역사를 구름다리 넘는 것과 같은 즐거움을 느끼게 해 주었다. 다행히 두 연구팀의 14명의 박사급 연구자들의 공통된 비전과 인내심은 조금씩 소통과 겸손을 통하여 학제적 연구의 새로운 모습을 만들어 내고 있다. 이러한 통섭의 산출물이 "현대중국연구 총서"이다. 2010에 연구개시 3년 차를 맞이하여 현대중국연구 총서 제1권인 "중국 전통상인과 현대적 전개"와 제2권인 "중국 현대의 소비문화와 시장문화"를 순차적으로 출판하게 되었으며, 순차적으로 총 6권의 총서를 출판하게 되니 가슴이 벅차오르고 머리가 시원해진다.

현대중국연구 총서 제1권에서는 10여 편의 논문이 중국전통상인의 현대적 전개에 관하여 역사학적·언어학적 관점에서 조명되고 새로운 연구의 가능성과 방향성이 제시되었다. 제2권에서는 10편의 논문이 중국현대소비문화와 시장문화에 대한 경영학적·경제학적·법학적 탐구와 실증연구를 통하여 새로운 사회과학 통찰을 제시하고 있다. 2011년에는 총서 3으로 "중국 상업관행의 근현대적 전개"와 총서 4로 "중국 현대기업문화의 변화"를 연구 업적물로 출판하였다. 2012년에도 총서 5와 총서 6을 출판하게 됨을 두 손 모아 감사 드린다. 성균관대학교 현대중국연구소가 한국연구재단의 중점연구소로서 학제 간 연구 결과물인 이 총서가 중국 현대의 "미래의 기억"으로서 중국 전통이 연구되고, 중국전통의 "과거의 상상"으로서 중국 현대가 연구되는 초석이 되리라 소망해 본다.

아직은 거친 돌이지만 앞으로 중국전통과 중국 현대를 연결하는 다이아몬드와 같은 연구총서를 출간하기 위하여 다시 한 번 옷매무새를 다듬으며 독자들에게 예의를 올린다. 제1연구팀 책임연구자이시자 현대중국연구소 부소장이신 박기수 교수님께 다시 한번 존경의 배를 올린다. 이 총서를 기획하고 만들어낸 현대중국연구소의 김주원 박사, 강용중 박사, 홍성화 박사, 이상윤 박사와 노은영 박사께 감사를 표한다. 또한 이 총서를 출판해주신 한국학술정보㈜에도 감사 드린다. 마지막으로 이러한 연구기회와 연구총서를 낼 수 있도록 지원해 주시는 한국연구재단에 큰 절을 올립니다.

2012. 9.

성균관대학교 현대중국연구소장

김용준 교수

총론: 중국 전통상업관행의 동아시아적 전개

박기수(성균관대학교 사학과)

1.

"생각은 행동을 낳고, 행동은 습관을 낳으며, 습관은 운명을 낳는다"는 말이 있다. 결국 사람의 의식이나 생각에 따라서 그의 어떤 행동이 이루어지고, 그러한 행동이 지속적으로 반복되다 보면 하나의 고정된 습관으로 정형화되며, 그러한 정형화된 습관이 사람의 일생과 운명을 결정하게 된다는 의미일 것이다. 그런데 이런 상황은 단지 한 개인에게만 적용되는 것은 아니고, 어느 사회계층이나 인간집단에도 동일한 논리가 적용될 수 있다고 생각된다. 즉 상인집단, 상업세계의 경우에도 이러한 명제는 적용될 것이다.

개인에게는 습관이지만 사회계층이나 인간집단에는 이를 慣行으로 표현할 수 있을 것이다. 상인세계, 상업세계에서 공통적으로 승인되고, 지속적이며 반복적으로 실행되는 하나의 관습을 우리는 상업관행이라 표현할 수 있다. 여기에 중국이란 공간이 더해지고 과거로부터 형성된 관행을 규정할 경우 우리는 중국 전통[1]상업관행이라 명명할 것이다.

---

1) 우리가 사용하는 전통이란 개념에 대해서는 박기수, 「총론: 중국의 전통상인의 형성과 근현대적 전개」, 박기수 외 지음, 『중국전통상인과 근현대적 전개』, 서울: 한국학술정보(주), 2010, 14~15쪽을 참고.

2.

　2007년 12월 성균관대학교 현대중국연구소는 한국학술진흥재단(현재의 한국연구재단)의 결정에 따라 『중국의 전통 상업문화와 현대 시장문화』라는 9년짜리 중점연구소 연구과제의 연구사업에 착수하였다. 이제 3년간의 제1단계 연구 과정을 종료하고 제2단계 3년간의 연구도 제2년 차 연구를 마무리하는 시점에 도달하였다. 제2단계에서 우리가 설정한 주제는 「중국의 상업관행과 현대기업문화의 변화」이다. 제2단계에서도 제1단계와 마찬가지로 역사・어학을 중심으로 한 제1 세부과제와 경영학・경제학을 중심으로 한 제2 세부과제로 나누어 연구를 진행하고 있다. 제1 세부과제에서는 「중국의 상업관행과 근현대적 전개」라는 주제하에 전통 상업과 현대기업의 연결고리로서의 금융업을 탐구하기 위하여 전통 중국의 고리대업과 전통은행의 형식에 대해서 검토하고 산서상인의 전통은행인 표호의 자본 집적과 네트워크를 살펴보며 근현대 중국의 전통은행과 금융기관들의 변모를 검토할 것이다. 그리고 1단계의 연장선상에서 상인문화, 상업어휘 등의 연구를 통한 전통 상업 문화의 구체적 실상을 체계적으로 살펴 볼 것이다.

　재작년 2010년 7월에는 제1단계의 연구를 정리하여 사회와 소통한다는 의미에서 제1, 제2 세부과제 팀이 각기 중심이 되어 각각 연구총서를 간행하였다. 제1 세부과제팀에서는 『중국전통상인과 근현대적 전개』라는 서명으로 서울에 소재한 한국학술정보(주)로부터 연구총서 제1권을 간행한 바 있다. 아울러 작년 2011년 8월에는 제2단계 1차 년도의 연구를 마무리하는 의미에서 연구총서 3, 4를 계속하여 출간하였다. 제1 세부과제팀에서는 제1팀 관련 연구자의 연구논문을 모아 현대중국연구총서 03 『중국 전통 상업관행의 근현대적 전개』를 한국학술정보(주)로부터 간행하였다. 작년에 출간한 연구총서 제3권은 명청시대에 형성된 중국 전통 상업관행과 그것이 중국근현대사에서 어떻게 전개되었는지 조망하는 것이라면 이번에 간행하는 연구총서는 명청시대에 형성된 중국 전통 상업관행이 중국을 포함한 동아시아에서 어떻게 관철되었는지를 살피려는 것이다. 사실 동아시아라고 표현하였지만 중국을 제외하고는 명청시기 조선이나 현재의 한국 그리고 중국의 對서양관계라는 공간에 국한된다는 한계를 고백하지 않을 수 없다.

본 연구총서에 실린 글들은 두 가지 범주로 나누어 볼 수 있다. 하나는 중점연구소 과세를 수행하면서 개최한 제17차 성균관대학교 현대중국연구소 국제학술회의(2011년 7월 15일)에서 발표된 학술논문들이다. 17차 국제학술회의는 예년과 달리 해외(중화민국 臺北 中央研究院近代史研究所 檔案館)에서 中央研究院近代史研究所와 공동으로 개최하였다. 『中國傳統商業慣行과 現代企業文化』라는 주제하에 다음과 같이 8편의 논문이 발표되었다.

1) 賴惠敏 研究員(대만 中央研究院近代史研究所)의 「평화와 공영: 건륭조 조정의 캬흐타 무역(和平與共榮: 乾隆朝宮廷在恰克圖的貿易)」

2) 朴基水 敎授(성균관대학교 사학과)의 「葛藤·協力·隸屬 - 淸代 廣東對外貿易中의 行商과 東印度會社의 關係를 중

심으로(葛藤、協力、隸屬 – 以淸代廣東對外貿易中行商與東印度公司的關係爲中心)」

3) 李宇平 副硏究員(대만 中央硏究院近代史硏究所)의「상품운송의 측면에서 본 제2차 세계대전 초기 아시아 국제해역에서의 英日 해운경쟁(1936~1939)(從商品運輸看二次大戰初期英日海運在亞洲國際海域的競爭)」

4) 小川快之 博士(일본 國士館大學 文學部 史學地理學科)의「明淸時代의 江西商人과 社會秩序(明淸時代の江西商人と社會秩序について: 關於明淸時代的江西商人與社會秩序)」

5) 巫仁恕 副硏究員(대만 中央硏究院近代史硏究所)의「명청시대 강남도시의 상점경영과 광고(明淸江南城市店鋪的經營與廣告)」

6) 洪成和 硏究敎授(성균관대학교 현대중국연구소)의「明代後期 商業慣行 속에서의 情報와 信用(明代後期商習慣中的信息和信用)」

7) 黃雪蕾 博士(대만 中央硏究院近代史硏究所 博士後: 국적 중화인민공화국)의「중국 꿈의 공장 – 상해 明星影片公司와 초기 중국영화산업에 대한 초보적 탐구, 1922~1938(A Factory of Chinese Dreams – The Mingxing Motion Picture Company and the Early Chinese Film Industry, 1922~1938: 中國夢工廠 – 上海明星影片公司與早期中國電影工業初探, 1922~1938)」

8) 崔準煥 硏究敎授(성균관대학교 현대중국연구소)의「중국 민간 금융과 경제성장에 대한 실증분석(中國民間金融與經濟增長實證硏究)」

위의 8편의 논문 중 본 연구총서에는 대만의 巫仁恕 연구원의 논문과 일본의 小川快之 博士의 논문, 그리고 한국의 朴基水 교수의 논문을 게재하였다.

다른 한 범주의 논문은 현대중국연구소 제1 세부과제(연구책임자 성균관대학교 사학과 朴基水 교수)의 공동연구원 3명(李和承 서울디지털대학 교수, 鄭惠仲 이화여자대학교 사학과 교수, 洪成和 부산대학교 역사교육과 교수[2])와 전임연구인력 1명(姜勇仲 연구원)의 제1 세부과제와 관련된 연구 성과물이다.

3.

본서에는 모두 7편의 논문이 실려 있는데 내용의 상관성에 따라 2부로 나누어 구성·편세하였나. 세1부는 '중국 상업관행'에 관하여 분석한 논문들로 구성되어 있는데, 명청시기와 청말민초 상업관행의 제 양상을 다룬 연구들이다. 제2부는 '동아시아 속에서의 중국상업관행'이라는 제목 아래 명청시기 조선이나 현대 한국 그리고 청대 對서양무역에 나타난 상업관행의 제 측면을 고찰한 논문들을 수록하였다. 이하 본서에 수록된 논문의 내용에 대하여 약술하여 본서의 성격과 구조를 설명하고자 한다.

제1부 '중국 상업관행'에는 모두 4편의 논문을 수록하였는데, 명청시기 강남 도시에서의 상점경영과 광고관행에 관한 글, 명청시대 강서·운남 등지에서 활약한 강서상인과 그에 따른 사회문제의 해결

---

2) 홍성화 연구원은 2012년 9월 부산대학교 역사교육과에 발령받아 현대중국연구소 전임연구원을 사직하고 현대중국연구소 중점연구과제의 공동연구원으로 참여하였다.

(訴訟)관행을 다룬 글, 청대 후기 사천성 重慶의 商事裁判에 나타
난 분쟁과 조정의 관행을 다룬 글, 청말 민초 금융기관과 신용 결제
관행에 관한 글로 이루어져 있다.

(1) 巫仁恕 副研究員(대만 중앙연구원 근대사연구소)은 「명청시
대 강남도시의 상점경영과 광고」[3]에서 명나라 중기 이후에 중국은
'소비사회'의 단계에 진입했다고 진단하고 이러한 변화가 가장 두드
러진 강남(浙江 및 江蘇 지역) 지역의 상점에 보이는 경영활동을 대
상으로 광고를 분석하였다. 우런수 교수는 명청사회경제사 및 도시
사, 소비사를 전문적으로 연구하는 학자로 이미 수많은 관련 연구
성과를 발표하였으며 이 글은 이러한 연구를 기초로 하여 쓰였다.
논문의 제1장에서는 상점 본래의 건축형태와 공간의 이용방면, 그리
고 명청시대에 나타난 변화와 발전을 다루었다. 상점이 상품을 제공
하는 기능만 한 것이 아니라, 창조적인 스타일의 상품을 발전시켰다
는 것이 1장의 주요 내용이다. 다음 장에서는 상점이 구매 고객을
흡인하는 방식, 즉 고객을 매료시키는 시각적 광고에 대하여 다루었
다. 간판표지 광고를 예로 들어 상점이 어떻게 그것을 이용해 고객
의 소비를 부추겼는지를 설명하였다. 전문에 보이는 실증적 자료(주
로 회화 사진)와 상관 문헌에 보이는 사료들은 당시 중국의 '강남 소
비 스타일'과 상점들의 경영 면모를 훌륭하게 재구성하여 우리에게
드러내 보여주고 있다.

---

3) 巫仁恕,「明淸江南城市店鋪的經營與廣告」,『中國傳統商業習慣和現代企業文化 學
術研討會 會議論文集』, 中華民國中央研究院近代史研究所·韓國成均館大學現代
中國研究所 공동주최, 2011년 7월 15일, 中華民國, 臺北, 中央研究院近代史研究所
檔案館 中型會議室.

명나라 후기에 강남 도시의 재봉업은 아주 발달하였는데, 주로 杭州, 南京과 蘇州 3대 도시에 집중되어 있었다. 다른 중소도시와 더 나아가 읍에서도 재봉업이 발달하였다. 이러한 특정 상업부문의 발전은 18세기 영국의 일부 산업이 오히려 소비를 촉진하고 유행을 만들어 소비자를 열광시켰던 것과 마찬가지로 중국에서도 당시의 공상업자들은 신상품을 만들었고, 하나의 유행을 창출해 갔다. 강남은 동시에 의류 방면 유행의 중심이었다. 특히 소주 일대에서 유행했던 복장은 그 당시 사람들에게 '蘇州式'이라는 말도 유행하게 하였다. 明代 소설 중에는 '소주식' 옷 스타일 유행에 관해 직접적으로 묘사하는 부분이 있는데, 예컨대 풍몽룡(馮夢龍: 1574~1646)의 『喩世明言』에서 '머리에 소주식 모자를 쓰고, 몸에는 하얀색 실로 만든 옷을 둘렀다'고 표현하였다. 명청시대 강남의 상인들은 시장의 판로와 신상품 개발을 위해 신상품과 새로운 양식의 제품늘을 내다 팔고, 사들여와 새로운 유행을 만들었다. 공상업자들의 신상품이 일단 한 풍조로 자리 잡으면, 같은 종류 상품의 경쟁과 발전을 부추겼다. 이로써 당시의 상업발전 정도와 경영모델을 미루어 알 수 있다.

한편 이러한 상업 경영행위에서 광고의 양상을 다음과 같이 서술하고 있다. 도시 내에서 한가로이 쇼핑하는 곳을 제공하고 고객을 끌기 위해서 가장 직접적인 방법은 시각적인 광고를 이용하는 것이다. 이는 가장 전통적인 招幌(간판과 실물간판)이다. 招幌이란 '간판[招牌]'과 '실물간판[幌子]'의 복합적인 명칭인데, '실물간판[市招]' 혹은 '실물표지[望子]'라고도 했다. 이것은 이미 오래된 방법으로 전통시대 상업교역과 소비활동의 산물이라고 할 수 있다. 학자들의 고증에 따르면 가장 초기의 간판 광고는 술집 깃발이었는데 고대의 술집 깃발은 천으로 만들었고, '푸른 깃발[靑帘]'이라는 명칭이 있었다. 술집 깃발은 높이 매달아 멀리서도 술집의 표지를 볼 수 있게 했고, 그런 연유에서 '실물 표지'라고 불렸다. 명청 시대의 소설과 그림 자료에서도 적지 않은 예시를 볼 수 있다. 『續金甁梅』 제47회에서 주인공 劉瘸子가 구두수선가게를 열었는데, 헌 신발 몇 켤레를 사서 문에 걸어 실물표지로 했다고 묘사했다.

명청시대 강남 대도시의 상점 간판은 도시의 중요한 경관이었는데, 소주와 항주가 특히 그러했다. 일본인 소네 토시토라(曾根俊虎: 1847~1910)가 同治 13년(1874)에 항주에 여행 왔을 때에 본 항주는 태평군 전쟁 직후여서 혼란스러웠고 여전히 황폐한 곳이 많았다. 하지만 그는 도시의 번화한 경관을 보았고, 특히 용금문(湧金門)일대에 갔을 때, 부유한 상인들의 집이 즐비하고, 남는 공간이 조금도 없는 것을 보았다. 행인들이 끊임없이 드나들고, 북쪽 사람과 같이 더러운 옷을 입고 냄새나는 사람은 보이지 않았다. 길거리는 비록 비좁았지만, 天津 시내 등과 비교했을 때 깨끗한 것을 알 수 있었다. 특히 그가 상점 간판을 보았는데 '각 상점의 상호 간판은 모두 금색 글자로 광택이 나 있고 화려했다.' 이것으로 알 수 있는 것은 강남 도시의 화려한 간판은 외국인에게 강남도시의 인상을 심어주는 데 중요한 역할을 했다.

결론에서 우런수 교수는 명나라 중기 이후 중국사회는 소비사회에 진입하였고 도시 풍속도의 구체적인 분석을 통해 송대에서 청대까지 상점이 각각 다른 변화과정을 거쳤음을 알 수 있었다고 하였다. 또한 상점 본래의 기능이 매매에만 관련된 것이 아니라고 하였다. 많은 상인이 소비자가 상품을 사도록 신상품을 만들었을 뿐 아니라 유행을 만들어 소비를 촉진하였다. 그리고 상점이 간판을 통한 시각적 광고로 손님을 끌어들였고, 문자 광고는 점점 당시의 주류가 되었다고 보았다. 이런 점에서 볼 때, 명청시대 강남도시의 상점은 큰 변화를 보였고, 소비의 동력이 도시 경관의 변화를 부추겼으며, 과거와는 상당히 다른 발전된 면모를 보이게 되었다고 하였다.

(2) 小川快之 박사(일본 國士館大學 文學部 史學地理學科)는 「明淸時代의 江西商人과 社會秩序」[4]에서 종래 명청시대의 상인으로 휘주상인과 산서상인만을 꼽는 경우가 많았지만, 그 밖에 江西商人 등도 상당한 활동을 하였음을 밝히고 있다. 일본학자 小川快之의 논문은 江西商人들의 상업활동에 주목하는 데 그치지 않고 사회질서와의 관계 속에서 파악하는 것이 커다란 특징이라고 할 수 있다. 흔히 江西地域은 상업 활동뿐만 아니라 '健訟'이라고 하는 소송 빈발 사태도 매우 유명한 지역인데, 상업 활동과 소송 빈발 사태를 묶어서 파악하려는 것은 매우 대담하면서도 매력적인 시도라고 할 수 있다.

宋代에서 淸代까지의 사회(傳統中國의 사회)에 대해서 살펴보면, '健訟'(訴訟을 선호하는 사회풍조)이나 '械鬪'(宗族同士의 무력충돌) 등 특유의 사회현상이 확인되는데, 근년에 이러한 事象에 착목

---

4) 小川快之, 「明淸時代の江西商人と社會秩序について」, 『中國傳統商業習慣和現代企業文化 學術研討會 會議論文集』, 中華民國中央研究院近代史研究所・韓國成均館大學現代中國研究所 공동주최, 2011년 7월 15일, 中華民國, 臺北, 中央研究院近代史研究所檔案館 中型會議室.

하여 이 시기 사회질서의 실상을 검토하는 연구가 활발해지고 있다. 그러나 그 현황을 살펴보면, 각 시대의 지역마다 또는 산업마다, '분쟁의 구도'나 '소송이라는 행위가 담당했던 사회적 기능이나 의미' 등에 대하여 해명하고, 傳統中國 고유의 사회질서에 대해서 고찰을 심화시킨 작업은 아직 불충분하다고 하고 있다. 그는 이상과 같은 연구를 진전시키기 위해서는 江西商人의 활동에 대해서, 그 활동이 사회질서에 끼친 영향에 대해서 고찰할 필요가 있다고 한다.

小川快之 박사는 明代의 江西地方에서는 상인의 출현으로 인하여 소송이 왕성하게 되었고, 또한 明代에 江西 '山區'나 雲南으로 이주했던 江西商人이 소송을 왕성하게 일으켜 토착민과 대립이 빈번하게 되었다고 지적하고 있다. 또한, 明代의 雲南에서는 토착민과 官(지방행정)과의 관계가 소원함을 틈타서 江西商人이 상업활동·징세 업무를 독점하여 부를 축적하고, 지역의 책임자가 되어 官(지방행정)과의 관계를 강화하고, 소송이라는 수단을 이용하여 토착민에게서 재산을 빼앗았다고 한다. 이러한 점을 볼 때, 明代의 雲南에서는 江西商人에 의한 소송이 빈발했던 배경에는 토착민과 官의 관계의 희박함, 江西商人과 官의 관계의 강력함이 있었다고 주장하고 있다. 반대로 말하면, 그러한 상황이었기 때문에, 江西商人은 토착민에게서 재산을 빼앗을 즈음에 소송이라는 수단을 이용한 것으로 보인다고 한다.

(3) 洪成和 교수(부산대학교 역사교육과)는 「紛爭과 調停: 淸代後期 重慶社會의 商事裁判」[5]에서 앞의 小川快之 박사의 논문과

마찬가지로 상업발전과 사회질서를 연관 지어 고찰하고 있다. 특히 상업거래 속에서의 분쟁은 과연 어떠한 양태를 띠고 있었는가, 그리고 그 분쟁에 지방관이 어떻게 개입하였는지를 통해서 지역사회의 질서를 재구성하려고 하고 있다. 이를 위해서 그는 당시 四川省에 속하였던 重慶地域을 고찰하고 있다. 여기서 重慶을 사례로 드는 데에는 두 가지 이유가 있다. 첫 번째는 重慶社會가 지닌 독특한 성격에 있다. 重慶府城은 '유성(渝城)'이라고도 하였는데, 長江 상류유역의 상업 중심지였으며, 四川省뿐만이 아니라 멀리 湖廣地域과 廣東地域을 비롯한 각지에서 다량의 이주민이 흘러들어 왔던 곳이다. 이렇게 서로 다른 출신 이주민이 한 지역에서 어떻게 관련을 맺고 있었는가를 고찰하는데, 重慶은 매우 좋은 지역이라고 할 수 있다. 둘째로, 중경을 다루는 더욱 중요한 이유는 이곳에 이른바 '巴縣檔案'이라고 하는 청대 굴지의 공문서군이 보존되어 있기 때문이다. 파현당안에는 토지계약서 등도 포함하고 있지만, 그 상당수는 상공업자를 포함한 민간인들이 지방관아에 제소한 문서들이다. '분규'와 '해결'을 살펴보기에 더할 나위 없이 적합한 소재라고 할 수 있다.

홍성화 교수는 巴縣의 상공업 질서의 특색은 本城出身 주민뿐만 아니라 여러 가지 계층의 다른 지역 출신자를 포함하고 있었던 점이라고 지적하고 있다. 官府나 주민에게 시장사회에 참여 가능한 사람이라고 간주되었던 존재는 점포를 가져 差役을 부담하는 상공업자였으며, 외래자라고 반드시 배제한다는 법은 없었다. 차별이 있었다고 하면 출신지 때문이 아니고, 오히려 치안을 위협하는 노동자·직공

---

5) 洪成和, 「紛爭과 調停: 淸代 後期 重慶社會의 商事裁判」, 『中國學報』 61, 2010.

의 유동성을 문제시하고 있었다고 한다. 이러한 가운데 本城人과 다른 지역 출신자를 불문하고 소규모 상공업자의 조직이 叢生하고 있었다. 이러한 조직은 완전히 뿔뿔이 흩어져서 분산적으로 존재한 것이 아니라, 업무가 유사한 단체 사이에는 분업에 관한 느슨한 합의가 존재하는 경우도 많았다. 그러나 동시에 그 합의가 제대로 기능하지 않고 분쟁이 일어나는 사례도 다수 존재하였다. 각각의 단체는 분쟁이 일어났을 때에는 자주 '公議'를 토론하고 규정을 정하곤 했지만, 外來匠人도 포함된 말단에까지 이르는 규제력은 존재하지 않았고, 분쟁에 즈음해서는 그때그때 동업자뿐만 아니라 地緣組織 등의 중재에 의지하거나 官府에 제소함으로써 그 권위를 빌려 해결을 도모하였다. 한편 官府측에서도 재판에 임하여 중재 결과를 추인한다고 하는 소극적인 태도를 취하는 것이 보통이었다.

　여러 네트워크의 사이의 분규는 더욱 커다란 규모의 항구적인 조직이나 뚜렷한 제도의 생성으로 귀결되지 않고 개별적 사례에 맞추어서 그때그때의 조정이나 중재라고 하는 형태로 해결되었다고 할 수 있다. 분규가 규약이나 화해로 수습되면서도 몇 번이나 반복해서 일어난 것은 요컨대 질서담당의 축이 분명치 않았던 巴縣地域의 상업 질서에서 기인한다고 생각된다. 물론 이러한 상업 질서의 성격은 重慶뿐만 아니라 淸代의 다른 도시에도 공통되는 것이다. 단지 重慶은 다른 곳에서는 거의 찾아보기 어려운 八省客長과 같은 존재가 있어서, 단순한 개별의 동업 단체의 집적이 아닌 통합된 도시 행정 질서의 존재도 예상되었다. 그러나 실제로 검토한 결과에 의하면 八省客長의 존재는 반드시 통합된 도시 행정 질서를 의미하는 것은 아니었다. 地方官府는 이러한 여러 상공업자의 네트워크가 병존·경합하면서 교섭하는 질서의 존재형태를, 위로부터 느슨하게 권위를 부여하였다고 결론 맺고 있다.

　(4) 정혜중 교수(이화여자대학교 사학과)는 「淸末民初 金融機關과 신용결제의 발달－山西票號와 寧波錢莊의 발전과정을 중심으로」[6)에서 아편전쟁으로 인한 개항을 기준으로 하여 '전근대'와 '근대'로 나누는 일반적인 기준에 대해서 의문을 제기하고 있다. 그러한 시대구분은 청대의 역동성을 너무 지나치게 단순화한 것은 아닌가 하는 의문이 든다고 주장하고 있다. 그래서 청대사의 역동적인 변환기와 그를 둘러싼 사회의 모습을 규명하는 하나의 단서로 '중국상인'에 대한 접근을 제시하고자 하였다. 청대 상인들은 역대 어느 왕조보다 역사의 전면에서 활동하고 다양한 발자취를 남긴 바 있다. 이렇게 전근대사회에서 유동성의 주체세력으로 성장하였다고 평가되는 상인들은 근대 변혁기에도 끊임없이 자기발전을 추구하였다. 근대시기에 들어와서 寧紹幇처럼 錢莊을 경영하면서 주요경영분야를 금융업으로 전환하는 사례는 山西商人이 도광년간(1821~1850) 山西票號로 전환하는 것과 유사한 공통점을 보인다고 한다. 청대에 활동영역을 넓혀갔던 大商幇이 도광년간에 금융업으로 전환한다는 점에 공통점이 있지만 票號와 錢莊은 그 규모와 영업 내용에서 큰 차이가 있다.

　정혜중 교수의 논문에서는 이러한 점을 밝히기 위해 청대 지역상인으로 활동하다가 개항 전후 중국을 대표하는 금융상인으로 변모한

---

6) 정혜중, 「淸末民初 金融機關과 신용결제의 발달－山西票號와 寧波錢莊의 발전과정을 중심으로」, 『史叢』 75, 2012.

山西商幇의 山西票號와 寧波商幇의 錢莊의 성립을 비교하고 있다. 그는 먼저 양자가 금융 상인으로 변모하게 되는 사회경제적 배경을 살펴본 후에, 금융업 轉業 이후 이들의 발전과정에서는 어떠한 차이를 발견할 수 있는지에 대해서 검토하고 있다. 그 결과 그는 산서상방의 여러 가지 특징 가운데 신용이 철저하다는 점에 주목하고 있다. 더구나 이 상방 중에서 표호가 전국적 송금 네트워크를 단기간에 구축할 수 있었던 것은 산서상인의 교역망과 이를 기반으로 한 고객(정부, 일반인)의 표호에 대한 신용에 기인한다고 할 수 있다. 이들은 이러한 신용을 바탕으로 전국각지를 주유하며 영업하였는데 이때는 동향인들 사이의 결속이 철저하였다. 지점에 나가 있는 동향 영업직원은 언제나 단신으로 근무하였는데, 이렇게 가족을 山西省平遙縣에서 생활하게 함으로써 고용주에게 신용위탁의 증거로 삼았다. 신용을 바탕으로 한 이러한 산서상방 상인의 삶은 전근대적이었기 때문에 결국 표호가 파산하고 말았지만, 오늘날 현대 중국인들이 이러한 산서상방의 정신을 재평가하고 있다는 점은 주목할 만한 일이다.

산서상방은 그들의 속한 산서라는 지역 자체의 富보다는 외부와의 연결에서 경제적 가치를 창출하면서 근대시기에 금융업이라는 새로운 영역을 개척하여 청대 상인의 새로운 면모를 보여 주기도 하였다. 하지만 영업의 흐름과 변화가 沿海 쪽보다 다소 더디게 진행된 러시아와 몽고 쪽의 내륙 무역에 관계하면서 근대적 전환에 성공하지는 못하였다. 영파상방의 경우 근대 개항장에서의 변화라는 주변의 흐름에 민감하게 적응하여 秦潤卿의 예에서 보이는 것처럼 전통보다는 근대적 변화를 추구한 상방이었다고 평가할 수 있다. 이러한 변화의 흐름에 적응함으로써 근대유동성의 주체로 성장할 수 있는 기반도 마련되었다고 결론을 맺고 있다.

4.

제2부 '동아시아 속에서의 중국 상업관행'에 실린 논문은 3편으로 조선시대 역학서를 통해본 중국어 분류어휘의 敎學에 관한 글, 청대 광동대외무역에서 행상과 영국 동인도회사 간의 무역과 채무관행에 관한 글, 현대 한국의 전주화교사회의 제 측면을 고찰한 글로 이루어져 있다.

(1) 姜勇仲 연구원(성균관대학교 현대중국연구소)은 「조선시대 역학서를 통해 본 중국어 분류어휘 교육의 의의」[7]에서 조선시대 『老乞大』의 네 가지 판본과 類解類 역학서에 보이는 상업어휘를 통해 교육적 의미를 살펴보고 있다. 조선 시대의 역학서는 회화교재와 분류어휘집인 유해류 사전으로 대별된다. 대표적인 회화서로는 『朴通事』와 『老乞大』 등이 있다. 그중 『老乞大』는 언어가 생동적이며 묘사 또한 매우 구체적이어서 조선 시대 역학서의 백미로 일컬어진다. 특히 『老乞大』는 원(元)간본 이후 다수의 판종이 거의 유사한 내용으로 전승되었기 때문에 최근 이들 간의 비교연구가 어법의 변화를 중심으로 매우 활발히 진행되고 있다. 그중 대표적인 판종은 『古本老乞大』(1346年 以前); 『老乞大諺解』(1670年 以前); 『老乞

---

7) 姜勇仲, 「조선시대 역학서를 통해 본 중국어 분류어휘 교육의 의의」, 『중국어교육과연구』 12, 2010.

大新釋』(1761年);『重刊老乞大諺解』(1795年~1798年) 등이 있다. 그중 회화교재로서『老乞大』가 가지는 중요한 특징 중의 하나는 당시의 구어를 충실히 반영했다는 점이다. 그리고 조선 상인과 중국 상인 간의 상거래 관습이나 구체적인 생활상의 묘사 그리고 당시 중국의 사회상이 그려진 점 등은 사회생활문화사 연구 자료로도 손색이 없을 정도이다.

한편 그동안 유해류 역학서는『老乞大』등과 같은 회화서에 비해 주목을 제대로 받지 못하였다. 그러나 조선 시대 중국어 교육에서 회화서만 보고 유해류 역학서를 보지 못한다면 아마도 반쪽만 알게 되는 결과를 초래할 것이라고 보았다. 왜냐하면, 언어의 실상은 한두 권의 회화책에 다 반영할 수 없으며, 수많은 개념 즉 어휘로 확장해야만 그나마 실제 언어상황을 모사(模寫)할 수 있기 때문이다. 조선 시대에 간행된 유해류 역학서의 대표작은 다음의 9종이다. 1.『譯語類解』(1690), 2.『同文類解』(1748), 3.『蒙語類解』(1768), 4.『譯語類解·補』(1775), 5.『方言類釋』(1778), 6.『漢淸文鑑』(1779), 7.『倭語類解』(1783年以後), 8.『蒙語類解·補編』(1790), 9.『華語類抄』(1883). 이 책들의 공통점은 분류사전의 체재를 하고 있다는 것이다. 즉 '部類'라는 대범주 아래 어휘들을 나열하고 당시의 중국어 음과 우리말 풀이를 하고 있다. '部類'는 큰 범주의 개념이라고 할 수 있다.

유해류 역학서에 보이는 상업어휘들은 18세기 말의 상업 관련 중국어 구어들이다. 물론 현대에 사용되지 않은 단어들은 풀이 작업이 되어야겠지만 이 논문에서는 분류어휘의 구체성과 정보성에 초점을 맞추어 소개하였다. 흥미로운 사실은『老乞大』가 그랬듯이 유해류 역학서들도 시대의 변화에 따라 끊임없이 改修되었다는 것이다. 이는 언어의 실상을 반영하려는 적극적이고 지난한 노력의 결과로 해석할 수 있다. 실제로 200여 년간 출현한 9종의 유해류 역학서의 어휘들은 지속해서 변화된 모습을 보여주고 있다. 그리고 9종의 유해류 역학서에 반영된 상업어휘의 총수는 총 529개(중복 포함)에 이른다는 점을 밝혔다.

본 연구에서 확인할 수 있는 점은 조선시대 중국어 교육의 두 가지 주요 자료는 바로 회화서와 유해류 역학서라는 점이며, 이후의 연구에서 이 양자의 구체적인 대비를 통해서 좀 더 나은 연구결과를 도출할 수 있다는 점이다. 그리고 우리 선조는 바로 분류어휘를 적절히 활용해 중국어라는 학습 대상을 체계적으로 공략해 갔다고 할 수 있다. 이 논문의 요지를 정리하면 다음과 같다. 첫째, 어휘교수는 그동안 어법, 음운보다 체계성이 떨어져 있다고 치부되어 교수 방법에서도 계통성을 담보한 형식이 많지 않았다. 둘째, 그러나 조선 시대 유해류 역학서와 회화서에 반영된 상업어휘의 분포들을 통해 우리 선조는 분류어휘를 이용한 어휘교학을 적절히 수행하고 있었다. 이러한 노력은 당시의 시대적 여건에서 지극히 합리적인 방식으로 인식된다. 셋째, 현대 중국어 어휘교수에서 분류어휘를 운용하기 위한 토대로『同義詞詞林』이나『現代漢語分類詞典』등과 같은 좋은 자료가 있으나 적절한 주의를 기울이지 못했다. 넷째, 우리나라는 상업적 출판물 중에 이미 간단한 분류어휘 사전이 있으나 교실에서 사용할 수 있는 형식으로까지 개발되거나 집중하여 이 방법을 어휘교수에 적응하려는 노력은 많지 않다. 다섯째, 일부 회화교재에 분류어휘를 상당량 제시한 경우를 발견하였으나 향후 좀 더 체계적인 방식으로 전면적인 분류어휘를 통한 어휘교학법의 개발이 요구된다고 하겠다. 마지막으로 분류어휘를 통한 어휘교수는 학생들의 감성이나 생활에 밀착하여 흥미를 유발할 수 있다고 판단하며, 동일한 시간에 어휘학습량을 1/3 정도 더 부과할 수 있다. 한편 제시된 분류어휘는 선행학습이 있는 학생의 경우 학습 동기를 유발할 수도 있다고 사료된다.

(2) 朴基水 교수(성균관대학교 사학과)는 「葛藤・協力・隷屬 – 淸代 廣東對外貿易中의 行商과 東印度會社의 關係를 중심으로」[8]에서 청대 대외무역을 독점한 특권 상인인 行商의 7할(48行 中 33행)이나 파산하였다는 사실에 주목하여 그러한 파산의 원인을 서양 상인(영국 동인도회사)과의 관계에서 찾으려고 시도하였다. 종래 학자들은 행상 파산의 원인을 두 가지로 제시하여 왔다. 하나는 청조정부의 행상에 대한 야만적 수탈이고, 둘째는 행상에게 債務를 제공하여 이득을 챙긴 東印度會社 등 西洋商人의 잔인한 高利貸的 착취이다. 그런데 청조정부의 행상수탈에 대해 行商은 徵稅代行者의 지위를 이용하여 외국상인의 수출입 상품에 대한 稅率을 높임으로써 외국상인에게 전가시킬 수 있겠지만, 외국상인에게 꾼 빚의 원금과

---

8) 朴基水, 「葛藤、協力、隷屬 ― 以淸代廣東對外貿易中行商與東印度公司的關係爲中心」, 『中國傳統商業習慣和現代企業文化 學術硏討會 會議論文集』, 中華民國中央硏究院近代史硏究所・韓國成均館大學現代中國硏究所 공동주최 2011년 7월 15일, 中華民國, 臺北, 中央硏究院近代史硏究所檔案館 中型會議室. 후에 朴基水, 「葛藤・協力・隷屬－淸代 廣東對外貿易中의 行商과 東印度會社의 關係를 중심으로－」, 『명청사연구』 제36집 2011에 게재하였음.

이자는 달리 해결할 방도가 없어 결국 파산에 이른다. 이 점에서 서양상인의 고리대 착취가 보다 근원적인 파산원인을 조성한다고 필자는 판단하고 있다. 그렇다면 중국 행상과 영국 동인도회사는 어떻게 하여 채무관계를 갖기에 이르렀을까?

1600년 영국여왕으로부터 대아시아 무역의 독점권을 확보한 동인도회사는 1699년 廣州에서 차를 수입할 수 있었고, 1715년에는 康熙帝의 허가를 받아 廣州에 東印度會社의 商館을 설립하여 이후 中英貿易의 교두보로 활용할 수 있었다. 중국에 온 동인도회사는 중국 차를 수입하기 위해 당시 중국의 대외무역을 독점하던 행상과 접촉하게 되었고 그 과정에서 行商과의 사이에 일정한 관계가 형성되었다. 그 관계는 단순하지 않고 복잡다단하였다. 한편으로 수출입 상품의 가격을 정하고 관세를 징수하며 그들의 행동을 감독하는 행상에 대응하여 거래하고 이익을 다투다 보면 행상과 대립과 갈등의 관계를 맺기도 하고, 다른 한편 순조로운 무역을 진행시키기 위해서 서로 양보하고 타협하다 보면 행상과 협조와 협력의 관계를 형성하기도 한다. 게다가 자본이 부족한 行商이 동인도회사로부터 현금을 빌리거나 화물을 외상으로 사다 보면 행상이 동인도회사에 경제적으로 예속되기도 한다. 이러한 다면적 관계를 필자는 葛藤·協力·隷屬라는 관계로 분류하여 양자 관계의 특성을 설명하고 있다.

광동 13행으로 불리는 것처럼 행상은 다수였으므로 동인도회사와의 거래에서 유리한 지위를 점하고자 공행을 조직하여 공동대응하려고 하였다. 반면 동인도회사 쪽에서는 가격결정에서 유리한 입장에 서기 위하여 행상의 공동대응을 무력화시키고 개별 행상과 거래하려고 기도하였다. 이에 따라 행상 측의 公行 결성시도와 동인도회사 측의 公行 해산 기도라는 양자의 갈등 관계가 반복적으로 출현하였다. 1720년 이래 1760년, 1775년, 1780년 행상은 공행을 조직하거나 조직을 도모하였고 그때마다 동인도회사 측은 공행에서 제외된 상인을 충동질하거나, 관료에게 뇌물을 사용하는 등의 방식으로 공행을 해산시키려고 노력하였다.

한편 행상과 동인도회사가 순조로운 교역을 진행하기 위해서는 서로 타협하고 협조할 필요가 있었다. 행상은 일종의 牙行으로서 동인도회사와 중국상인·소비자 사이에서 상품을 중개해주고 수수료를 받는 셈이므로 대자본을 소유할 필요가 없었다. 동인도회사 측은 그들이 필요로 하는 차와 생사를 확보하기 위해 행상에게 미리 차와 생사대금을 선불하고 행상은 중국의 茶商이나 絲商에게서 화물을 구입하여 동인도회사에 조달하는 것이 관행이었다. 이러한 상품구입자금 선불은 양자 관계를 협조관계로 만들 수 있었다. 19세기에는 청조의 수탈이나 行外 상인의 도전에 직면하여 행상이 곤경에 처하자 동인도회사는 행상을 支持하는 방책을 수립하곤 하였다. 자신의 유일한 무역상대자가 건재해야만 순조로운 교역이 가능했기 때문이었다.

그런데 행상은 동인도회사에 무려 1,620~1,740萬元에 달하는 채무를 지고, 결과적으로 동인도회사에 예속되는 상태로 빠져들었다. 무엇 때문일까? 여러 요인이 있겠지만 필자는 양자의 무역관계로부터 분석하고 있다. 동인도회사는 영국 산업자본가의 요구에 떠밀려 영국산 모직물을 중국에 팔지 않으면 안 되었고, 이를 해결하기 위해 중국 차 구매와 영국모직물 판매를 연계시키는 방식을 도입하였다. 중국 차를 판매하기 위해 행상은 반드시 영국모직물을 사야 했던 것이다. 잘 안 팔리는 모직물 때문에 행상의 경영상태는 날로 악화되었고 1776년에는 한 행상이 파산하였다. 모직물이 잘 팔리지 않자 이러한 국면을 타개하기 위하여 1810년 동인도회사는 모직물의 대리 판매, 수수료 제공이라는 방법을 취하였다. 일부 행상을 회사의 대리인으로 삼아 모직물을 직접 各省 客商에게 판매케 하였다. 이런 상황에서는 일부 행상이 동인도회사를 위해 일하는 예속적 상태에 처하게 될 것이었다. 한편 행상이 서양상인에게 채무를 지게 된 이유는 행상이 淸朝皇室이나 地方大官에게 바쳐야 할 여러 가지 명목의 貢物이나 기부금을 충당하기 위해서 외상에게 빚을 지기 때문이거나, 행상의 무리한 사업 확장이나 국가에 밀린 세금을 갚기 위해 외상에게 채무를 빌리기 때문이었다. 필자는 그 외에도 행상과 서양상인 사이의 특수한 교역관계를 통하여 발생한 채무관계를 설명한다. 청조의 규정에 따르면 외국 상선은 매년 9, 10월간에는 廣州를 떠나야만 했고, 이때 판매하지 못한 상품을 모두 그와 거래하는 행상에게 맡겼는데, 쌍방은 행상이 상품을 판매하여 얻은 대금을 외상이 돌아오면 이자를 포함하여 돌려주기로 약조하였다. 그런데 그 이자는 복리로 계산하였고, 기한 내에 돌아오지 않고 수년이 지나 외상이 돌아오게 되면 이자가 눈덩이처럼 불어나 있게 마련이었다. 청대의 법정이자율은 월 3%(년 36%)이었지만 실제로 그 이상이었고 이에 비해 외국상인의 이자율은 이보다 낮아(년 10~20%) 행상은 별다른 경계심을 품지 않았던 것이다. 1813년 5개 행상은 동인도회사의 채무를 갚을 능력이 없어 회사가 조직한 三人委員會의 관리와 감독을 받기에 이르렀다.

이 글은 청대 行商과 영국 동인도회사의 관계를 葛藤·協力·隷屬이라는 세 측면에서 설명하고 있는데 물론 세 가지 측면이 순차적으로 나타난 것은 아니라 한다. 全期間 동안 세 가지 관계는 복합적으로 나타나, 때로는 두 가지 관계가 병존하고 때로는 한 가지 관계가 지배적이기도 하였을 것이다. 그러나 대체적인 흐름은 행상의 우월한 지위가 점차 동인도회사에 대해 예속적인 지위로 바뀌는 변화 과정이었다고 한다. 마지막으로 이렇게 대량의 행상이 파산에 이르게 된 것은 天朝의 위신을 지키기 위해 파산한 행상이 서양상인에게 진 빚을 모든 행상이 연대하게 상환하게 한 乾隆皇帝의 명령이었다고 보고 있다. 경영이 순조로운 행상이더라도 다른 파산 행상의 채무를 갚아야 할 책임에 직면하기 때문이다.

(3) 李和承 교수(서울디지털대)는 「전주화교사회를 통해 본 한국화교의 고찰」[9]에서 최근 세계경제에서 날로 부각되는 화상의 면모와 관련하여 우리나라에서의 화교사회의 성립을 역사적으로 고찰하고, 특히 전주라는 지역사회에서 화교사회가 어떠한 변화를 거치고 있는지를 실증적으로 연구하였다. 기존의 화교 관련 연구논문과의 차별되는 점은 바로 역사적 고찰과 실증적 고찰을 동시에 진행했다는 것이다. 그리고 그 배후에 사회경제사적 맥락이 시종일관 작용하고 있다. 논문의 문제의식은 화상의 국제적인 대두와는 상반되게 왜 한국에서는 화교의 사회적 경제적 지위가 날로 축소되고 있는가 하는 데

---

9) 이화승, 「전주화교사회를 통해 본 한국화교의 고찰」, 『成大史林』(수선사학회) 26, 2006.

서 출발한다. 한국화교는 한국에 정착한 지 100여 년, 3세대가 지났으나 초기 자료를 제공할 1세대는 이미 세상을 떠났고 2세대 역시 노년에 진입하였지만, 문자기록을 거의 남기지 않았으며 3세대는 이미 한국을 떠났거나 전업·결혼 등을 통해 1, 2세대와는 전혀 다른 생활 양상을 보이고 있어 실제 연구에 많은 어려움이 있다. 따라서 이 논문은 지역 연구라는 방법에 입각해 생존해 있는 세대들의 개별 방문을 통한 사례 연구를 실시하여 실체에 접근하고 있다. 그리고 2세대가 생존해 있는 동안 시급히 과거 100년간에 걸친 한국 각 지역의 화교 실태를 파악하여야 한다고 제안하고 있다.

한국화교사회의 성립과 관련해 초기 중국인의 한국 이주는 17세기 이래 국경무역의 기록 등이 산견되지만 1881년 1월, 조선 조정이 러시아의 남하와 일본의 침입을 막기 위해 기존의 "북도개시제"를 폐지하고 다음 해 8월 중국과 "상민수륙무역장정(商民水陸貿易章程)"을 제정한 것을 계기로 시작된다고 본다. 이 장정 4조에는 원래 "중국 상인이 조선 내륙에서 통상할 수 있다"는 조항이 있었는데 조선 조정이 이를 극력 반대하자 타협을 거쳐 "중국 상인은 조선 지방관의 허가를 거쳐 내륙에서 통상에 종사할 수 있다"로 조정되었다. 이를 통해 중국인들은 변경무역에서 점차 내륙무역으로 상업 활동범위를 확대하고 영사재판권을 확보하는 등 조선에서 비교적 안정적인 지위를 확보하였으므로 이로부터 한국에서의 화교 역사가 시작되었다고 보는 견해가 타당할 것이라 보고 있다. 이후 해방 이전까지 꾸준히 증가하여 6만여 명에까지 이르게 되었으며 주로 상업에 종사하던 상인이 주류를 이루었다.

한편 1945년 이후 중국에서는 격렬한 내전이 계속되자 산동지역의 농민들이 대거 한국으로 유입되어 한때 4만 명에 달하다가 6·25 전쟁 이후 다시 대만과 홍콩으로 빠져나가 1954년 통계에는 화교 인구가 23,000명으로 기록되어 있다. 이후 한국 정부의 외국인에 대한 한국 이주 통제가 강화되어 새로운 인구 유입이 봉쇄된 채 자연적 인구 증가만으로 1972년 약 33,361명에 달하였다. 출신지역별로는 산동 출신이 90% 이상을 점하고 하북(河北) 3.5%, 동북(東北) 2%, 기타로 되어 있으며 산업구조로는 요식업, 잡화점, 한약업 등이 절대 다수를 차지하였다. 1970년대 초 한국 정부가 외국인에 대한 토지매매와 사업자에 대한 제한을 강화하자 화교들은 다시 한 번 선택의 기로에 서게 되었다. 계속 한국에서 사업을 계속해야 하는지 아니면 다른 선택을 해야 하는지 결정을 내려야 하였다. 결국, 1980년대를 전후하여 한국 국내 정치 상황의 불안과 함께 대만과 미국으로 떠나는 새로운 이민 풍조가 생겨났고 그 결과 한국화교는 수적으로 현저한 감소현상을 나타내게 되었다.

3장에서 다루고 있는 전주화교사회의 실증 연구에서는 전주에 화교가 정착한 것이 20세기 초반부터라고 보고, 전주화교사회가 이미 100여 년의 역사를 가지고 있으며 60~80년대까지 전주 도심부에서 화려한 번성기를 누렸지만 90년대 이후 급격히 인구가 유출되면서 위축되기 시작하였다고 보았다. 전주에 정착한 화교들은 자신들이 전주 역사의 한 축을 이루었지만 크게 단합된 모습으로 좀 더 응집력을 보이지 못한 것에 대해 무척 아쉬워하였다. 여러 가지 제약으로 커다란 부를 쌓지도 못했고 전주의 주류사회와 깊은 유대관계를 맺지도 못한 채 3세대들은 모두 객지로 떠나버려 더는 전주에서 살아갈 힘도 잃었다. 그리고 일본어 논문 번역에 힘써 준 대학원생인 황현 군의 노력도 잊을 수 없을 것이다. 최근 급격히 늘어가고 있는 신화교들과도 어떠한 연계도 없이 자신들에 관한 어떤 문자기록도 남기지 않은 채 새롭게 건설된 차이나타운에도 참여하지 못하고 어느 날 마치 지나가는 손님처럼 갑자기 전주사회에서 사라져 버릴 상황이라 한다. 이들이 기록을 남기지 않은 배경은 아마도 지역 사회 규모가 작고 2세대와 3세대 간의 급격한 이탈이 중요한 원인이었을 것이다.

이상의 논의를 통해 이화승 교수는 각 지방자치 단체들이 현재 앞다투어 막대한 투자를 하며 차이나타운을 건설하고 있지만, 그전에 선행되어야 할 역사적 배경이나 실태조사는 충분하게 이루어지지 않고 있어 비단 한국화교들의 역사가 공백으로 남는 것뿐만 아니라 지방자치단체들의 재정낭비가 더욱 심각한 상황이라고 진단한다. 그리고 실천적 대안으로 마지막 남은 2세대들에 대한 현지조사를 통해서라도 이들이 살았던 역사의 공간을 메꾸고 한국화교 연구에 대한 기초 작업에 인색해서는 안 될 것이라고 조언하였다.

5.

이 연구총서가 출간되기까지 여러 가지 구체적 도움을 준 성대 사학과 동양사 대학원생 박사과정 김종성 군과 석사과정 유문기 군은 7편의 논문에 대한 꼼꼼한 교정을 통하여 이 책의 가독성을 높이는

데 크게 기여하였고, 본서의 편집에 대해 번거로운 수고를 아끼지 않았다. 아울러 이 책의 기획이나 총괄적 추진은 처음부터 강용중 연구원, 홍성화 교수의 노력에 의하여 진행되었다. 이러한 성과가 나오게 된 것은 그들의 헌신적 노력의 결과라 해도 과언이 아니다. 이 자리를 빌려 고마움을 표하는 바이다. 또한 이러한 학술 서적을 간행함에 있어 출판사의 흔쾌한 결정에 대하여 언급하지 않을 수 없다. 한국학술정보(주)에서는 순수 학술 서적의 출판을 기피하는 풍토 속에서 우리의 공동연구 성과를 독자들에게 선보이도록 기회를 제공하여 주었다. 아무리 뛰어난 성과라 하더라도 독자와 만날 수 없다면 그림의 떡에 불과한 것이 아닌가. 역시 이 자리를 빌려 감사의 마음을 한국학술정보(주)의 모든 관계자들에게 전하고자 한다.

목차

제 1 부

중국 상업관행

제1장

명·청시대 강남도시의 상점경영과 광고

巫仁恕(우런수)

1. 시작하면서

　전통 중국은 명나라 중기에 들어선 이후, '소비사회'의 단계에 들어갔다. 특히 부서(富庶)의 남쪽 지역에서의 경영이 더 두드러졌다.[1] 명·청나라 시기의 여유로운 구매는 더욱더 활기차게 발전했고, 변화하는 상황에 순응하는 소비자들의 요구를 위해, 명·청나라시대 강남도시의 상점에서 역시 경영 방면에서 상응하게끔 조정하고 창조했다. 본문의 제1장에서는 상점 본래의 건축형태와 공간의 이용 방면과 명·청나라시대에 발전한 변화에 관해 토론할 것이다. 상점이 기능 면에서 상품만을 제공한 것이 아니라, 창조적인 스타일의 상품을 발전시켰다. 가장 마지막 장에서 탐구할 것은 상점이 구매 고객에게 일깨운 방식, 즉 고객을 매료시키는 시각적 광고에 대한 것이

---

1) 참고 巫仁恕, 『호화스러운 품위: 명나라 말기의 소비사회와 사대부』(대북: 연경, 2007, 제1장).

다. 간판표지 광고를 예로 들어 상점이 어떻게 그것을 이용해 고객의 소비를 부추겼는지를 설명할 것이다.

2. 상점의 구조와 기능의 변화

1) 상점의 건축구조와 전시공간의 변화

명·청나라 강남도시 안의 상점은 건축형식과 공간을 이용하는 방면에서 큰 변화가 보였다. 과거 학계에서는 중국 상점 변화의 역사에 대해 관심을 적게 두었기 때문에 상점의 외관과 내부공간의 변화에 대하여 매우 조금 언급해서 문헌자료는 아마도 아주 부족할 것이다. 설령 이렇다 할지라도, 명·청나라시대 이후의 형상자료에는 창문 한 짝을 열어주었다.[2] 이번 장에는 도시 풍속도의 관찰에 대해 시험 삼아 투과해보고, 명나라 중기 이후의 강남도시 내 상점건축과 내부공간의 변화에 대해 설명할 것이다.

만약 북송 말년의 개봉(開封)을 배경으로 그려낸 <청명상하도淸明上河圖>와[3] 명시대 중기의 강남도시를 배경으로 그린 도시 풍속

---

2) 명·청 도시 풍속도의 소개와 연구는 왕정화(王正華)의 「번화를 훑어보다: 명나라 말기의 도시 그림, 도시관 및 문화 소비 연구」를 참고하였고, 『중국의 도시생활』에서 인용했다(대북: 연경 출판 문화주식회사, 2005, 1~57쪽; 「건륭조 소주 도시 그림: 정치권력, 문화소비와 배경의 형상」, 『중앙연구원근대사연구소간행물』, 50기(2005年 12월), 115~184쪽).

3) 북송의 장택단(張擇端)이 그린 <청명상하도>와 관련되며, 학계에는 이미 많은 연구 성과가 있다. 대표성을 가지는 것으로는 주보주(周寶珠)를 포함해, 『청명상하도와 청명상하학』(개봉: 하남대학출판사, 1997); 那志良, 『청명상하도』(대북: 국립고궁박물관, 1997); 이원홍(伊原弘)이 편찬, 『「淸明上河図」をよむ』(동경: 면성출판, 2003); 요녕성 박물관 편찬, 『청명상하도 연구문헌회편』(심양시: 만권출판공사, 2007) 등이 있다. 그러나 여전히 많은 연구가 송금시대의 맥락에 국한되어 있고, 이 그림과 뒤의 도시 풍속도 간의 비교에

도를 비교하면 많은 차이를 발견할 수 있다. 송나라 도시의 상점 건축형식은 <청명상하도>에서 볼 수 있듯, 독립식 마룻대 형식의 건축이 많다. 게다가 각자 독립적인 목조건축이다(<그림 1, 2>). 명나라시대 이후의 강남도시 상점의 건축형식은 명나라시대의 <남도번회도(南都繁會圖)>와 구영(仇英)의 <청명상하도>에서 이미 연결식 마룻대 형식이 출현했다는 것을 볼 수 있고, 상점은 대부분이 벽돌로 만들어졌지만 여전히 뚜렷하지는 않다(<그림 3>). 다시 청나라시대의 <강희남순도(康熙南巡圖)>와 <고소번화도(姑蘇繁華圖)> 등의 그림에서 보인 강남도시를 관찰해보면, 이미 뚜렷하게 연결된 마룻대 형식의 건축물이 도시에 많다는 것을 알 수 있다. 게다가 이런 발전은 한 걸음 더 진보되었다. 예를 들어, <고소번화도>에서 더 확실하게 연결식 마룻대 구조의 상점이 보였고, 다층형식 역시 낳이 있었다(<그림 7>).

<그림 1>   <그림 2>

서 차이를 발견하지 못했고, 이후에 도시의 발전에 반영했다.

<그림 3>

<그림 4>

<그림 5>

<그림 6>

〈그림 7〉

　청나라시대 강남도시의 풍속도에서는 이미 완벽한 연결식 마룻대 형식의 상점들을 볼 수 있다. 거리 양쪽에는 상점이 잇따라 붙어 있고, 지붕 양쪽을 받치고 있는 벽끼리도 아주 가까워서 길을 겨우 확보한다. 상점 내부는 작거나 방이 하나이고, 방이 두세 개인 경우도 볼 수 있다. 연결식 마룻대 구조의 건물 대부분은 공업, 상업 점포이거나 서비스업인 여관, 술집, 찻집 등이다. 원래 있던 독립식 마룻대 형식과 사합원 형식의 건물 역시 동시대에 존재했다. 하지만 이런 건축물은 주택의 역할을 하는 것이 많았다. 연결식 마룻대 건축은 1층 건물이었고, 2층도 있었다. 1층짜리 평지붕 가게는 보통 앞쪽은 가게, 뒤쪽은 주택이었다. 2층짜리 건물은 어떤 것은 '아래층 상점, 위층 주택'이거나 어떤 것은 위층도 공동의 공간을 만들었다. 특히 주점 같은 서비스업 가게들이 그러했다. 아래층은 위층보다 더 높았다. 상점의 문은 개방형이었고, 나무문은 일찍이 떼어 내버렸다. 카운터는 왕래하는 사람들 가까이에 있어 손님을 끌 때 편리하게 길거리 쪽에 두었다.[4]

---

4) 진영(陳泳), 『도시공간: 형태, 모양과 의의—소주 고대도시의 구성과 변화 연구』(남경: 동

이러한 변화는 도시화의 과정에 반영되었다. 도시의 인구성장과 도시의 인구밀도를 점차 높였고, 건물의 밀집도도 더 높였다. 하지만 도시의 공터는 한정적이어서 도시 공간(특히, 상업중심)은 더 효율적으로 이용되어야 했다. 그래서 휴식소비공간은 '크게' 발전해야 했다. 연결식 마룻대는 마룻대 사이의 공간을 줄여서, 더 효과적으로 공간을 이용했다. 그 외에도 명나라 중기 시대 이후에 건축 서술에도 변화가 있었는데, 특히 벽돌담의 보편적인 이용이 큰 발전이라 할 수 있다.5) 이러한 연결식 마룻대 구조의 상점의 출현이 지방 관청의 도시계획과 관계가 있는 것은 아닐까? 게다가 건축사와 경영자는 어떤 사람인가? 자본은 어디서 나왔는지? 임대한 것은 아닌가? 이상의 이런 의문들은 모두 역사자료가 한정적이기 때문에 확실한 답을 얻을 수 없다.

다른 방면으로, 송나라시대의 <청명상하도>에서는 상점 대부분이 음식 서비스업에 속했다. 예를 들어 점집, 분식집, 술집이었고, 향료나 천을 파는 곳, 약방, 전당포도 있었다. 그림에서는 상점의 입구가 개방형으로 상품을 전시하는 곳은 드물었다(<그림 3, 4>). 그렇지만, 명나라시대에는 상품 경제의 발달 때문에 명나라의 모방 그림인 <청명상하도>에서, 음식을 파는 상점 외에도 주기, 금은 장신구, 의류, 칠기, 그리고 서예와 그림을 파는 상점 혹은 공장도 많았다. 그래서 상점 안에는 물건을 전시하는 공간을 더 넓힐 필요가 있었다(<그림 6>). 청나라시대의 소주(蘇州)를 묘사한 <고소번화도>에서

남대학출판사, 2006), 82쪽. 조신량(趙新良) 편저, 『시적 의미로 둥지를 틀다: 중국 전통 민족의 문화해독』(북경: 중국건축공업출판사, 2007), 75쪽.
5) 참고 장붕천(張朋川), 「명·청 서화 <중당> 양식의 기원」, 『문물』, 2006년 제3기 88~90쪽.

는 상업을 포함한 것이 특히 더 많았다. 학자들에 따르면 꽤 자주 출현하는 상점으로는 면직물업, 실크업, 의류 잡화업, 금은 장신구, 진주와 옥기, 그리고 도서와 문구업 상점과 도기와 기와점 등도 있었다.[6] 약방, 금 장신구점, 전당포는 보통 폐쇄형이었는데 큰 문 하나만 열어놓고, 문 안에 카운터를 놓았다. 그 외에도, 다른 상품을 판매하는 상점은 공간을 개방하고 상품을 전시하는 것이 보통이었다. 이런 상점에서 판매하는 상품이 대부분 생활필수품이 아니었기 때문에, 고객들의 관심을 끌기 위해서는 상품들을 진열하는 공간을 만들어야 했다(<그림 7>). 오늘날 강남도시의 오래된 촌락의 거리에서는 여전히 이런 식의 건물을 볼 수 있다.

명나라와 청나라에 출현한 상업에 관한 책 중에서도 상점 경영을 할때에 상품 진열의 중요성을 언급하였다. 예로 건륭(乾隆) 51년(1786) 이전 책에서는 왕병원(王秉元)이 최초로 글을 쓰고, 왕호(汪淏)가 보충, 수정한 책 『생의세사초계(生意世事初階)』에 보면, 머리말에 작가인 왕호가 이 책을 보충, 수정한 동기에 대해 적었는데 그것은 이 초본을 멀리 있는 '그대들'과 '자질'에게 보내기 위함이고, 그들에게 '挾本居寄, 無微不入(본전을 가지고 기거하나 조금의 이윤이라도 없으면 들어가지 않는다)'의 장사 재능을 배우기를 북돋아 주려 함이었다. 이 책의 내용은 두 부분으로 나눌 수 있는데, 전반부는 기예를 배우는 문제에 대해, 후반부는 상점을 어떻게 개장해 영업하고 키워나가는지를 가르친다. 그중에 상점이 손님을 끌어모아 영업을 하는 것에 대해 언급하였는데, 먼저 상점이 다채로워야 하고 '궤가 안에 있든 궤

---

6) 참고 범금민(范金民), 「청나라 소주의 문화번영의 사조─<고소번영도>」, 범금민의 다음 저서에 서 수록 『국민생계─명·청 사회 경제연구』(복주: 복건인민출판사, 2008), 474~520쪽.

가 밖에 있든' 반드시 '깔끔히 청소해야' 하고, 각종 상품은 반드시 '바르게 진열해야' 한다. 게다가 상품을 진열하는 것에 대하여도 연구를 해야 하는데 '상품은 고품질의 것을 골라내서 입구에 놓고 판매'한다. 이것은 고품질 상품이 '값이 나가게 팔 수 있을 뿐 아니라, 단골손님을 끌 수 있다. 차등화된 상품이나 고가의 상품을 놓는 것도 괜찮다.'[7]

명·청나라시대의 문헌에는 상점의 전시와 상품진열에 대해 기록하였는데, 그리 많지는 않다. 명나라시대의 소설 『경세통언(警世通言)』 16권에 보면 <부인이 금전을 주었는데 젊어졌다는 이야기가 있는데, 원외랑인 장사렴(張士廉)은 늙고 자식이 없어서, 왕초선부(王招宣府)가 파견해 보낸 소부인(小夫人)을 아내로 맞았지만, 소부인은 장사렴이 늙어서 싫어했다. 하루는 사렴이 일이 있어 먼 곳을 가야 했는데, 소부인은 마음의 답답함을 털어놓았다. 곁에는 하녀 권부인이 문 앞에서 거리의 풍경을 보며 시간을 보내고, 소부인은 동양랑(同養娘)을 따라서 밖으로 나가 구경하였다. 책에는 장원외랑 집의 문 입구가 상점의 형식이라고 묘사되어 있는데 '이 장원외랑의 문 앞에' 연지를 수놓았고, 양쪽 벽에는 궤짝을 놓았으며 그중 하나는 보랏빛 명주로 감싼 궤짝이 있다.> 이 이야기 앞에는 '만약 지금 동경 변주의 개봉부를 말하자면'이라는 말이 있다. 이것으로 알 수 있는 것은 이 이야기는 원래 송나라의 작품이라는 것이다.[8] 그러나 상점은 전형적인 명나라시대로 묘사되었다. 다시 소설에 있는 그림을 보면, 상점에서 상품을 전시한 공간이 상당히 눈에 띄는 것을 알

---

7) 范金民, 「청나라 초본 『경영 및 세상살이 초급』 述略」, 범금민의 다음 저서에서 수록, 『국민생계—명·청 사회 경제연구』, 742~748쪽.

8) 담정벽(譚正璧) 편찬 『삼언양박자료(三言兩拍資料)』(상해: 상해고적출판사, 1980), 288쪽.

수 있다(<그림 8>).

그리고 어떤 것들은 골동품 상점의
전시공간에 대한 기록도 있다. 명나라
말기의 사대부 이일화(李日華, 1565~
1635)의 일기에 항주(杭州)의 서호(西
湖) 부근에 한 늙은이가 운영하는 골동
품가게가 있었다. '오래된 방은 반쪽짜
리이고, 앞에는 제멋대로 놓았고, 병은
중앙에 진열해놓아 쉽게 깨진다. 소나
무와 황벽나무가 있고, 부들의 줄기로
줄기를 찌르고, 심지어는 화분을 구경

〈그림 8〉

하는 사람도 있다.'9) 청나라 사람 조사동(曹斯棟)의 책 『패판稗販』
에 또 다른 골동품 상점의 배지도와 내부 상식에 관한 묘사가 있다.

> 시장에는 그릇을 놓고 가게를 경영하는 사람이 있는데, 문의 글귀가 많
> 고, 격자에 그림을 그렸으며, 동이 녹이 슬어 얼룩이 졌고, 가로로 진열
> 한 것이 몇 개 된다. 주인은 차림새가 단정하고, 고상한 이야기를 잘
> 했으며 마치 주공 같았고, 주황색의 신발을 신었다. 둘러싼 형태는 예
> 전에 습격한 듯한 모양의 송아지 코 같고, 성격이 포악해 보지 않은 자
> 가 없다. 전부 받아들여 아울러 보존하고 모든 것을 진열했다. 이리저
> 리 쳐다보니, 돌이 아니라 옥이고, 가짜를 진짜로 속였다.10)

규모가 좀 큰 몇몇 상점들은 그들의 서비스 상점은 방이 몇 개나 되

---

9) [明]이일화(李日華), 『미수헌일기(味水軒日記)』(상해: 상해원동출판사, 1996) 4권, 8월
11일, 255쪽.

10) [淸]조사동(曹斯棟), 『소상인』, 『사고미수서집간(四庫未收書輯刊)』 3집 28책(북경: 북
경출판사 청 건륭연간 방과산방각본 영인본에 의거, 1997), 8권, 6b~7a쪽.

는데, 명나라시대 소주(蘇州)의 유명한 손춘양(孫春陽)의 잡화점과 비슷하다. 『履園叢話』에 따르면 '이 점포의 규칙은 엄격하고, 선정된 제도가 정밀하며 군 전체에서 다시 볼 수 없었다' 또 이렇게 말하였다.

> 소주(蘇州)의 다리 언덕 서쪽에 손춘양(孫春陽)이 남쪽 물건을 파는 가게가 있는데, 유명하고, 가게의 상품도 쓸 만하다. …… 그 가게는 주현처럼 배치되어 있는데, 남북의 물건이 있는 방, 해산물 방, 절임 방, 장을 놓는 방, 과일 절임 방, 납촉 방으로 방이 총 6개가 있다. 고객은 카운터에 돈을 주고 표를 사는데, 각 방에 발송하면, 관리인이 그 줄을 잡는다. 하루에 조금 묶이면, 일 년에는 아주 많이 묶인다. 명나라시대부터 지금 이미 2백삼사십 년 되었으니, 자손 대대로 먹고살기 좋고, 아무도 대신할 자가 없다.11)

땔감과 쌀, 기름, 절임과 같은 생활필수품을 파는 상점은 그리 큰 공간이 필요하지 않다. 그러나 이런 상점들이 내부의 장식과 배치에 신경을 쓴다는 예시도 있다. 청나라시대의 남경에 무씨 집안사람이 절임과 쌀을 파는 상점을 설계했는데, '내부에는 작은 방이 많고, 발이 몇 개 있고, 깨끗해서 먼지도 없다. 방 밖에는 대나무 숲이 푸르게 있다. 올곧은 대나무 길이 좁게 나 있다. 초가지붕을 인 정자는 산머리에 있고, 변두리에는 매화나무 언덕이 있다. 건물 옆에는 매화나무가 있는데, 높기로는 벽만큼 높고, 정자를 마주하여 아름답다.'12) 명나라, 청나라 휘주(徽州)의 중소상인이 남긴 재산 서류 혹은 분가 서류에서 병풍, 장롱, 탁자 등과 같은 많은 가구를 볼 수 있는데, 결코 침실에서 쓰려는 것이 아니라 상점에 전시용 가구이다.13)

---

11) [淸]전용(錢泳), 『이원총화(履園叢話)』(북경: 중화서국, 1979) 24권, 〈잡기하. 손춘양 (孫春陽)〉, 640~641쪽.

12) [淸]감희(甘熙), 『백하쇄언』 1권, 13~14쪽.

2) 유행을 창조하는 도시의 상점

현대의 기업은 끊임없이 신상품을 제조하여, 그 상품이 소비자들을 끌어들여 잘 팔리게 되어 유행 풍속이 되기를 희망한다. 이런 현상이 현대에 들어서 출현한 것은 아니다. 영국 역사학자의 연구에 따르면 일찍이 18세기 영국의 제조업 사이에서 이미 유행이 있었다고 한다. 소비를 촉진하고, '소비사회'와 '소비혁명'이 일어나게 형성했고, 산업혁명의 도래가 확고한 기초가 되었다. 영국 역사학자에 따르면 18세기에 많은 영국 상인들이 궁궐과 귀족, 외국사신의 사교에 유행을 만들고 퍼뜨렸다. 대중유행의 풍조를 만든 후, 대량 생산으로 이익을 취했다. 전체적으로 보면 제조업자들이 유행을 만들어서 상품의 경쟁을 부추기고, 경제 발전에 큰 영향을 미쳤다.[14] 명나라, 청나라 시기의 역사 자료에서 볼 수 있듯 당시의 공산업자들은 신상품을 만들었고, 하나의 유행으로 자리 잡았다. 다음으로는 재봉업을 예로 들어서 제조업자들이 어떻게 최신 유행을 만들었는지 설명하겠다.

명나라 후기에 강남도시의 재봉업은 아주 발달하였는데, 주로 항주, 남경과 소주 3대 도시에 집중되어 있었다. 다른 중소도시와 더나아가 읍에서도 재봉업이 발달하였다.[15] 이것에 대한 예를 들면, 소

---

13) 무인서(巫仁恕), 『호화스러운 품위: 명나라 말기의 소비사회와 사대부』, 225~233쪽.

14) Eric L. Jones, "The Fashion Manipulators: Consumer Tastes and British Industries, 1660-1800", in L. P. Cain and P. J. Uselding eds., *Business Enterprise and Economic Change* (Kent State, Ohio: University Press, 1973), pp.198~226; 가장 유명한 사례는 대규모 도자기 제조업자인 Josiah Wedgewood가 자신의 브랜드를 만들어 각종 광고를 널리 이용하고 상품을 알렸으며, 그의 목적은 다른 경쟁자의 상품과 구별하는 것이었다는 점이다. Neil McKendrick, "Josiah Wedgewood and the Commercialization of the Potteries", in Neil McKendrick, ed., *Historical Perspectives: Studies in English Thought and Society, in Honour of J. H. Plumb* (London: Europa Publications, 1974), pp.100~145.

주 사람 宋芬이 편찬한 『蟲鳴漫錄』에서 재봉업자에 관한 일화를 거론할 수 있다.

> 갑이라는 손님이, 오랫동안 외지에 있다가 10년 동안 소식이 없어서 부인과 아이까지 빈곤하게 되었는데, 을이 집으로 오라 하였다. 을은 재봉업자였는데, 상품을 팔아 살았고, 집은 새로 지었으며 문을 열고 재봉업 가게를 세웠고, 부인과 아이가 있었다.[16]

소주를 예로 설명하면 건륭(乾隆) 45년에 재봉업자가 금문 및 창문의 북쪽에 공소를 만들었다.[17] 헌 옷을 판매하는 업자들이 공소를 만든 것은 비교적 늦은 편이었는데, 함풍(咸豊) 6년이 돼서야 호룡가(護龍街)에 남탑아항(南塔兒巷)에 만들었고, 자금을 모아 공사를 해 공소을 만들었다.[18] 이 외에 소주의 서북쪽 모퉁이의 복숭아 꽃밭 뒤에 존의당(存義堂)이 있는데 모자를 만드는 업자들이 돈을 모아 공소를 만들었고, 세워진 연대는 동치년간(1862~1874)쯤일 것이다.[19] 설명이 필요한 것은 명·청 시기의 기성복업은 현대적 정의와는 다르다는 점이다. 대량의 기계로 생산하는 업종이 아니라, 전문적으로

---

15) 이백중(李伯重), 『강남초기공업화(1550~1850)』(북경: 사회과학문헌출판사, 2000), 147 ~148쪽.

16) [淸]채형자(采蘅子), 『충명만록(蟲鳴漫錄)』, 이것은 다음 책에 수록되어 있다. 『필기소설대관(筆記小說大觀)』 1편 7책(대북: 신흥서국, 1985)1권, 12b쪽.

17) 「주현에서 실직자들이 기성복업자 공소에서 말썽을 부리거나 소요를 일으키지 못하도록 했다는 비문」(광서 24년), 이 글은 다음 자료에 실려 있다. 소주역사박물관 등 편찬 『명·청 소주 상공업 비각집』(남경: 홍소인민출판사, 1981), 225쪽.

18) 「재봉업 상공업 재건 비」(광서 2년), 『명·청 소주 공산업 비각집』, 212~213쪽.

19) 「소주 모자업 공소 의총비」(동치 5년 11월), 이 글은 다음 자료에 실려 있다 왕국평(王國平), 당립행(唐立行) 편찬 『명·청 이래의 소주 사회사 비각집』(소주: 소주대학, 1998), 304~305쪽.

고객에게 맞게끔 만들거나 전문적으로 신발, 모자, 천, 양말 등을 만드는 업자였다.

강남은 동시에 의류 방면에서 유행의 중심이었다. 특히 소주 일대에서 유행했던 복장은 그 당시 사람들에게 '소주식'이라는 말을 남겼다. 명나라시대 소설에 '소주식' 옷 스타일 유행에 관해 직접적으로 묘사했는데, 풍몽룡(馮夢龍, 1574～1646)의『喻世明言』에서 '머리에 소주식 모자를 쓰고, 몸에는 하얀색 실로 만든 옷을 둘렀다'고 했다.[20] 중국 전통극에도 '소주식'이라는 기록이 있는데,『一捧雪傳奇』에 한 여자 배역의 복장이 '청색 천으로 몸을 하고, 소주식으로 머리를 감싸고, 땀 손수건을 그녀 옆에 끼고, 긴 치마로 큰 발을 가린다'[21]라고 되어 있다. 설령 송강과 항주 같은 강남의 큰 도시라 해도, 소주 사람들의 복장 스타일을 따라 했다. 게다가 소주식 복장 스타일은 끊임없이 새롭게 바뀌었다. 張岱가 그의 친구에게 쓴 편지에 이런 열풍에 대한 비판이 있다

> 우리 절강(浙江) 사람들은 주관이 없고, 소주 사람들을 따르고 모방하려 한다. 두건 하나도, 높다가 낮다가 하고, 옷소매도 컸다가 작았다가 한다. 소주 사람들은 두건이 높고, 옷소매는 큰데, 절강 사람들은 그것을 모방한다. 널리 퍼지지도 않았는데, 소주 사람들의 두건은 또 낮게 변화했고, 옷소매도 작아졌다. 소주 사람들은 종종 우리 절강 사람들을 보고 '옷 입는 것을 따라가지 못한다'고 비웃는다. 그야말로 그게 따라가지 못하는 것이다! 평소 좋지 못한 두건은 높지도 낮지도 않고, 옷소매는 크지도 작

---

20) [明]평몽용(馮夢龍),『유세명언』(대북: 정문서국, 1980) 1권,「장흥가중회진주삼(蔣興哥重會珍珠衫)」, 7쪽.

21) [清]이옥(李玉),『한 움큼의 눈』, 이것은 다음 책에 수록되어 있다. [清]이옥(李玉) 저서, 진고우(陳古虞), 진다(陳多), 마성귀(馬聖貴) 點校,『이옥희곡집(李玉戲曲集)』(상해: 상해고적출판사, 2004) 하권, 제19척 〈추초〉, 66쪽.

지도 않아 거칠게 입고, 대나무 모자를 쓴다. 사람은 보고 아는 것이 즐거운 것인데, 소주 사람들에게 빌붙어 명사가 될 필요가 있는가?[22]

청나라 사람 王譽昌이 강희(康熙) 31년에 편찬한 『崇禎宮詞』에서 이렇게 말했다. '빨간색을 찍어 바르고, 푸른색을 가볍게 넘어 눈썹을 바르며 노을은 편안하다. 가는 것이 소주식이 좋고, 분장은 새롭다.' 청나라 사람 오리(吳理)가 주석을 달기를 '호적은 소주이고 양주에 살면서 전부 강남의 복장을 일컬어 '소주식'이라 한다'라고 했다.[23] 심지어는 명나라 후기 궁궐 안의 복장 양식도 소주식의 영향을 받았다. 비록 청나라 시기였지만, 북경은 이미 천천히 소주의 추세를 따라서 '북경식'은 '소주식'을 능가했었지만, 소주 역시 여전히 아주 중요한 유행의 중심지였다.[24] 청나라 褚人穫의 『堅瓠集』에는 청나라 초기의 소주 평민 복장의 유행 풍습에 대해 이렇게 서술했다.

우리 소주 사람의 풍속은 인정이 없다. 복장은 이미 과도하게 정점을 찍었다. 『한산일기(翰山日記)』 중에 「오하가요(吳下歌謠)」가 있는데,

---

22) [明]장대저(張岱著), 운고(云告)點校, 『낭현문집(琅嬛文集)』(장사: 악록서사, 1985) 3권, 「서독, 유씨 선비 여덟 아우와 함께」, 142~143쪽.

23) [淸]왕예창(王譽昌) 번역, [淸]우리(吳理) 각주, [民國]정조음(丁祖蔭)校記, 『숭정궁사(崇禎宮詞)』(대북: 신문풍이 우산총각본에 의거하여 조판·인쇄하다, 1989), 상권, 3b쪽.

24) [淸]호식옥(胡式鈺), 『두존竇存』, 『필기소설대관』 44편 10책(대북: 신흥서국, 1987) 3권, 「사두事竇」, 여기서는 청나라 때 고급 의복의 유행이 북경을 중심으로 했음을 지적하고 있다. 「북경 사람들의 의복은 왕족의 스타일을 보면 알 수 있다. 다른 성에서 온 새로운 스타일이고, 소주와 송강에 가서 수년 뒤에 북경이 새로운 스타일의 변화가 왔다.」(1a쪽).명·청의 복장유행 방식에 관해서는 巫仁恕를 참고, 「品味奢華: 晚明的消費社會與士大夫」(북대만: 중앙 연구원: 연경, 2007), 128~144. Antonia Finnane, *Changing Clothes in China: Fashion, History, Nation* (New York: Columbia University Press, 2008), pp.43~67.

'소주에는 3가지 좋은 소식이 있다. 남자들은 붉은빛 카라를 드러내고, 여자들은 그물 천을 덮고, 가난뱅이는 부자처럼 꾸민다. 주머니 3개 달린 양말 한 쌍, 높고 낮은 신발 두 켤레를 사려고, 두 개의 은화를 준비한다. 부모는 집에서 춥고 배고프게 있는데, 보면 어찌 실망하지 않겠는가.'[25]

청나라시대의 소주 사람 茂苑이라는 거사가 쓴 5개월 치 일기에서 그는 전에 헌 옷을 두 번 산 적이 있다고 했다. 한 번은 산호로 친 모자 꼭지를 샀는데, 이런 횟수는 현대의 입장에서 본다면 낮은 편은 아니지만, 하층 사대부의 몸인 茂苑거사도 자신의 복장에 대해 신경 썼다는 것을 알 수 있다.

왜냐하면, 강남은 유행의 중심이기 때문에 각 지역의 부유층은 자연히 강남식 복장의 유행을 따라 입었다. 명나라시대의 부유층 사람들은 '원산지'가 강남인 옷을 얻기 위해 천 리가 멀다 않고, 강남에 와서 물건을 사갔다. 이런 광경이 명·청시대 소설 속에도 남아 있다. 예를 들어, 「金甁梅詞話」의 22, 25회에 서문경이 집안의 旺兒에게 명하여 항주에 가서 채(蔡)태사를 위해 옷을 주문해 산동으로 돌아오라고 했다고 한다. 『醒世姻緣傳』 65회에서 명나라 산동의 작은 현에 사는 부녀자가 남경의 옷이 갖고 싶어서 집안사람이 강남에 갈 때 사오길 부탁했다고 말한다. 청나라시대에 와서 남경식 의류는 이미 산동에서 핵심적인 판매 상품이 됐고, 臨淸의 『故衣布』에서 '남경상점'이[26] 집중됐다.

---

25) [淸]저인호(褚人穫), 『견호집(堅瓠集)』, 『속수사고전서(續修四庫全書)』 자부잡가류책 1262(상해: 해고적출판사가 상해도서관에 소장된 강희제 때의 판본에 의거하여 인쇄, 1997) 보집 6권, 「오하가요(吳下歌謠)」, 18b쪽.

수요가 있어야 혁신이 있다. 건륭 시기에 吳江의 감생 袁棟이 쓴
필기 『書隱叢說』에서 이렇게 말했다.

소주의 풍습은 사치스럽고, 날이 갈수록 더하다. 옷들은 낡지 않았고,
여러 번 고치지도 않았다. 연화는 아름답고 정교하길 원한다. 옷이 갑
자기 길어졌다가 갑자기 짧아지고, 옷소매가 갑자기 커졌다가 갑자기
작아진다. 갓이 갑자기 낮아졌다가 갑자기 높아지고 신발이 갑자기 좁
아졌다가 갑자기 넓어진다. 제조업자가 신상품에 매력을 느껴, 한가로운
자가 정교하고 요염한 것을 배운다.27)

본문에서 끊임없이 소주 사람들의 옷, 옷소매, 모자, 신발 스타일
이 자주 바뀐다고 언급했다. 특히 이목을 끄는 것은 '제조업자가 새
로운 형식에 매력을 느낀다'는 대목인데, 청나라 소주 복장의 유행을
충분히 설명했고, 제조업자도 끊임없이 새로운 방향으로 발전시키고
새로운 형식의 복장을 만들었다.

청나라의 양주는 복장 유행의 또 다른 중심지였다. 청나라 사람
임소문(林蘇門)이 편찬한 『邗江三百吟』의 제6장 '새롭고 신기한
복장'에서는 청나라 양주에서 유행한 각종 남성 의류에 대해 기록되
어 있다.28) 남성의류는 사계절 모두 다르게 유행했는데, 여름에 유행
한 속옷은 나한띠[羅漢裼]이다. '띠는 중국식 홑옷의 한 종류로 여

---

26) 李伯重, 『강남 초기의 공업화(1550~1850)』, 146~147쪽.
27) [淸]원동(袁棟), 『서은총설(書隱叢說)』, 『사고전서존목총서』 자부잡가류책 116(대남:
　　장엄문화사업이 북경도서관 분관에 소장된 청 건륭연간의 각본에 의거하여 영인함,
　　1995) 10권, 「풍속사미(風俗奢靡)」, 7b쪽.
28) 이 자료는 가장 일찍 안동이(安東籬) 교수가 가장 일찍 인용, 참고 Antonia Finnane,
　　Changing Clothes in China: Fashion, History, Nation, pp.59~6.

름에 뚱뚱한 남자는 쉽게 땀을 흘리는데 이 띠는 얇아서 여름에 쓰기 좋은 천이다. 옷소매가 짧고, 몸에 알맞게 나왔고, 나한에서 이름이 붙여져 통속적으로 쓰이고 있다.'29) 겉옷의 마고자 형식은 황토 풀로 만든 천이다. '풀 천은 칡의 한 종류로 유황을 구워서 만든다. 여름에는 겉옷으로 써서 땀이 스며들게 한다.'30) 바지는 검정 비단 바지가 유행했는데, 원단을 다른 곳에서 들여왔다. '양주에는 비단을 생산하지 않아서, 매번 여름이 되면 좋은 원단을 꼭 사서, 검정으로 염색하여 바지를 만들었다.'31) 평상시에 유행한 옷은 연잎 옷깃 옷이었다. '남자 옷은 옷깃을 꿰맬 때 어깨를 뒤집었고, 연잎을 둘러 헤치기 편했다.'32) 남자 셔츠는 비단을 쓰는 추세였지만 절약하는 형식도 있었다. 그것은 비단을 주원료의 천에다 절반을 입히는데, '반절 셔츠'라고 불렸다.33) 모자나 양말, 신발도 유행하는 형식이 있었는데, 모자 같은 경우는 수박껍질과 빨간 테 모자가 있었다. 빨간 테 모자는 겨울에 북쪽 지방에서 유행한 모자이다. '이것은 북부 지방의 관리들이 눈과 바람을 막는 도구였다. 양주는 비나 눈이 왔을 때 많이 사용했는데, 품질이 어떤지는 끝내 알지 못했다.'34) 양말은 두 절로 유행했는데, 위쪽에는 여러 색을 많이 사용했고, 아래쪽은 흰색을 사용했으며 명주 비단과 같지 않다.35) 신발은 어망 실로 짜서 시원했고, '흰 방직을 안

---

29) [淸]임소문(林蘇門), 『한강삼백음(邗江三百吟)』, 『중국풍토지총간』(양주: 광준서사거청 가경 13년 각본 인쇄, 2003), 6권, 231쪽.

30) [淸]임소문(林蘇門), 『한강삼백음』 6권 「신기한 복장(新奇服飾)」, 240쪽.

31) [淸]임소문(林蘇門), 『한강삼백음』 6권 「신기한 복장」, 240쪽.

32) [淸]임소문(林蘇門), 『한강삼백음』 6권 「신기한 복장」, 237쪽.

33) [淸]임소문(林蘇門), 『한강삼백음』 6권 「신기한 복장」, 239쪽.

34) [淸]임소문(林蘇門), 『한강삼백음』 6권 「신기한 복장」, 242쪽.

에 사용하였고, 색깔은 선이 가늘고 좁아 그물과 같이 만들었으며 통풍이 잘되었다. 이름은 경혜(涼鞋)였고, 여름에만 사용했다.'36)

양주 시내의 옷 재료 상점업자 역시 진력을 다해 최신식의 유행 재료를 맞춰 팔았다. 『揚州畫舫錄』에서 단자가(緞子街) 상점에 대해 언급했다.

> 다자가(多子街), 즉 단자가(緞子街)에서는 두 가장자리가 모두 비단가게였다. 양주 사람들은 옷에 대해 새로운 것을 추구했다. 십수 년 전에 비단을 사용해 여덟 그룹을 만들었는데, 뒤에 대양연(大洋蓮), 공벽란[拱壁蘭] 색깔로 변했다. 앞선 풍조는 삼남(三藍), 다홍, 먹색, 회색, 황금색, 기름을 쳐서 염색한 빨간색, 복숭앗빛 빨간색을 복색이라고 한다. 복대장군이 도적을 정벌할 때[복강안(福康安, 1754~1796)이 건륭 52년에 대만 임상문(林爽文)을 평정한 것을 말한다.] 양주 사람들은 이 색을 썼다. 매번 물건이 있을 때, 먼저 비단 상점에 보내고, 상점에 보내는 것을 초호(抄號)라고 한다. 매년 4월 20일을 기준으로 진강회(鎭江會)를 한다.37)

양주는 부유한 염전 상인들이 집중되어 있어서 그들의 소비력은 가히 놀랄 만하다. 유행을 좋아하는 것 역시 상상할 수 있을 것이다. 그래서 양주의 풍조는 새로운 스타일이나 새로운 원료에 대한 수요량도 많아졌다. 본문에서 볼 수 있듯이 비단 도매상부터 작은 비단 상점까지 이런 풍조의 수요 때문에 언제든지 최신 스타일의 옷을 만들 수 있었다. 비록 본문에는 신상품의 창시자가 누구인지 언급하지 않았지만, 의류 유행의 태동으로 말하자면 변화에서 기성복업자가

---

35) [淸]임소문(林蘇門), 『한강삼백음』 6권 「신기한 복장」, 242쪽.
36) [淸]임소문(林蘇門), 『한강삼백음』 6권 「신기한 복장」, 235쪽.
37) [淸]이두(李斗), 『양주화방록(揚州畫舫錄)』 9권 제18조, 「소진회록(小秦淮錄)」, 194쪽.

중요한 작용을 일으켰다.

일단 유행이 되면, 제조업자들이 대량으로 만들어내고, 가격도 수시로 내려갈 수 있었다. 『邗江三百吟』의 한강삼백음에 실린 바와 같이 양주에서 특히 유명하다는 나비 신발은 소주, 항주 사람들도 부러워했다.

> 양주식 신발은 소주, 항주 사람들이 극찬하였다. 우리 쪽에서는 큰 오류라고 생각했고, 무림 간에서 걸음을 멈춰 소주, 항주의 신발을 비교하면 양주는 그만큼도 안 됐다. 같은 융단이지만, 양주는 전체에 융단을 썼고, 상점은 10층, 11~12층으로 다 달랐고, 오랫동안 변하지 않았다. 신발 옆쪽은 전체를 흰 비단으로 하거나 여러 색을 섞은 넓은 털로 만들었고, 실로 무늬를 냈다. 비단으로 테를 둘러 정교하게 만들었다. 이 신발은 보라색이나 회색을 사용해 구애받지 않았다. 신발 앞, 뒤쪽은 솜털이거나 무늬 없는 흰 비단으로 큰 나비형태를 만들고, 신발 양쪽은 작은 나비 한 마리로 만들어 '나비신'이라고 했다.[38]

작가는 이 단락을 인용하고, 또 그가 신발을 산 일에 대해 진술했다. '어렸을 때, 시장에서 처음 5, 6전을 주고 신발을 샀는데, 요즘 신발 가게에 비슷한 스타일이 많아 그 가격을 물어봤다. 한 냥 하고 2, 3전 정도라는데, 현재와 과거가 크게 다르다는 것을 알았다.' 이런 유행의 신발 스타일은 대량생산에 따라 가격이 내려가는 것 같다.

앞서 말한 기성복업자들은 마치 영국의 도자기 상인들과 비슷하다. 시장의 판로와 신상품 개발에 힘쓰기 위해 신상품과 새로운 양식의 제품들을 내다 팔고, 사들여와 새로운 유행을 만들었다. 상공업자들의

---

38) [清]임소문(林蘇門), 『한강삼백음』 6권 「신기한 복장」, 233~234쪽.

신상품이 일단 한 풍조로 자리 잡으면, 같은 종류의 상품 경쟁과 발전을 부추겼다. 앞서 말한 기성복업의 예시들 외에도 명나라 말기 소주의 劉永暉 역시 문구업의 경쟁을 불러일으킨 인재였다. 명나라 사람 黃省曾(1490~1546)의 『吳風錄』에서 그 사람이 정교하게 문구를 만드는 것을 형용했다. '오나라 사람은 신기하게 경쟁하고 다투어서 문구를 다룬다.'[39)]

3. 현수막 광고의 이용

도시 내에서 한가로이 쇼핑하는 곳을 제공하고, 고객을 끌기 위해서는 가장 직접적인 방법이 시각적인 광고를 이용하는 것이다. 가장 전통적인 것이 현수막 광고이기도 하다. 현수막 광고란 '간판'과 '현수막'의 복합적인 명칭인데, 초패(招牌)혹은 망자(望子)라고도 한다. 바로 시각적으로 광고하고 손님을 끌어모으는 전통적인 광고 형태로 중국에서는 이미 오래된 방법이다. 전통 시대 상업무역과 소비활동의 산물이라고 말할 수 있다. 학자들의 고증에 따르면 가장 초기의 간판 광고는 술집 깃발이었는데 고대의 술집 깃발은 천으로 만들었고, '푸른 깃발[靑帘]'이라는 명칭이 있었다. 술집 깃발은 높이 매달아 멀리서도 술집의 표지를 볼 수 있게 했고, 그런 연유에서 '망자'라고 불렸다. 淸代의 翟灝(건륭시대의 진사)의 「통속편(通俗編)」에서 '지금의 강은 북쪽에 있고, 장사 표지가 걸려 있고, 망자(望子)라

---

39) [明]황성증(黃省曾), 『오풍록(吳風錄)』, 왕가구(王稼句) 편집, 『소주 문헌 총초초 편(蘇州文獻叢鈔初編)』(소주: 고오간출판사, 2005), 320쪽.

불린다. 음이 와전되어 황자(幌子)라고 부른다.'[40] 이렇게 볼 수 있 듯 '幌子'는 원래 '望子'이었고, 望子는 '酒肆旗望(술집에 걸린 깃 발을 보다)'로부터 비롯된 것이다.[41]

주기(酒望, 酒幌)는 두 종류로 나뉘는데 하나는 천 깃발식이고 다른 하나는 실물모형식이다. 송나라 洪邁(1123~1202)의 『容齋續筆』에 다음과 같이 구분되어 있다.

> 오늘날의 도성과 읍의 술집은 술을 파는 상점으로, 청백색 천으로 만든 현수막을 밖에다 놓았는데 작은 사람도 어디서나 볼 수 있다. 시골 가게에서는 어떤 경우에는 표주박 병, 빗자루 대를 걸어놓고, 중국 사람들은 주로 시를 읊조리는데 그것이 예로부터 자연스러운 것이다.[42]

먼저 볼 것은 실물모형의 현수막이다. 『淸稗類鈔』에 이렇게 나와 있다.

> 글자는 더욱 필요 없고, 그림도 필요 없다. 문에다 물건을 달거나 그 모형으로 대신한다. 글자를 모르는 사람이 많아서, 주점에는 술 주전자 하나 걸어놓고, 숯 파는 곳에는 숯을 하나 걸어두고, 면을 파는 가게는 긴 종이 한 장을 내걸고, 생선가게는 나무 물고기를 거는 것이 '현수막 간판'이라는 것이다.[43]

---

40) [淸]적호(翟灝), 『통속편』, 『속수사고전서』 경부소학류책 194(상해: 상해고적출판사가 청 건륭 16년 적씨 무불의재 각본에 의거하여 영인함, 1995) 26권 「기용·망자(器用·望子)」, 13a쪽.

41) 청목정아(靑木正兒), 「망자(간판)고」, 『청목정아전집』(동경: 춘추사, 1983~1984), 592~602쪽; 곡언 빈(曲彦斌), 『중국간판과 시장 손님을 끄는 소리』(심양: 요녕인민출판사, 2000).

42) [宋]홍매(洪邁), 『용재속필』(상해: 상해고적출판사, 1978) 16권 「주사기망(酒肆旗望)」, 408쪽.

43) [淸]서가(徐珂), 『청패류초(淸稗類鈔)』 5책(북경: 중화서국, 1984), 「농상류, 시초(農商類, 市招)」, 2,283쪽.

앞에서 말한 것들은 사물로 현수막을 하는 실질적인 예이다. 술집
에는 술 주전자를 걸고, 숯 집에는 숯을, 면 집에는 긴 종이 한 장을,
생선가게는 나무 생선을 문 앞에 걸어놓는 것이다. 상품을 사용하거
나 모형으로 현수막을 하는 것은 기본적으로 문자를 사용하는 것보
다 적게 쓰이지만 오래되었다. 당나라 李昉의『太平廣記』에서 이미
이 씨 손님이 시험 삼아 나누고 세워봤고, 하나로 묶어 주머니를 만
들었다. 도시에 쥐약을 파는 곳이 있었는데, 나무 쥐로 표시했다. 송
나라 오증(吳曾)의『能改齋漫錄』에서 당시의 목욕탕은 항아리를 매
달아 간판을 했다고 한다.[44)

명・청시대의 소설과 그림 자료에서도 적지 않은 예시를 볼 수 있
다.『續金瓶梅』의 제47회에서 주인공 劉瘸子가 구두수선가게를 열
었는데, 헌 신발 몇 켤레를 사서 문에 걸어 현수막을 했다고 묘사했
다.[45)『浪跡叢談』에서 강희 연간에 북주 남문의 큰 거리에 면화점
이 있었는데, 앞에 면화를 걸어 간판을 했다고 했다.[46) 명・청 도시
의 풍속도에서 이런 식의 현수막을 볼 수 있다. 仇英이 그린 <淸明
上河圖>에서 萬應膏藥을 파는 약방의 문 앞에 고약 한 꾸러미를
걸어 간판을 했다. 청나라시대의 <고소번화도(姑蘇繁華圖)>에서는
식당 앞에 쳇바퀴를 걸어 식당의 간판을 한 것이 그려져 있다(<그

---

44) [宋]이방(李昉),『태평광기(太平廣記)』(북경: 중화서국, 1961) 85권「이인오(異人五)」,
　　553쪽; [宋] 오증(吳曾),『능개재만록(能改齋漫錄)』(북경: 중화서국 1985) 1책 1권
　　「욕처괘호우문(浴處挂壺于門)」조, 3쪽.
45) [明]정요항(丁燿亢),『속금병매(續金瓶梅)』(대북: 건홍출판사, 1995), 제47회「유희품
　　목과랑어소막파, 석녀아도대난용(遊戲品木瓜郎語小莫破, 石女兒道大難容)」, 489쪽.
46) [淸]양장거(梁章鉅),『낭적총담. 속담(浪跡叢談. 續談)』(북경: 중화서국, 1981) 5권「우
　　선라(右旋螺)」, 343~344쪽.

〈그림 9〉

림 9>). 사물 모형을 현수막으로 하는 것이 출현한 원인은 『淸稗類
鈔』의 서문에 기록되어 있다. 사람들이 문자를 아는 확률이 낮아서
사물을 쓰는데, 특히 촌 동네 사람들이 문맹일 가능성이 커서 이렇
게 한눈에 알 수 있는 간판 형태가 필요했다.

대나무 천 형식의 현수막은 명·청 시기에 와서 발전했는데, 그것
의 내용은 계속해서 말한 현수막 간판과 아주 흡사한 것을 알 수 있
으며 문자와 그림을 같이 사용하였다. 이런 간판광고는 비록 문헌에
는 많이 기록되어 있지 않아도 명·청나라 도시 풍속에서는 예시를
볼 수 있다. 『南都繁會圖』에는 '최고급 관 띠(極品官帶)'라고 적힌
현수막이 있는데, 관 띠가 그림으로 그려져 있다. 전당포의 현수막에
는 돈 그림을 그려 넣었다(<그림 10>).

〈그림 10〉

　현수막이 역사상의 발전을 거둔 것은 뒤에 점진적으로 나무 현수
막을 대신 쓰면서부터이다. 현판의 방향, 편액이 발달하였고, 송나라
이후의 문헌에서 자주 보이는 '간판'이다. 간판은 주로 매달거나 박
아 넣거나 쌓는 등의 방식을 썼다. 현판, 액자, 표지, 대련, 벽 등이
고정적인 소매업에 쓰였고, 책에는 특정 광고문자 혹은 도안의 표지
가 있다고 했다.[47] 『淸稗類鈔』에서 언급한 간판은 전문적으로 문자
를 쓰거나 문자와 그림을 같이 갖추는 것이라고 하였다.

---

47) 청목정아(靑木正兒), 『망자(간판)고』, 592～602쪽; 현수막에 관한 2건의 연구를 소개
　　한다. 곡언빈(曲彥斌)이 저술한 다음의 자료를 참고하라. 『중국초황사전』(상해: 상해사서
　　출판사, 2001), 14～18쪽.

상점 현판의 표지가 넓고, 손님을 끌어모으는 것을 '市招'라고 하는데 통속적으로 '招牌'라고 한다. 대게 전용 글자가 있는데, 만족 문자, 몽고 문자, 회족 문자, 티베트 문자이고, 그림이 곧 형태가 된다.[48]

소위 '그림이 곧 형태가 된다'는 것은 도안, 문자가 빼어난 간판이라는 것이다. 명나라 말기에 남경을 묘사한 『南都繁會圖』에서, '북경식 신발가게'라는 간판이 있었고, 신발 그림이 그려져 있었다 (<그림 11>). 간판의 형식은 외관에서 보면 다시 세부적으로 수직 간판, 가로 간판, 낮은 간판, 벽에 붙인 간판으로 나눌 수 있다. 벽에 붙인 수직형 간판은 가장 자주 보이는 간판이고, 가로 간판은 현판처럼 생겼다. 대문에 걸어놓은 현판은 보통 그 가게의 상호를 적어놓았다. 『歧路燈』의 98회에 주인공 閻楷가 서점을 여는 장면이 그려져 있다.

흑색 옻칠을 히고 금색 글씨로 양면을 만든 간판을 걸어서, 한 면은 '星輝堂' 세 글자로, 다른 한 면은 '經史子集, 法帖古硯, 收買發兌' 열두 글자로 만든다. 온 거리에 폭죽을 터뜨리고, 의관이 마당에 가득 하면 행운의 조짐이 보인다고 할 수 있다.[49]

본문에서 나온 간판 두 가지 중 하나인 '星輝堂'이 바로 상호의 현판이다. 낮은 간판은 상점문 앞에 두거나 카운터 앞에 둔다. 그 후에 하늘로 치솟는 간판의 형태로 바뀌었다. 벽 간판은 글자를 상점 벽에 붙여 광고하는 것인데, 청나라 澡堂이 종종 벽에다 '수탉이 아

---

48) [淸]서가(徐珂), 『청패류초』 5책 「농상류, 시초」, 2,283쪽.

49) [淸]이해관(李海觀), 『기로등(歧路燈)』, 제98회 「동사가(소)람신증자 표의부장류 존체정(重書賈蘇 霖臣贈字. 表義僕張類村遞呈)」, 1,005쪽.

〈그림 11〉   〈그림 12〉

직 울기도 전에 탕이 먼저 끓는다(金雞未唱湯先熱)'고 썼는데, 청나라
徐揚이 그린 그림 <고소번화도姑蘇繁華圖>에서도 볼 수 있다(<그
림 12>).

　명·청 이래의 간판의 발전과 그 이전 시대를 비교해보면, 가장
큰 차이점은 문자의 응용이 전 시대보다 더 보편화했다는 것이다.
송나라 張擇端이 그린 <청명상하도>를 관찰하면, 명·청시대에 와
서 도시 풍속도가 변했다는 것을 알 수 있다. 문자 간판이 충분히
길거리의 정황을 더욱더 선명하게 보여줬다. 문자 간판은 어떤 것은
한 글자였는데, '술' 한 글자로서 술집을 표시하는 간판이 중국에서
가장 보편적이고 역사가 오래된 간판이다. 또 『兒女英雄傳』 제7회
에서 사찰 앞에 '밥'이라는 글자를 걸어 간판을 삼았는데, 선명하게
식당을 겸업하는 사찰이라는 것을 알 수 있다.[50] 틀림없이 여러 글

50) [清] 문강 (文康), 『아녀영웅전』(대북: 계관, 1983), 제7회 「탐지혈신근연약녀. 적귀검담
　　소(探地穴辛勤憐弱女, 摘鬼臉談笑誅淫娃)」, 84쪽.

자로 된 간판은 명·청시대 도시 간판의 주류였다. 특히 강남의 도시에서 문자 간판은 일찍이 주류가 되어 있었다.[51] 명나라 소설 『說岳全傳』에서도 여관을 운영하는 사람의 간판을 볼 수 있는데, '安寓'라는 어떤 손님이 '江振子安寓客商', '王老店安寓客商' 등과 같이 7글자 간판을 만들어주었다고 나와 있다.[52] 청나라 소설 『歧路燈』에도 두부가게 간판에 '汴京黃九皋五香腐乾'라고 쓰인 것을 볼 수 있다.[53] 어떤 간판은 특별하게 강조한 글자가 있다. 정덕 때 朝廷이 술집을 열었다. 술집 간판을 '우리 가게는 4시까지 연꽃 술을 판매한다'고 했다. 또 두 가지 간판이 있는데, 하나는 '천하에 제일가는 술집'과 '4시까지 식사를 드리는 음식점'이라는 간판이었다.[54] 또 『藝舟雙楫』에서 청나라 때의 낫가게에서 카운터에 간판을 세웠는데, '오로지 이 집에서만 값을 두 가지로 부르지 않습니다'라고 크게 쓰여 있었다.[55] 청나라 항주에서 이를 때우는 상인의 간판에는 '치아에 새 삶을'이라고 쓰여 있다.[56]

---

51) 북경 역시 많은 글자의 간판이 주를 이뤘다. 청나라 소승격(蘇繩格)의 『연사상표의록』에 천 가지가 되는 간판이 기록되어 있는데, 1~6 글자의 상표와 간판, 현판으로 분류된다. 가장 잘 사용되는 것은 네 글자 간판이다. [淸]소승격(蘇繩格) 역, 「연사상표의록(燕事商標香錄)」, 『총서집성속편』 사부책 50(상해: 상해서점, 1993), 「잡지각류」, 5b쪽.

52) [淸]전채(錢彩), 『설악전전(說岳全傳)』(대북: 삼민서국, 2000년), 제7회 「몽비호서인진현, 삭회뇌홍선혁직(夢飛虎徐仁荐賢, 索賄賂洪先革職)」, 52쪽; 제65회 「소제형투제악왕분. 여순검람장요오진(小弟兄偸祭岳王坟, 呂巡檢婪賍鬧烏鎮)」, 570쪽.

53) [淸] 이녹원(李綠園), 『기로등』, 제33회 「담소문람교비류. 장승조계유도장(譚紹聞濫交匪類. 張繩祖計誘賭場)」, 338쪽.

54) [淸]저인획(褚人穫), 『견호집보(堅瓠集補)』, 「속수사고전서. 자부. 잡가류」 1,262책(상해: 상해고적출판사가 상해도서관에 소장된 청 강희연간 판본에 의거하여 영인함, 1997) 3권 「주관편대(酒館扁對)」, 56쪽.

55) [淸]포세신(包世臣), 『예주쌍집(藝舟雙楫)』, 「속수사고전서」 자부예술류책 1082(상해: 상해고적출판사가 상해도서관에 소장된 청 도광 26년 백문권 유각목자안 4종 판본에 의거하여 영인함, 1997) 5권, 「논서일」, 26b~27a쪽.

도시 풍속도에서 이런 예가 있다. 『南都繁會圖』의 '萬源號通商
銀舖', 간판에 '들어오면 공평하게'라는 말도 쓰여 있다. 명나라 말
기 仇英이 그린 <청명상하도>에서 잡화점 안에 '공평하게 거래한
다'는 말이 쓰여 있었다. 청나라 『고소번화도』에서 식당의 간판에는
'다섯 궤의 음식', '특색 있는 음식', '집에서 먹을 수 있는 밥' 등이
쓰여 있었다(<그림 9>). 또 다른 형태의 간판을 볼 수 있는데 많은
글자를 쓸 때 알맞은 간판이다. '충천식(沖天式) 간판'이 그것이다.
북송의 張澤端이 그린 <청명상하도>에서 이런 형태의 간판을 볼
수 있는데, 명나라에 와서 仇英이 그린 <청명상하도>, 청나라 강희
56년(1717), 王原祁(1642~1715) 등이 함께 그린 <만수성전도萬壽
聖典圖>와 徐揚於가 건륭 26년(1761)에 그린 <일월합벽오성연주
도日月合璧五星聯珠圖>에 이르기까지 모두 같은 예를 볼 수 있다
(<그림 3, 4, 6, 13, 14> 참조).

간판 혹은 현수막은 모두 시각적인 광고효과 형태로 그 내용은 그
림이나 사물모형, 문자설명까지 포함했다. 송·원나라에서부터 명·
청나라까지의 발전 과정이 보여주듯 이런 시각적 광고 안의 문자의
비중은 점진적으로 증가하는 추세였다. 그림이나 사물모형은 두 번
째로 중요한 요소가 되었다. 광고의 시각적 효과는 방향에 따라 다
르게 나타났는데, 이런 현상은 서양에서 온 사람들을 놀라게 했다.

---

56) 치아 보철업이 송대에 보였지만, 간판의 형식은 아마 명·청 시기에 돼서야 출현했다.
[淸]조사동(曹斯棟), 『패판(稗販)』, 『사고미수서집간(四庫未收書輯刊)』 3집 28책(북
경: 북경출판사가 청 건륭 연간의 반과산방 판본에 의거하여 영인함, 1997), 6권, 16a
~16b쪽; [淸]엽명례(葉名澧), 『교서잡기(橋西雜記)』, 『총서집성간편(叢書集成簡編)』
740책(대북: 대만 상무인 서관, 1966), 「수부문아(修補門牙)」, 42쪽.

19세기 말 중국을 여행할 목적으로 들른 미국인 John L. Stoddard가 1897년에 광주에 들어섰을 때 가장 이목을 끌었던 것이 거리의 간판이었다. 그가 이해할 수 없었던 것은 사람들이 어떻게 간판의 글자들을 읽을 수 있을까였다. 왜냐하면, 거리를 걸으면 어디서나 옷이 단정하지 못하고, 교육의 혜택을 받지 못한 듯한 사람만 마주쳤기 때문이다. 게다가 '이러한 환경 속에서 간판의 광고를 그만 읽고 싶었다. 이는 덕주(德州)의 야생마를 끌고 숲을 통과하면서 나무를 관찰하는 것과 똑같다고 보면 된다.'[57]

간판이든 현수막이든 그것의 주요한 기능은 고객을 끌어들여 소비하게 하는 것이다. 『鄕言解頤』에서 장사를 잘하는 사람은 실제 상품으로 손님을 끌고, 허위의 이름으로 끌고, 위치·문면·상호로써 끈다. 그러나 이런 것들은 간판만큼 눈을 끌지는 못한다.[58] 로맨스 소설 『歧路燈』에서 도박장을 여는 것에 대해 말했다. '좋은 간판이 있으면 단골손님이 없는 것을 두려워하지 않는다.'[59] 그래서 도시에 상점을 여는 상인들은 모두 간판 설계에 신경을 쓴다. 청나라 북경의 간판은 더 화려하고, 더 큰 추세였다. 『欽定日下舊聞考』에서 이렇게 말했다.

> 정양문 동서 거리의 간판은 높이가 3장 남짓이었고, 금가루로 장식하거나 반죽을 끼워 넣었다. 혹은 황소, 흰 양, 검정 당나귀 형상을 상징으로 넣었다. 술집은 큰 기둥을 옆으로 연결했고, 남는 부분은 나무 그릇이나 주석으로 만든 잔을 놓았고, 유소(流蘇)를 장식했다.[60]

---

57) 요한. 사탑덕저, 이주역, 『1897년의 중국』(제남: 산동화보출판사, 2004), 41~42쪽.
58) [淸]이광정(李光庭), 『향은해이』 4권, 「물부상. 시사십사. 초패」, 68쪽.
59) [淸]이해관(李海觀), 『기로등』, 제육사회 「개도장첩확후리. 간찬부핍명부교장」, 666쪽.

비록 논평자는 이것을 든다고 생각했지만, '계산하는 데 한정되어 있고, 먼저 일을 보면 알려지지 않고, 이름도 없다.' 그러나 이것이 고객을 끌어들이는 광고이다. 그래서 그 시대 사람들은 간판 설계를 강조했고, 글자가 단정한 것과 금을 칠하는 것뿐만이 아니라 '색이 아름답고 생생하게 살아나는 것'이 가장 좋다고 했다. 그래야만 고객을 끌 수 있고, '초대하면 오는 것'이라는 것이다.[61]

상점을 열 때 눈에 띄는 간판을 만드는 것 외에도, 화려하고 아름다운 문의 장식도 어우러져야 영업에 아주 큰 도움이 됐다. 청나라의 『연경잡기』에서 이렇게 기록되어 있다.

> 북경의 상점에서는, 본래 구도를 기획한다. 붉게 조각되어 있고, 비단 창문이며 간판은 3장만큼 높다. 밤에는 수십 개의 등을 밝혀 낮처럼 해 놓았다. 동서로 네 개의 패루는 정양문의 큰 난간이었고, 아주 출중했다. 그중에 찻집이 있었는데, 마루가 높고 컸다. 격자의 창문은 크고 사람을 조각해놓았으며, 금으로 칠했다. 눈부신 구름과 태양을 비추고, 참으로 위대한 장관이다. 그리하여, 표준화폐 은(銀) 백만 혹은 천만을 들여 장식했다. 찻잎은 손님에게 주고, 화려한 것은 표준 화폐 없이 저축했고, 신용은 의심하지 않았다. 만약 형세가 어두우면 상자가 천만이 쌓여도 감히 빌리지 못했다. 금옥 이외에 찌꺼기 솜이 애초부터 그러했다.[62]

인용문에서 청나라 북경 시내의 상점에 대해 문의 화려함과 간판이 큰 것까지 신경을 썼다고 했는데(<그림 13, 14>) 밤에는 수십

---

60) [淸]우민중(于敏中), 영렴(英廉) 등 「음정일하구문고」, 수집 『영인문연각사고전서』 497~499책 (대북: 대만 상무인 서관, 1983), 146권, 「풍속일」, 16a쪽.

61) [淸]왕유광(王有光), 『오하언련(吳下諺聯)』(북경: 중화서국, 1982) 1권, 「계목, 정목일, 활초패(啓目, 正目一, 活招牌)」, 9쪽.

62) [淸]작자 미상(佚名), 『연경잡기(燕京雜記)』, 5a~5b쪽.

〈그림 13〉 　　　　　　　　　〈그림 14〉

개의 등을 달아 장식했다. 그래서 알 수 있는 것은 고객을 끌어들이
는 것 외에 경영과도 관계가 있는 것이다. 찻집을 예로 들면, 그저
화려한 외관만 있으면 밑천이 아주 없어도 투자자는 그 가게에 투자
하려고 하거나 그 상점에 돈을 빌려준다. 하지만 만약 문이 화려하
지 않고 어두우면, 자본이 많아도 투자자들은 돈을 빌려주기 겁나
한다. 비록 앞의 인용문 모두 청나라 북경의 기록이지만 추론해보면
이런 원칙이 북경에만 국한된 것이 아닐 것이다. 강남의 대도시 상
점의 간판도 다를 바는 없을 것이다.

　명·청나라의 문헌에 적지 않은 예를 볼 수 있는데, 명사들이 마
치 간판 광고의 대변인이 된 것 같다. 희곡 『桃花扇』에서 남경 삼
산거리에 서점을 열었는데, 그 서점은 그의 이름을 상호로 삼았다.
매번 새로운 책이 나오면 기둥에 광고를 붙여, 시문의 속표지를 새
로 선택했다. 책은 '復社文開', 왼쪽의 작은 한 줄은 「壬午、癸未
房墨合刊」라고 쓰고, 오른쪽은 「陳定生、吳次尾兩先生新選」라고
썼다. 그의 간판은 陳貞慧(1604~1656)와 吳應箕(1594~1645)가
만들었다. 사람들이 와서 책을 사기를 희망했다.[63] 당연히 책을 사는

주요 소비자와 고객은 선비들이었다. 그래서 책방 간판을 명사의 이름을 딴 것이다. 그렇지만 다른 업종의 간판, 현판 혹은 상점 안의 주련은 명사에게 부탁해 명사의 이름을 따서 현판이나 간판을 만들었다. 사회적으로 높은 사람을 써 손님을 끌어모았다.[64] 명나라 남경 우시구(牛市口)의 비누가게에는 '고자경가(古子敬家)'라는 현판이 있었는데, 유기(劉基, 1311~1375)가 썼다. 삼산거리의 융단가게의 가로현판은 '오소서가(伍少西家)'라고 쓰여 있는데, 진사 顧起元(1565~1628)이 썼다. 행구대거리[行口大]의 남방 물건을 파는 가게는 직사각형의 간판으로 '양군달가(楊君達家)의 해산물 과일'이라고 적혀 있었는데, 한림원(翰林院)이 편집하고 여맹린(余孟麟, 1537~1620)이 썼다.[65] 청나라 때 양주의 도시에 초관(鈔關)거리가 있었는데, 거리 양쪽은 유명한 상점들이 있었고, 오래된 오소서(伍少西)의 융단가게도 있었다. 그 가게의 현판에 '오소서가'라고 쓰여 있었는데, 강녕(江寧)의 유명한 서예가 양기군(楊紀軍)이 써주었다. 대춘림(戴春林)의 향신료 상점은 '대춘림가'라고 쓰여 있었고, 또 다른 유명한 서예가 동기창(董其昌, 1555~1636)이 써줬다고 전해진다.[66]

---

63) [淸]공상임(孔尚任), 『도화산(桃花扇)』(북경: 인민문학출판사, 1959) 3권, 제29척, 「체사(逮社)」, 184쪽.

64) 그렇지만, 때로 관료들이 상점의 간판을 썼는데, 사람들에게 구실이 되기도 했다. 광서조(光緖朝) 연간에 도찰원 좌부도어사를 맡은 숭훈은 사람들의 존경을 샀다. 도시의 일을 처리할 때마다 밑의 관리를 시켜 민간 주택에 뜻을 알리라 했다. 북경 정양문의 永順乾의 양화점의 간판을 적어주었는데, 개장하는 날 직접 가서 축하해주었다. 광서 황제는 명령하였다. '숭훈이 심품의 관리이니, 풍법을 하사하고, 신중하며, 대반을 더럽히지 마라', 직위를 해체하고, 훈계하였다. (청) 곤강(崑岡) 등 저, 『대청회전사례(大淸會典事例)』(북경: 중화서국, 1991) 1,012권 「도제원일오, 헌강일오, 논지십오, 광서 8년(都察院一五, 憲綱一五, 諭旨十五, 光緖八年)」, 162a쪽.

65) [淸]진작림(陳作霖), 「병촉리담(炳燭里談)」, 『금릉쇄지구종(金陵瑣志九種)』(남경: 남경출판사, 2008), 중권, 〈시사구편市肆舊扁〉, 327쪽.

명·청나라 강남 대도시 안의 상점 간판은 도시의 중요한 경관이 었는데, 특히 '하늘에는 천당이 있고, 땅에는 소주와 항주가 있다'에서의 그 소주와 항주가 그랬다. 일본인 소네 도시토라(曾根俊虎, 1847~1910)가 동치 13년(1874)에 항주에 여행 왔을 때에 본 항주는 태평천군 전쟁 직후여서 어디서나 '긴 머리 도적'들이 해치는 모습을 볼 수 있었고, 여전히 황폐한 곳이 많았다. 하지만 그는 도시의 번화한 경관을 보았고, 특히 용금문(湧金門) 일대에 갔을 때, 부유한 상인들의 집이 즐비하고, 남는 공간이 조금도 없는 것을 보았다. 행인들이 끊임없이 드나들고, 북쪽 사람과 같이 더러운 옷을 입고 냄새 나는 사람이 보이지 않았다. 길거리는 비록 비좁았지만, 천진 시내 등과 비교했을 때 깨끗한 것을 알 수 있었다. 특히 그가 상점 간판을 보았는데 '각 상점의 상호 간판은 모두 금색 글자로 광택이 나 있고 화려했다.'[67] 이것으로 알 수 있는 것은 강남도시의 간판은 외국인에게 강남도시의 인상을 심어주는 데 중요한 역할을 했다는 점이다.

4. 결론: 도시 상점의 변혁

본문에서 말했듯 명나라 중기 이후에 소비사회에 들어섰고, 도시 안의 상점 자체도 명·청 시기에 조금씩 변혁이 이루어졌다. 과거에는 문헌 자료가 부족한 데다 상점 변천의 역사에 대해서도 물어볼

---

66) [清]이두(李斗), 『양주화방록』(북경: 중화서국, 1960) 9권 「소진회록」, 194쪽.

67) [日]증근준호(曾根俊虎) 저, 범건명(范建明) 역, 『북중국기행 청국만유지(北中國紀行·淸國漫游志)』(북경: 중화서국, 2007), 357쪽.

사람이 없었다. 그래서 학계에서는 이쪽 방면의 탐구를 많이 하지
않았다. 본문은 도시 풍속도의 분석을 통해 송나라에서 명・청나라
에까지 상점과 관련하여 세 가지 변혁이 발생한 것을 발견하였다.
첫째는 연결식 마룻대 건축의 출현이고, 둘째는 다층식 건물이 더
보편적이게 되었다는 것이며, 마지막으로는 상점이 문 앞에 상품을
진열하는 공간을 늘린 것이다. 그 외에도 상점 본래의 기능이 매매
에만 관계되어 있는 것이 아니라 많은 상인이 상품을 사게끔 신상품
을 만들 뿐 아니라 유행을 만들어 소비를 촉진하였다. 상점은 간판
을 이용해 이런 시각적 광고로 손님을 끌었고, 문자 광고는 점점 그
당시의 주류가 되었다. 명・청나라 시기의 강남도시 상점은 변혁이
발생했고, 소비의 동력이 도시 경관의 변화를 부추겼고, 과거와는 상
당한 차이가 있다.

제 2 장

明淸時代의 江西商人과 社會秩序에 대하여

小川快之(오가와 요시유키)

1. 시작하면서

明淸時代의 商人이라고 하면, 徽州商人(新安商人·安徽商人)과 山西商人이 유명하지만, 이 시기에는 그들과 더불어 江西 출신 상인들의 활동도 활발하였다. 그들은 '江西商人'·'江右商'·'江右幇' 등으로 불렸다(이하에서는 江西商人으로 통일하여 부르겠다). 明淸 時代에는 이상의 상인을 포함하여 10여 개의 상인집단의 활동이 활발했다는 것이 널리 알려졌다(일반적으로 이들을 합쳐서 '十大商人' 등으로 부른다).

이러한 明淸時代의 상인집단이 출현한 배경이나 그들이 활동을 전개한 방식, 그들의 활동이 중국 각 지역의 사회질서에 끼친 영향은 출현·전개된 지역의 상황 차이 등을 반영하여, 개별 상인집단에 의해, 각각 달랐던 것으로 생각된다. 이러한 이유로 傳統中國 상인의 전개를 생각하기 위해서는, 개별 상인집단의 전개에 대하여 각각 구체적으로 생각해볼 필요가 있다고도 생각된다. 徽州商人과 山西商人에 대해서는 종래부터 많은 연구자가 주목하여, 그 전개가 꽤 자세히 밝혀져 왔다.[1] 江西商人에 대해서도, 이미 傳衣凌・許懷林・吳金成 등의 연구로 밝혀진 바 있고, 方志遠의 상세한 연구도 있다.[2] 江西商人의 전개를 생각하기 위해서는 우선 이러한 선행연구의 성과에 대한 정리・검토의 필요성이 있다고 말할 수 있다.

한편, 宋代에서 淸代까지의 사회(傳統中國의 사회)에 대해서 살펴보면, 이 시기의 사회에서는 '健訟(訴訟을 선호하는 사회풍조)'이나 '械鬪(宗族끼리의 무력충돌)' 등 특유의 사회현상이 확인되는데, 근년에 이러한 事象에 착목하여 이 시기 사회질서의 실상을 생각하는 연구가 활발해지고 있다.[3] 그러나 그 현황을 살펴보면, 각 시대의

---

1) 徽州商人・山西商人 연구에 대해서는 아래 문헌 등을 참조.
   寺田隆信, 『山西商人の研究―明代における商人および商業資本』(東洋史研究會, 1972); 張海鵬 等,『徽州商人研究』(安徽人民出版社, 1995); 王振忠, 『明淸徽商與淮揚社會變遷』(三聯書店, 1996); 臼井佐知子,『徽州商人の研究』(汲古書院, 2005); 熊遠報, 『淸代徽州地域社會史研究―境界・集團・ネットワークと社会秩序―』(汲古書院, 2003); 中島樂章,『徽州商人と明淸中國』(山川出版社, 2009).

2) 江西商人 연구에 대해서는 아래 문헌 등 참조.
   傅衣凌, 「明代江西的工商業人口及其移動」(『明淸社會經濟史論文集』, 人民出版社, 1982年 所收); 許懷林, 『江西史稿(第2版)』(江西高校出版社, 1998); 吳金成, 「明中期以後江西社會的動搖及其特性」(『第七屆明史國際學術討論會論文集』, 東北師範大學出版社, 1999年 所收); 方志遠・黃瑞卿, 「明淸江右商的經營觀念與投資方向」(『中國史研究』 1991－4); 同・同, 「江右商的社會構成及經營方式」(『中國經濟史研究』 1992－1); 同・同, 「明淸時期西南地區的江右商」(『中國社會經濟史研究』 1993－4); 方志遠, 「明淸江右商與商事訴訟」(『南昌大學學報・社會科學版』 26增刊, 1995); 同, 「地域文化與江西傳統商業盛衰論」(『江西師範大學學報』 2007－1); 同, 「明淸湘鄂贛地區的 "訟風" 與地域文化的轉移」(『文史』 2004－3).

3) '健訟'・'械鬪' 연구에 대해서는 아래 문헌 등 참조.
   拙著,『傳統中國の法と秩序－地域社會の視點から－』(汲古書院, 2009); 拙稿, 「宋－淸代法秩序民事法關係文獻目錄」(『前近代中國の法と社會―成果と課題』, 財團法人東洋文庫, 2009年 所收); 拙稿「法制史研究」(『日本宋史研究の現狀と課題』, 汲古書院, 2010年 所收). 그 밖에 拙著에 관해서는: 書評: 洪成和(『明淸史研究(韓國)』 34, 2010), 寺田浩明(『法制史研究』 60, 2011) 및 紹介와 批評: 劉馨珺, 「『唐律』與宋代法

지역마다, 또는 산업마다, '분쟁의 구도'나 '소송이라는 행위가 담당했던 사회적 기능이나 의미' 등에 대하여 해명하고, 傳統中國 고유의 사회질서에 대해서 고찰을 심화시킨 작업은 아직 불충분하다고 생각된다.[4] 이상과 같은 연구를 진전시키기 위해서는 江西商人의 활동에 대해서도, 그 활동이 사회질서에 끼친 영향에 대해서 고찰할 필요가 있다고 생각된다. 이러한 점에서 본고에서는, 지금까지의 江西商人 연구에 대한 정리·검토를 기반으로 하여, 주로 사회질서와의 관계에 대하여 고찰해 보고자 한다.

2. 江西商人 연구의 현황

江西商人의 출현·전개에 대해서 종래의 연구에서는 어떠한 것이 밝혀져 왔던 것일까. 아래에서는 그 내용에 대하여 논점별로 정리·검토하고자 한다.

1) 江西商人의 출현

江西에서 상인의 활동은 宋代부터 활발해지는 듯하지만, 江西商人의 존재가 뚜렷하게 인식되는 것은 明代이다. 江西商人의 출현에 대하여 傅衣凌은 다음과 같이 서술하고 있다.

文化』(國立嘉義大學, 2010) 5~6쪽 참조
4) 前揭 寺田浩明, 「書評: 『傳統中國の法と秩序 - 地域社會の視點から - 』」 등 참조.

(宋元時代에는) 토지는 차츰 (私人)地主의 수중에 들어가게 되었다. 토지가 (地主에게) 고도로 집중됨에 따라 다수 농민은 토지를 잃었다. 동시에 하천 연안의 교통이 편리한 것도 상인이 되기에는 유리하였다. 이러한 여러 가지 원인에 의하여 明代 初期에는 이미 江西의 인구가 대량으로 외부로 이동하게 되었다. 明代 江西商人이 국내 각지에서 벌였던 활동은 충분히 활발해져서 (그들은) 자신을 스스로 지키고, 상업을 발전시키기 위하여 같은 시대 徽州商人의 습관을 익혀 '商帮' 조직을 결성하였다. 그들이 노동자나 상인이 되었던 것은 주로 살아가기 위한 것이지, 자연경제의 결과는 아니었다.[5]

한편, 許懷林은 다음과 같이 서술하였다.

농촌의 자연경제의 점진적 발전, 경제작물의 증가, 국내 시장의 확대가 상업무역을 활발해지도록 하였다. 격렬한 토지 겸병에 의하여 농촌에서 대량의 인구가 유출되고, 그 일부가 유통업계에 유입되어, (그들은) 상품을 판매하고 각지에서 장사하여 이익을 얻었다. 江南各省의 경제수준이 높아진 이후, 상품의 양이 증가하였다. 江西에서 상업에 종사하는 사람이 많은 것에 대하여, 明代人은 토지가 좁고 民이 가난하기 때문으로 인식하였다. 江西의 편리한 교통상황도 상업발전의 하나의 원인이었다. 전국 각지에서 활약했던 江西商人은 세력이 대단히 커서, 다른 상인과의 경쟁 속에서 차츰 '江右帮'을 형성하게 되었다. 雲南·貴州·四川은 江西商人의 집결지였다. 江西商人의 이러한 활약은 지방정부의 우려를 불러일으켰다.[6]

더불어 吳金成은 다음과 같이 서술하였다.

明 건국 초기의 30～40년간, 勸農·開墾이나 里甲制 실시 등의 정

---

5) 前揭 傅衣凌, 「明代江西的工商業人口及其移動」.

6) 前揭 許懷林, 『江西史稿(第2版)』.

책에 의하여 江西社會는 안정되고 농업생산력도 급속히 회복되었다. 그러나 永樂年間부터 각종 사회모순이 격화된 것에 의해 里甲制 질서는 차츰 붕괴되어 갔고 각지의 농업사회는 해체되어 농민이 점점 이산하게 되었다. 그 원인으로, 첫째, 紳士・勢豪家에게로의 토지 집중, 둘째, 賦役이 증대되어 나날이 불균형해진 것, 셋째, '土地가 좁고 사람이 많은' 문제 등을 꼽을 수 있는데, (이러한 것들은) 차츰 심각해져서, 그 결과, 지주계급에 속하는 里長戶조차도 끊임없이 몰락하기 시작하여, 甲首戶 계급에 속하는 中小農民은 더는 생계를 유지할 수 없게 되었다. 明代 中期 江西省 내부 인구유동의 실상은, 농촌 지구에서 도시나 수공업 지구로의 흐름으로 변하게 되었고, 그리하여 (그들은) 상인이나 노동자가 되었다.[7]

또한, 方志遠은 다음과 같이 설명하고 있다.

江西商人의 활약은 사실상 江西經濟 진보의 전제가 되었다. (宋代) 江西 사회경제의 발전은 일부 地區에서 인구과잉현상을 출현시키기 시작하였고, 더불어 豪族大戶에 의한 토지겸병을 자극하였다. 이와 같은 상황은 줄곧 明代까지 계속되어 정부에 의한 賦役의 증대, 그중에서도 특히 賦役의 불균형이 더해져서, 鄱陽湖 주변과 吉泰盆地 등 경제발달지역에서 대량의 농민 유출을 초래하였다. 明代 江西商人의 발전은바로 江西流民運動의 산물이었다.
江西商人의 사회구성을 살펴보면, 농업을 그만두고 상인이 된 경우이든, 학문을 그만두고 상인이 된 경우이든, 대부분 가정의 빈곤에 시달렸기 때문이었다.[8]

이상의 선행 연구의 논점을 총괄하면, 明代 江西의 경제선진지역

---

7) 前揭 吳金成, 「明中期以後江西社會的動搖及其特性」.
8) 前揭 方志遠, 「地域文化與江西傳統商業盛衰論」; 前揭 方志遠・黃瑞卿, 「江右商的社会構成及經營方式」.

(델타지대가 많은 鄱陽湖 주변이나 河谷平野 지대가 많은 吉泰盆地 등)의 농촌사회에서, '鄕紳·地主에 의한 토지 겸병'·'賦役의 증대와 불균형'·'인구의 증가'가 발생하고, 또 거기에 江西의 교통 상황의 편리함도 더해진 결과, 토지를 잃고 곤궁해진 주민이 생활을 유지하기 위하여, 상인이 되어 縣外(雲南·貴州·四川 등)로 나가서, 국내 각지에서 '商帮' 조직을 만들었다고 생각된다. 이처럼 江西로부터의 인구이동과 江西商人의 전개는 밀접하게 관련되어 있다. 明代에는 '江西塡湖廣(江西地域 출신자가 湖廣地域을 채우다)'이라고 표현되는 것처럼, 江西에서 湖廣으로의 거대한 인구이동이 확인되지만, 이는 江西商人의 전개와도 관련되어 있다. 그러나 淸代 初期에는 湖廣이 한 차례 개발의 정점에 도달하자, 湖廣에서 四川으로의 인구이동이 드러나게 되었다. 이에 따라 四川에서의 江西商人의 활동도 활발해지게 되었다고 생각된다.[9]

이 밖에 濱島敦俊나 臼井佐知子는 明代에 對商人意識의 변화나 직업의 유동화가 있었던 것에 관하여 서술하였다.[10] 또한, 山田賢은 淸代 四川에서의 이주민에 대하여, 일반적으로 여름에는 농경에 종사하고, 겨울에는 상업활동을 영위하였다고 서술하고 있다.[11] 이상과 같은 方志遠의 지적에서 생각해보면, 그러한 현상은 江西商人의 경우에도 해당된다고 생각된다. 요컨대, 江西商人이란 존재는

---

9) 山田賢, 『移住民の秩序 - 淸代四川地域社會史硏究 - 』(名古屋大學出版會、1995) 등 참조.
10) 濱島敦俊, 「土地開發與客商活動 - 明代中期江南地主之投資活動 - 」(『中央硏究院第二屆國際漢學會議論文集(明淸與近代史組)』, 中央硏究院, 1989年 所收); 同, 「明代中期の江南商人」(『史朋』 20, 1986); 前揭 臼井佐知子, 『徽州商人の硏究』 등 참조.
11) 前揭 山田賢, 『移住民の秩序』.

江西 주민의 생활전략 중 하나의 형태로, 직업적으로는 고정적이지 않아서, 그들은 농업 등 상업 이외의 활동에도 종사하면서 생활했던 것으로 생각된다.

2) 江西商人의 전개

明淸時代의 江西에서는 상업이 활발해짐에 따라, 상업도시(市鎭)가 발달하였다. 또한, 차나 종이의 교역으로 발전된 河口鎭 등, 특정한 생산물의 교역으로 발전된 도시도 있었다. 이러한 상황에 대해서는 劉石吉이 상세하게 논하고 있다.[12] 한편으로, 明淸時代에는 江西商人이 北京 등 江西 이외의 지역으로 가서 '會館(萬壽宮・眞君宮 등으로도 불렀다)'을 다수 설립하여 활동거점으로 삼았다.[13]

3) 江西商人의 쇠퇴

淸代 末期가 되면, 江西商人는 쇠퇴하게 된다. 淸代 江西商人의 활동과 그 쇠퇴에 대해서 方志遠은 다음과 같이 설명하고 있다.

> 江西商人은 500년간 활약한 후, 급속히 몰락하고, 기본적으로 국내시장에서 지위를 잃었다. 그 구체적인 원인을 분석하면, 대체로 다음과 같은 몇 가지 점이 있다. 첫 번째는 전란이다. 두 번째는 교통 상황의

---

12) 劉石吉, 『明淸時代江南市鎭硏究』(中國社會科學出版社, 1987); 同, 「明淸時代江西墟市與市鎭的發展」(『山根幸夫教授退休記念明代史論叢(下)』, 汲古書院, 1990年 所收) 등 참조.

13) 范金民, 『明淸江南商業的發展』(南京大學出版社, 1998); 方志遠 「明淸江右商與商事訴訟」 등 참조.

변화이다. 江西는 陸運과 海運의 '盲區'가 되었다. 세 번째는 경제정세의 변화이다. 네 번째는 자신의 약점이다. '江右商'은 淸末에서 民國時期 사이에 몰락하였지만, (그 원인은) 외부의 원인만이 아니고, 자신의 약점에도 있었다. (양자를) 비교하여 말하면, 그 점이 가장 중요하였다. 장기간, 개인경영을 주요한 방식으로 하고 있던 것에 의해, 본래 분산되었던 자본이 집중되기 어려웠다.[14]

江西商人은 다수가 가정의 상황이 절박하여 외부로 나가 살아갈 길을 생각했던 '小商人'이었기 때문에, 江西商人에게서 가장 잘 나타나고, 가장 많았던 경영방식은 개인경영으로, 가족 모두 농업을 기본으로 하고, 상업으로 농업을 보완하였다. 이 때문에 남자가 외부로 나가고 아내가 집을 지키거나, 혹은 父兄이 밖으로 나가고 子弟가 집을 지키는 것처럼, 江西商人의 가족은 기본적으로 分業하였다. 江西商人 다수는 가난하고 약한 중소상인이었다. 이와 같은 상황은 江西商人의 사회구성이나 경영방식, 특징 등과 모두 상당한 관련이 있었다. 거기에 江西商人의 경영 관념에서 몇몇 자기 결속이 더해져, 이 일체가 역으로 또 江西商人의 상업자본을 부의 집적이나 근대금융자본·산업으로 나아가기 어렵게 하였다. 그 때문에 근대의 외래 자본주의세력의 침입이라는 충격으로, 전통적으로 발달한 江西의 농업경영 기초가 약체화되어 감에 따라, 江西商人은 近代經濟史에서 본래 지녔던 지위를 아주 빠르게 잃었다.[15]

江西商人의 투자는 결국, 대체로 생활에 대한 투자·사회에 대한 투자·생산에 대한 투자라는 세 가지 점으로 분류할 수 있다. 첫째, 생활에 대한 투자. 이 종류의 투자는 경지·가옥의 구입이나 가족의 부양, 종족의 구제 등을 포함하고 있다. 둘째, 사회에 대한 투자. 이 종류의 투자는 (宗族의) 宗祠 건설이나 족보의 편찬, 식량의 기부, 교육활동의 지원, 다리나 도로의 修築, 분쟁의 조정 등을 포함하고 있다. 셋째, 생산에 대한 투자. 江西商人의 산업지배는 아직 보편적이지는 않았다. 江西商人의 상업자본은 아직 대량으로는 산업에 향하지 않고, 산업자본으로도 轉化되지 않았다.[16]

---

14) 前揭 方志遠, 「地域文化與江西傳統商業盛衰論」.

15) 前揭 方志遠·黃瑞卿, 「江右商的社會構成及經營方式」.

또한, 江西商人의 쇠퇴와 宗族의 관계에 대해서는 許實도 아래와 같이 고찰하고 있다.

> (宗法勢力은) 상품경제의 발전에 대하여 많은 측면에서 저해작용을 야기하였고, 宗法勢力은 淸代 江西經濟 쇠퇴의 주요한 원인 중의 하나였다. 宗族과 宗族은, 대부분은 근린에 존재하고 있었는데, 淸代에 사람은 많고 토지는 적은 모순이 나날이 뚜렷해짐에 따라 경우에 따라서는 宗族 사이에서의 충돌이 발생하기도 하였다.[17)

이상의 方志遠이나 許實의 연구에 의하면, 江西商人 쇠퇴의 근본원인은 淸末의 전란이나 교통상황의 변화라기보다는 근대금융자본 형성의 방향으로 나아가기 어려웠던 江西商人의 행동양식(개인경영을 중심으로 하고, 상업적 이익은 宗族 등에 투자하게 시킨다는 행동 양상)에 있었나는 것으로 생각된다.

3. 江西商人과 사회질서의 관계에 관한 문제점

이상으로, 江西商人 연구의 현황에 대해서 정리·검토해보았지만, 그렇다면 사회질서와의 관계에 관하여 어떤 문제를 생각해볼 수 있을까? 우선 생각해볼 수 있는 점은 江西商人의 출현이나 전개가 明淸時代 江西의 사회질서에 어떠한 영향을 끼쳤던 것일까 하는 문제이다. 예컨대 方志遠는, 江西商人의 다수는 가난하고 약한 중소상

---

16) 前揭 方志遠·黃瑞卿, 「明淸江右商的經營觀念與投資方向」.

17) 許實, 「簡論淸代江西宗法勢力對商品經濟的影響」(『贛南師範學院學報·社科版』 1992-2).

인으로, 이들 대부분은 개인경영을 했다고 지적하고 있지만, 이들 江西商人끼리의 관계와 그들이 사회질서에 끼친 영향에 대하여 좀 더 검토할 필요가 있다고 생각된다. 또한, 方志遠은 淸代 江西商人이 宗族에 투자하게 되었다고 지적하였고, 許實은 그러한 宗族끼리 충돌하는 때도 있었다고 서술하였지만, 江西商人의 宗族 간의 관계에 대해서도 좀 더 구체적으로 검토할 여지가 있다고 생각된다.

다음으로 생각할 점은 江西商人의 이주로, 이주 이전의 사회질서는 어떠한 영향을 받았을까 하는 문제이다. 方志遠은, 江西商人이 각지에서 소송을 일으켰다고 지적하였는데, 그것을 정리해보면, '상인 사이의 채무분쟁', '典當業(質屋)에서의 고리대에 의해 야기된 江西商人과 각지의 주민 사이의 채무·재산권 분쟁', '상공업의 활동과 국가의 정책·법령의 모순 및 상인의 위법행위로 발생된 소송' 등 세 가지로 나누어 서술하고 있다.[18] 또한, 그는 江西에서 湖廣으로의 인구이동에 따라서, 江西의 '健訟'의 기풍이 湖廣으로 확산되었다고 지적하고 있다.[19] 그러나 江西商人이 이주 이전에 소송을 활발하게 일으키게 된 배경 등에 대해서는 좀 더 검토할 여지가 있다고 생각된다.

그런 까닭에 본고에서는 상기 문제를 고찰하는 작업의 일환으로서, 우선 江西商人의 출현상황에 대하여 검증하고, 거기에 덧붙여 江西商人의 활동이 이주 이전 사회질서에 끼친 영향(江西商人의 활동과 소송 발생의 관계)에 대해서 검증해보고자 한다.

---

18) 前揭 方志遠, 「明淸江右商與商事訴訟」.
19) 前揭 方志遠, 「明淸湘鄂贛地區的"訟風"與地域文化的轉移」.

4. 江西商人의 출현상황

明代 江西에서 江西商人의 출현에 대해서는, 王士性, 『廣志繹』
卷4, 「江南諸省」에 다음과 같이 서술되어 있다.

> 江浙閩三處, 人稠地狹, 總之不足以當中原之一省. 故身不有技則
> 口不餬, 足不出外則技不售. 惟江右尤甚, 而其士商工賈, 譚天懸
> 河. 又人人辯足以濟之. …… 故作客莫如江右, 而江右又莫如撫州.
> 江蘇·浙江·福建 등 세 지방은, 사람은 많은데 토지가 좁아서, 中
> 原의 省 하나를 당해내기에도 부족할 정도이다. 이 때문에 사람들은
> 기예가 없으면 입에 풀칠할 수 없고, 외부로 나가지 않으면 그 기예를
> 팔 수 없다. 이는 江西가 특히 심하여, 그곳의 사대부나 상공업자는 말
> 을 아주 잘하였다. 또한, 사람들의 변설은 문제를 해결하기에 충분하였
> 다. …… 그런 까닭에 이주민이 되는 행위는 江西가 가장 많았고, 江
> 西에서도 撫州가 가장 많았다.

이상의 서술에서 明末의 江西(특히 撫州府)에서는 인구가 많기
때문에 주민이 생활을 위해 상인으로서 외부로 나가고 있는 모습을
엿볼 수 있다. 이러한 상황에 대해서는 張瀚, 『松窗夢語』 卷4, 「商
賈記」에도 다음과 같이 서술되어 있다.

> 江西三面距山, 背沿江漢, 實爲吳楚閩越之交, 古南昌爲都會. 地
> 産窄而生齒繁, 人無積聚, 質儉勤苦而多貧. 多設智巧, 挾技藝以經
> 營四方, 至老死不歸. …… 南饒廣信, 阜裕勝於建袁, 以多行賈.
> 而瑞臨吉安, 尤稱富足. 南贛谷林深邃, 實商賈入粤之要區也.
> 江西는 삼면이 산으로 막혀 있고, 후방으로는 長江과 漢水에 면해 있
> 어 江蘇·湖南·福建·浙江을 잇는 교통의 요충지가 되었고, 예로

부터 南昌이 都會였다. 토지는 좁은데 인구가 많아서, 사람에게는 축
적되는 것은 없고, 사람들은 순박하고 검소하며 근면하지만, 대부분 가
난하다. 많은 이들이 재주가 뛰어나고 기민하며 기예를 몸에 익혀, 각
지에서 생활을 경영하고, 연로해 죽더라도 돌아오지 않는다. …… 南
康府・饒州府・廣信府는 建昌府・袁州府보다 윤택하지만, 상인이
되는 경우가 많다. 瑞州府・臨江府・吉安府는 특히 부유하다. 南安
府・贛州府는 계곡이나 삼림이 많아 상인이 廣東으로 갈 때의 요충
지가 되었다.

이상의 서술을 보면, 江西는 인구가 많고 빈민이 많기 때문에 주
민이 외부로 나가고, 특히 南康府・饒州府・廣信府에서는 상인이
되는 사람이 많았던 것을 엿볼 수 있다. 또한, 개별 지역(各府)의 상
황에 대해서는, 예를 들어, 嘉靖『臨江府志』卷1,「郡域志」第
1 之1에는 "土瘠民貧, 性儉嗇負氣, 勤苦作業. 然地狹而庶仰
食旁郡, 或棄農遠服賈矣. 庶故易訟(토지는 척박하고 民은 가난하
며, 사람들의 기질은 질박하여 물건을 아까워하는 성향이 강하고, 근
면하다. 그러나 토지는 좁아 식량은 거의 인근의 府에 의존하고 있
고, 사람들은 농업을 그만두고 遠方에서 장사를 한다. 庶民들은 평
소부터 소송을 쉽게 일으킨다)"라고 쓰여 있다. 臨江府에서도 토지
가 척박하고 民이 가난하기 때문에 농업을 그만두고 상인이 되는 사
람이 있었던 것 같다. 臨江府의 상황에 대해서는『江西輿地圖說』
臨江府의 항목에도 '地狹民稠, 趣利逐末(土地가 좁고 民이 많아
서, 사람들은 이익을 구하여 장사하고 있다)'라고 되어 있다.

또한, 撫州府에 대해서는 光緒『撫州府志』卷12 地理・風俗,
所揭「嘉靖志」에도 '金谿民務耕作, 故地無餘利. 土狹民稠, 爲商

賈三之一(金谿縣의 民들은 경작에 힘을 다하고 있기 때문에, 토지에 여분의 이익이 없다. 토지는 좁고 民은 많아서 民의 1/3은 상인이 되었다)'라고 되어 있어 撫州府 金谿縣에서는 인구가 많기 때문에 주민이 농업만으로는 생활하지 못하고, 그 다수가 장사하고 있던 것 같다. 게다가 光緒 『撫州府志』卷12, 地理・風俗、所揭 鄧元錫「方域記」에도, '撫州地平衍, 介江湖間. 風愿俗樸, 賢哲輩出. 人稠多商, 行旅達四裔, 有棄妻子老死不歸者(撫州府는 토지가 평평하고 넓으며, 큰 강과 호수 사이에 위치하고 있다. 사람들의 기질은 성실하고 꾸밈없으며, 賢人을 배출하고 있다. 인구가 많아 다수는 상인이 되어, 사방의 국경까지 이르고, 妻子를 버리고 늙어 죽을 때까지 돌아오지 않는 자가 있었다)'라고 쓰여 있어 이 기사로부터 金谿縣만이 아니라 撫州府 전체로부터 보아서도, 明末이 되면, 인구가 많기 때문에 주민이 상인이 되어 외부로 나갔던 양상을 알 수 있다. 이러한 상업에 대한 관여는 南昌府에서도 인식되었던 듯하다. 예를 들어, 『江西輿地圖說』南昌府・南昌縣의 항목에서는 '民磽鄙逐末趣利(民은, 토지가 척박하였기 때문에, 장사를 하여 이익을 구하고 있다)'라고 되어 있다. 이 외에도, 萬曆新修 『南昌府志』卷3, 風土에는 이 상황에 대한 다소 자세한 서술이 있다.

生齒繁夥, 村落叢集, 土淺田瘠, 稼穡桑麻之入, 不足以給養生送死之需. 賦役之供悉取辦四方, 歲以爲常. 所以南昌豊進商賈工技之流, 視他邑爲多. 無論秦蜀齊楚閩粤, 視若比鄰, 浮海居夷, 流落忘歸者十常四五. 故其父子兄弟夫婦, 有自少至白首不相面者, 恒散而不聚, 無怨語也.
인구가 많고, 촌락이 밀집해 있으며, 토지는 좁고 경작지는 척박하여,

농작물에 의한 수익은 養生이나 送死를 위한 비용으로 삼기에는 충분
하지 못하다. 賦役의 공급은 모두 주변 지역에 의존하고 있고, 매년 그
것이 보통의 상태가 되었다. 그 때문에 南昌縣·豊進縣·進賢縣의
상인이나 수공업자의 유출은 다른 현에 비하여 많다. 陝西·四川·山
東·湖南·福建·廣東에서도 마치 인근에서처럼 보이고, 바다를 건
너 이민족의 땅으로 가서 살거나 영락해져 유랑하면서 돌아가기를 잊은
사람이 열에 네다섯은 되었다. 그런 까닭에 그 父子·兄弟·夫婦 중
에는 어릴 때부터 노인이 될 때까지 서로 만나지 못하는 사람들이 있
어, 늘 흩어져 모이지 못하는 경우가 있어도 원망하는 말이 없었다.

이상의 서술에서 생각하면, 明末의 南昌府는, 인구는 많은데 경
지가 척박하여 주민의 생활이 어려웠기 때문에 南昌縣·豊進縣·進
賢縣에서는 외부로 나간 상인·수공업자가 다른 현보다 많았고, 그
중에는 나이를 먹어도 돌아가지 않는 사람들도 많았던 것 같다.

이상으로, 明代 江西의 각 지역(델타 지대가 많은 南昌府나 河
谷平野 지대가 많은 撫州府 등)에서 주민의 商人化가 진행된 상황
에 대해서 살펴보았지만, 본래 농업에 종사했던 주민이, 인구가 증가
하고 그에 따라 생활이 곤궁해진 것에 의하여, 농업만으로는 생활의
영위가 어려워지자, 현을 나가 상업에 종사하면서 생활을 해나갔던
것, 즉 明末 江西의 주민에 있어서 '상인이 된다는 선택'이 자연스
럽게 되어갔던 것을 확인할 수 있다.

한편 상인이 된 주민끼리의 관계에 대해서이지만, 이를테면, 『江
西輿地圖說』撫州府의 항목에는 '其疆土瘠民稠. …… 邇民多逐
末, 以競刀錐好訟, 而貧且盜(그 지방은 토지가 척박하고 民이 많
다. ……民의 다수는 장사하고, 극히 몇 안 되는 이익을 다투고, 소
송을 좋아하며, 가난해지면, 도둑질한다)'라고 쓰여 있다.

이 기사에서 明末의 撫州府는 토지가 척박하고 백성이 많기 때문에 장사에 의해 이익을 구하는 사람이 많아졌지만, 그러한 주민은 서로 다투어, 소송 접전을 했던 것을 엿볼 수 있다. 또한, 前揭 嘉靖 『臨江府志』 卷1, 「郡域志」 第1 之1에도, '庶故易訟(庶人들이 평소부터 소송을 쉽게 일으킨다)'라고 되어 있고, 臨江府에서도 주민의 商人化가 진행되는 상황하에서 소송이 쉽게 일어나게 되었던 것을 엿볼 수 있다. 그러면, 그렇게 상인이 되어 각지에 이주해간 주민(江西商人)은 이주 이전에 어떠한 활동을 했던 것일까? 아래에 그 상황에 대하여 구체적으로 확인해보고자 한다.

5. 明代 江西 '山區'에 있어서 江西商人과 사회질서

한편, 똑같은 江西地域이라고 하더라도 江西商人이 출현했던 델타지대가 많은 南昌府나 河谷平野 지대가 많은 撫州府 등과는 달리, 남부의 산간지('山區')는 江西商人의 출신지라기보다는 이주 이전의 땅이었다. 明末의 江西 남부의 '山區(贛州府·南安府)'에서는 江西의 다른 현으로부터의 이주민이 증가하여 그들이 '山區 개발'을 진행시켜 상품작물의 생산이나 상업활동이 활발해지지만, 그러한 이주민의 활동이나 그것에 의한 상품경제의 발전은 '山區'의 사회질서에 어떠한 영향을 미치고 있었던 것일까? 明末 江西 '山區'의 개발과 사회질서에 대해서는 今湊良信·唐立宗·甘利弘樹·黃志繁 등의 연구자나 필자 등의 연구에서 그 상세한 상황이 밝혀지고 있다.[20] 아래에서는 그 성과에 입각하면서, 江西商人의 활동과 사회질서의 관계에 대하여 생각해보고 싶다.

明末 贛州府의 상황에 대해서는 周用, 「乞專官分守地方疏」(『周恭肅公集』 卷19, 奏疏, 所揭)에 다음과 같은 서술이 있다.

南贛地方田地山場坐落開曠, 禾稻竹木生殖頗蕃, 利之所在人所共趨. 吉安等府各縣人民年常前來謀求生理, 結黨成群, 日新月盛, 其搬運穀石, 砍伐竹木, 及種蔗栽杉, 燒炭鋸板等項, 所在有之. 又多通同山戶田主, 置立產業, 變客作主, 差徭糧稅, 往來影射, 靠損貧弱.

南贛地方에는 田地나 山場이 넓어지고 있고, 곡물이나 竹木이 많이 생육되어, 그러한 이익이 있는 곳에는 사람들이 쇄도하고 있습니다. 吉安府 등의 각각의 縣民들이 연중 찾아와서 돈이 되는 일을 꾸미면서, 徒黨을 이루어 떼로 모여들고, 나날이 세를 늘려, 곡물을 搬送하거나, 죽木을 벌채하거나, 청대[蔗]나 삼나무[杉]를 심거나, 숯[炭]을 태우거나, 널빤지[板]를 자르거나 하는 상황이 여기저기에서 보입니다. 또한, 그들 중 다수는 山戶의 田主와 결탁하여 土地를 팔고, 客戶이면서 지주가 되고, 요역이나 조세는 다른 사람의 명의로 하여 빈약한 이들에게 전가하도록 하고 있습니다.

---

20) 아래 문헌 등 참조

今湊良信, 「明代中期の「土賊」について─南贛地帶の葉氏を中心に─」(『中國史における亂の構圖』, 雄山閣出版, 1986年 所收); 甘利弘樹, 「明末清初期, 廣東・福建・江西交界地域における廣東の山寇─特に五總賊・鍾凌秀を中心として─」(『社會文化史學』 38, 1998); 同, 「華南山間地研究へのアプローチ─廣東・福建・江西交界地域を中心として─」(『歷史評論』 663, 2005); 唐立宗, 『在「盜區」與「政區」之間: 明代閩粵贛湘交界的秩序變動與地方行政演化』(國立臺灣大學文學院, 2002); 黃志繁, 『「賊」「民」之間: 12~18世紀贛南地域社會』(生活・讀書・新知三聯書店, 2006); 前揭 拙著 『傳統中國の法と秩序』. 이 밖에 江西 남부에 있어서 '山區開發'・'山區經濟'와 관련해서는 아래 문헌 등을 참조. 傳衣凌, 「明末清初閩贛毗鄰地區的社會經濟與佃農抗租風潮」(『明清社會經濟史論文集』, 人民出版社 1982年 所收); 曹樹基, 「明清時期的流民和贛南山區的開發」(『中國農史』 1985-4); 蕭麗, 「明清時期贛南地區的開發與城鄉商品經濟」(『第七屆明史國際學術討論會論文集』, 東北師範大學出版社, 1999年 所收); 楊國楨, 「明清東南區域平原與山區經濟研究序論」(『中國社會經濟史研究』 1995-2).

이 내용에서 생각하면, 河谷平野 지대가 많은 吉安府 등의 주민이 떼를 지어 贛州府에 와서 곡물을 운반하거나 竹木을 벌채하거나, 藍靛(植物染料) 등을 생산하고 있는 모습을 알 수 있다. 이주민들이 곡물의 운반이나 竹木의 伐採, 藍靛 등의 생산에 관여하고 있었던 것에서 생각하면, 이주민 중에는 穀物·竹木·藍靛 등의 매매를 하는 사람들도 있었다고 생각된다. 또한, 前揭『松窗夢語』卷4, 「商賈記」의 기사에는 '南贛谷林深邃, 實商賈入粤之要區也(南安府·贛州府는 계곡이나 삼림이 많아 상인이 廣東으로 갈 때의 요충지가 되었다)'라고 되어 있어, 이 기사로부터 贛州府는 상인의 교통로로도 기능하고 있었던 것을 엿볼 수 있다. 이상의 내용에서 생각하면, 이주민 중에는 江西商人도 있었다고 생각된다.

그러한 상황하에서 사회질서는 어떻게 되어 있었던 것일까? 앞서 서술했던 선행연구의 내용에서 생각하면 다음과 같이 된다.[21] 明代中期에는 地主[田主]가 이주민(無産失業農民)을 모아서 도적집단을 형성하는 현상이나, 농민이 지주의 영향 아래에서 벗어나 強盜化되는 현상을 볼 수 있어, 치안이 악화되었다. 그 때문에 弘治 8年(1495)에 '南贛巡撫'가 설치되었다. 그러나 正德年間(1506~1521)이 되면, 無産失業農民의 인구가 지주층의 소집허용범위를 넘어 상품작물재배를 생업으로 하고 있던 재래의 소수민족인 畬族과 無産失業農民이 합류하는 형태로 반란이 일어났다. 그들의 반란 자체는 南贛巡撫 王守仁[王陽明]에 의해 진압되고, 새로운 질서의 건설을 위하여 '南贛鄕約'이 창시되었지만, 이후 그 세력은 來降者(新民)

---

21) 註(20)에 제시된 여러 문헌을 참조.

로서, 어떤 때는 官軍이 되고 또 어떤 때는 반란군이 되면서 萬曆年間 (1573~1619)의 初까지 세력을 계속 유지하고 있었다. 이러한 新民을 중심으로 한 재지의 무장 세력은 독자적인 질서를 형성하고 있었다. 이상의 내용에서 이주민들은 장사도 하면서 이곳에 정착하여, 독자적인 무장세력을 만들어갔던 것을 알 수 있다.

이러한 상황에서 지역사회에서 일어난 분쟁은 어떻게 해결되었던 것일까? 天啓 『重修虔台志』 卷8, 事紀5, 嘉靖 45年(1566) 5月의 條에는, '三巢의 賊'으로 불린 재지세력의 상황에 대해서 '卽今廣東之和平, 龍川, 興寧, 江西之龍南, 信豊, 安遠諸縣版圖業已蠶食過半, 一應錢糧, 詞訟, 有司不敢詰問者, 積有年歲矣(현재, 廣東의 和平·龍川·興寧과 江西의 龍南·信豊·安遠 등 諸縣의 판도는 이미 절반은 침략을 받아, 온갖 조세나 소송은 官이 굳이 캐묻지 않는 상황이 길게 계속되고 있다)'라고 쓰여 있다. 이렇게 新民을 중심으로 한 재지세력의 지배하에서 일어난 분쟁 처리에 관해서는, 사실상 官이 관여할 수 없는 상황이 되어 있었다. 그 구체적인 실상에 대해서는, 예컨대, 天啓 『贛州府志』 卷18, 紀事志, 嘉靖 36年(1557) 3月의 條에, '(龍南賊賴) 淸規本平民素有機知. 嘗從征三浰有功, 後充本縣老人, 善爲人解紛息鬪. 縣官常委用之((龍南縣의 土賊의 賴) 淸規는, 본래는 平民으로 기지가 있었다. 이전에는 三浰討伐에 따라 功績을 세웠고, 나중에는 本縣의 老人에 충당되어, 사람들의 분쟁을 좋은 방향으로 조정하고, 다툼을 그치게 하였다. 縣官은 (분쟁의 처리를) 늘 그에게 맡겼다)'라고 쓰여 있는 것처럼, 재지세력의 지도자를 중심으로 분쟁의 조정이 이루어져, 현도 그들에게 그러한 분쟁 처리를 맡긴 상황이 되었다. 이러한 상황은 廣東·福建과의 交界地에서 산지가 특히 많고, 明代가 되면 '山區개발'이 진전된 龍南縣이나 安遠縣 등에서 뚜렷하게 드러났다고 생각된다. 또한, 今湊良信이나 唐立宗이 제시한 사례 등을 보면, 이러한 在地勢力 끼리는 때때로 官의 힘을 빌리면서 무력을 배경으로 하여 서로 다투어 있었던 것 같다. 이렇게 明代 中期의 '山區'에서는, 이주민이 참가한 '土賊'이라는 무장된 재지세력을 중심으로 하는 강한 자율적인 질서가 존재했기 때문에, 지역사회에서 일어난 분쟁이 재지세력의 지도자에 의해 조정되는 경향이나 在地勢力끼리 무력을 배경으로 하여 서로 다투는 경향이 확인된다.

이러한 분쟁 해결의 실상은, 土賊이 진압되고 새로운 현(長寧縣·定南縣)이 설치되는 등 이 지역에 대한 明朝의 지방통치능력이 강해진 明代 末期(萬曆年間)가 되면 다른 전개를 보인다. 이를테면, 贛州府 信豊縣이 상황에 대해서, 『江西輿地圖說』 贛州府·信豊縣의 항목에는 '客主爲敵國, 頻年搆訟(이주민과 토착민이 적대하여 매년 소송이 일어나고 있다)'이라고 쓰여 있다. 또한, 廣東·福建과의 交界地로부터 다소 떨어져 있는 興國縣의 상황에 대해서 乾隆 『興國縣志』 卷8, 官師, 蔡鍾有에는 다음과 같이 쓰여 있다.

> 萬曆末, 由鄕擧知縣事. …… 邑中僑戶多桀黠喜訟, 不得逞則更託他籍或一人而三四籍者徧控. 於其地關提淆亂熒惑耳目. 視必不勝之處, 則堅匿不赴, 旣受拘復截奪於路, 以爲常. 鍾有請於上僚, 痛釐治之.
> 萬曆年間 末에 鄕擧에 의해 知縣事가 되었다. …… 縣內의 '僑戶'에는 흉포하고 惡賢하게 소송을 좋아하는 사람이 많고, 만족할 수 없

는 바가 있으면, 다른 현에 籍이 있는 사람이나 다른 서넛 현에 籍이 있는 사람에게 의뢰하여, 이르는 곳에서 소송을 일으켜 그곳에서 체포 호송수속을 혼란하게 하여 耳目을 현혹시킨다. 절대로 이길 수 없는 경우를 만나게 되면, 막무가내로 숨어 잡히지 않고, 이미 붙잡히면 재차 길바닥 위에서 신병을 회복하는 것을 상례로 여겼다. 鍾有는 上司에 上申하여 이것을 철저하게 단속하였다.

이 기사를 보면, 贛州府 興國縣에서는 '僑戶(다른 현 출신의 이주민)'이 부정한 수단으로 소송을 일으키고 있는 것을 알 수 있다. 이상의 내용에서, 明末(특히 萬曆年間)의 江西의 '山區'에서는 江西의 다른 현 출신의 이주민(江西商人도 포함된다)이 '山區 개발'을 진행시키면서, 소송을 왕성하게 일으켜 토착민과 대립하고 있었던 것을 알 수 있다.

6. 明代 雲南의 江西商人과 사회질서

아래에서는 明代 江西商人이 많이 이주했던 雲南의 상황에 대하여 좀 더 살펴보고 싶다. 王士性, 『廣志繹』 卷4, 「江南諸省」에는 雲南의 江西商人의 활동에 대하여 다음과 같이 쓰여 있다.

余備兵瀾滄, 視雲南全省, 撫人居什之五六, 初猶以爲商販, 止城市也. 既而察之, 土府土州, 凡爨玀不能自致于有司者, 鄉村間徵輸里役, 無非撫人爲之矣. 然猶以爲内地也. 及遣人撫緬, 取其途經酋長姓名回, 自永昌以至緬莾, 地經萬里, 行閱兩月, 雖異域怪族, 但有一聚落, 其酋長頭目無非撫人爲之矣.
내가 군대를 瀾滄衛에 주둔시키고 雲南省 전체를 살펴보았을 때, 撫

人(撫州府 출신자)이 (雲南省) 주민의 거의 5~6할이나 되면서, 장사하며 도시에 있는 것을 알았다. 얼마 후 土府・土州에서는 대개 㸑玀(土着民)가 스스로 有司에 이르지 못하는 경우, 撫人이 향촌의 징세・노역을 모두 도맡아 관리하여 마치 內地와 같이 되어 있던 것을 알 수 있었다. 사람을 파견하여 緬甸을 초무하면서 그 경유지의 酋長 이슬람 성명을 알아오도록 하였다. 永昌府에서 緬莽에 이르기까지, 만 리나 되는 길을 두 달 걸려 갔더니, 우리와 다른 풍속의 사람들이더라도, 집락이 있는 곳의 추장・두목이 撫人이 아닌 경우가 없었다.

이상의 내용에서 생각해보면, 明末에는 撫州府 출신자가 상업에 종사하여 雲南 일대로 이주하고 그곳에 뿌리내려, 토착민을 대신하여 지역의 책임자(酋長・頭目)가 되고, 징세・노역의 업무를 도맡아 하는 모습을 알 수 있다. 그렇다면 어째서 이와 같은 상황이 되었던 것일까? 前揭,『廣志繹』卷5,「西南諸省」에는 이하와 같은 서술이 있다.

滇雲地曠人稀, 非江右商賈僑居之則不成其地, 然爲土人之累亦非鮮也. 余讞囚閱一牘. 甲老而流落, 乙同鄕壯年, 憐而收之, 與同行賈, 甲喜得所. 一日, 乙偵土人丙富, 欲賺之. 與甲以雜貨入其家, 婦女爭售之. 乙故爭端, 與丙競相推歐. 歸則致甲死而送其家, 嚇以二百金則焚之以滅跡, 不則訟之官. 土㸑人性畏官, 傾家得百五十金遺之, 是夜報將焚矣, 一親知稍慧, 爲擊鼓而訟之, 得大辟, 視其籍, 撫人也. 及偵之, 其事同, 其騙同, 其籍貫同, 但發與未發, 結與未結, 或無幸而死, 或幸而脫, 亡慮數十家. 蓋客人訟土人如百足蟲, 不勝不休. 故借貸求息者, 常子大於母, 不則亦本息等, 無錙銖敢逋也. 獨余官瀾滄兩年, 稔知其弊, 於撫州客狀, 一詞不理.

雲南은, 땅은 광대하고 사람은 드물어, 江西商人이 없으면, 그 땅(행정구역)이 성립되지 않지만, 토착민의 근심도 또한 적지 않다. 나는 囚人에게 판결을 내릴 즈음에 한 장의 서류를 읽었다. 甲은 연로하고 유랑하며 영락한 이였는데, 그와 同鄕인 장년의 乙이 甲을 가엽게 여겨 돌보면서, 함께 장사하자, 甲은 몸 둘 바를 얻어 기뻐했다. 어느 날 乙은 토착민인 丙이 재산을 가지고 있는 것을 찾아내어, 그와 장사를 하여 돈벌이를 하려고 생각했다. 甲과 더불어 잡화를 지참하여 그 집에 들어가자 그 집안의 부녀자들은 다투어 그것을 샀다. 乙은 일부러 분쟁의 계기를 만들어 丙과 언쟁을 하고 난투를 하였다. 돌아오는 길에 甲이 죽자, 그 집으로 시체를 가지고 가, 200金을 내주면 시체를 태워 증거를 없애겠지만, 그렇지 않으면 관청에 소송을 제기하겠다고 협박하였다. 토착민은 본래 관청을 두려워하기 때문에 온 집안을 털어 150金을 만들어 그에게 건네주고, 이에 따라 그날 밤 시체가 태워졌다. 그러나 丙의 가족과 친구 중에 다소 지혜가 있는 이가 북을 치며 소송을 일으켜 사형을 요구하였다. 그 본적을 보니 (乙은) 撫州府 사람이었다. 그를 조사해보니, 그 내용은 같고, 속이는 방법도 같으며, 그 본적도 같은데, 다만 (애초에 꾸민 일이) 발각되었는지 그렇지 않은지, 잘 되어갔는지 그렇지 않은지에 따라, 어떤 이는 불행히 죽고, 또 어떤 이는 다행히도 피하는 등 수십 가구가 피해를 보았다. 생각해보면, 行商이 토착민에게 소송을 일으키는 것은 마치 지네와 같아서 그치게 할 수 없다. 이 때문에 돈을 빌려주고 이자를 요구하는 경우는, 늘 이자가 원금보다 많아 원금·이자와 관계없이 조금이라도 미납은 허락되지 않았다. 나는 瀾滄衛에서 2년 동안 근무하였는데, 그 폐해를 충분히 알게 되었기 때문에, 撫州府 출신 행상이 내민 소장은 하나도 돌보지 않았다.

이상의 기사로부터, 雲南의 토착민이 관청을 두려워하였기 때문에, 撫州府 출신의 상인(江西商人)이 소송을 이용하여 토착민의 재산을 빼앗았던 것을 엿볼 수 있다. 요컨대 앞서 서술한 撫州府 출신자가 雲南 각지의 책임자가 되었던 배경에는, 토착민과 官(地方行政)과의 관계의 희박함이 있었다고 생각된다. 또한, 江西商人이 토착민에게 소송을 일으켰던 배경에도 같은 사정이 있었다고 생각된다. 이러한 점에 대해서는, 『皇明條法事類纂』 卷12, 「雲南按察司査究 江西等處客人朵住地方生事例」에 좀 더 상세한 사정이 쓰여 있다.

切見, 雲南遠在萬里, 各邊衛府軍民相參. 山多田少, 不通舟車. 近 年雨水不調, 五穀少收, 米糧湧貴, 過活艱難. 有浙江江西等布政司 安福龍游等縣客商人等不下三五萬人. 在衛府坐理, 偏處城市鄕村 屯堡, 安歇生放錢債, 利上生利收債, 米穀賤買貴賣. 娶妻生子, 置 買奴僕, 遊食無度, 二三十年不回原籍. 有等詭詐之徒, 稱係某官弟 姪兒男, 窺伺有權官員生辰喜慶饋送交結, 或遂託公事, 或告追錢 債, 攪擾衙門, 軍民受害. 又有將本錢蕩散, 糾合爲盜, 或起抗詞訟, 詐騙財物, 無所不爲.

내가 살펴보건대, 雲南은 멀리 만 리에 있어 각 변경의 衛府에는 軍 民이 모여 있다. 산이 많고 경작지는 적으며, 배나 수레는 통행되지 않 는다. 근년에 비가 내리지 않았기 때문에 오곡의 수확이 적어지자, 곡 물의 가격은 앙등하여 사람들의 생활이 어려워졌다. 浙江布政司·江 西布政司의 安福縣·龍游縣 등지에서 온 행상들이 3~5만 명 이상 이나 있다. 그들은 衛府를 거점으로 하여 도시·향촌·군대의 주둔지 에 편재하면서, 아무것도 하지 않고 고리대를 하여, 이자에 이자를 붙 이고 빚을 거두어들여, 곡물가격이 싸면 샀다가 비싸지면 팔고 있다. 아내를 맞아 자식을 낳고 노복을 부리며 마음대로 놀고먹으면서 20~ 30년이 되어도 原籍地로 돌아가려 하지 않는다. 어떤 사기꾼들은 某 官의 동생·조카·자식이라고 속여 유력한 관원의 생일이나 경사가 있는 날에 그것을 구실로 선물을 바치고 교제하기 시작하다가, 어떤 때 에는 공무에 관여하고, 또 어떤 때에는 빚의 징수를 하여, 아문에서 소 란을 일으켜 軍民들에게 해를 입힌다. 또, 本錢을 탕진하면, 무리를 지 어 도둑질하고, 어떤 때에는 소송을 일으켜 다른 사람의 재산을 가로채 는 등 제멋대로 한다.

이 내용에서, 江西(吉安府 安福縣 등) 출신의 상인들은 고리대를 하거나 장사로 부를 축적하고, 아내를 맞이하고 자식을 얻어, 雲南

각지에 정주하였지만, 지방관에게 접근하여 官과의 관계를 좀 더 강화하고, 토착민에게서 금전을 빼앗았던 것, 또한, 소송을 이용하여 토착민에게서 재산을 빼앗던 것을 알 수 있다. 요컨대, 江西商人이 토착민에게 소송을 제기했던 배경에는 앞서 살펴본 것처럼 토착민과 官(지방행정)과의 관계의 희박함에 더하여, 江西商人이 官(지방행정)과의 관계를 강화했던 것이 있었다고 생각된다. 江西商人이 상업활동을 독점해온 배경에도 이와 같은 사정이 관련되어 있다고 생각된다.

7. 결론

이상, 본고에서는 종래의 江西商人 연구에 대하여 정리·검토한 바탕 위에서, 江西商人과 사회질서의 관계에 관한 문제점에 대하여 고찰하고, 그 문제를 생각하는 작업의 일환으로서, 明代 江西에서 상인의 출현상황 및 明代 江西 '山區'와 雲南에서 江西商人의 활동과 그것이 각 지역의 사회질서에 끼친 영향에 대하여 검증해보았다. 그 결과, 明代의 江西에서는 상인의 출현에 수반하여 소송이 왕성해지게 되었던 것, 또한, 明代에 江西 '山區'나 雲南으로 이주했던 江西商人이 소송을 왕성하게 일으켜, 토착민과 대립했던 것을 확인할 수 있었다. 또한, 明代의 雲南에서는 토착민과 官(지방행정)과의 관계의 희박함을 이용하여, 江西商人이 상업활동·징세노동업무를 독점하여, 부를 축적하고, 지역의 책임자가 되어 官(지방행정)과의 관계를 강화하고, 소송이라는 수단을 이용하여, 토착민에게서 재산을 빼앗았던 것을 알 수 있었다. 이러한 점에서 생각하면, 明代의 雲南에서는 江西商人에 의한 소송이 빈발했던 배경에는 토착민과 官과의 관계의 희박함, 江西商人과 官과의 관계의 강력함이 있었던 것이 아닌지 생각된다. 반대로 말하면, 그러한 상황이었기 때문에, 江西商人이 토착민에게서 재산을 빼앗을 즈음에 소송이라는 수단이 이용된 것으로 생각된다.

한편, 그 후 각지에 이주했던 江西商人은 어떻게 되었던 것일까? 淸代에 江西商人의 이주지였던 四川의 상황에 대해서 山田賢는 이주민에 의한 종족형성·질서형성이 확인되는 한편, 반란으로 연결되는 마찰도 일어나고 있었다고 서술하고 있다.[22] 또한, 『淸高宗實錄』 卷1351, 乾隆 55年(1790) 3月 庚子의 條에는, "署四川總督孫士毅奏. 川省五方雜處, 民情獷悍, 命案倍於他省(署四川總督孫士毅이 上奏하였다. 四川省에는 각지의 사람들이 모여들어 人民의 氣風이 몹시 거칠고, 살인사건이 다른 성의 갑절이다)"이라고 쓰여 있다. 이러한 점에서 생각하면, 淸代 중기의 四川에서는 이주민(江西商人도 포함)에 의한 종족의 형성·질서의 형성이 진행되는 과정에서, 한편으로는 이주민 끼리의 마찰에 기인했던 분쟁이나 소송도 증가했던 것이 아닐까 생각된다.

차후에는 江西商人이 이주하기 이전의 전개와 사회질서와의 관계에 대하여 이러한 점도 염두에 두어, 좀 더 구체적인 검증작업을 진행시킬 필요가 있다고 생각된다. 더불어 본고에서는 江西商人의 전개와 사회질서의 관계만을 고찰하였지만, 傳統中國의 상인집단 전

---

22) 前揭 山田賢, 『移住民の秩序』.

개와 사회질서의 관계를 분명하게 하기 위해서는 본고에서 서술했던 江西商人의 전개와 徽州商人이나 山西商人 등 다른 상인집단의 전개를 비교하는 작업도 필요할 것으로 생각된다. 이러한 작업도 차후의 과제로 남겨두고자 한다.

제3장

紛爭과 調停: 淸代後期 重慶社會의 商事裁判

홍성화

1. 시작하면서

최근 중국 경제사 연구에서 새로운 흐름 가운데 하나로 '제도(insti-tution)'에 대한 관심이 매우 높아졌다는 점을 꼽을 수 있다.[1] 이는 경제활동 그 자체보다는 이를 배후에서 지탱하고 있는 제도에 관한 연구를 중시하는 흐름이라고 생각된다. 이때 '제도'가 반드시 國法과 같은 국가 중심의 영역만을 의미하지는 않는다. 민간의 자율적인 관행 역시 국법과는 다른 영역에서 '제도' 가운데 하나라고 해야 할 것이다.

이러한 제도에 관한 관심이 높아진 것은 앞서 서술했듯이 경제활

---

1) 이러한 최근 경향을 잘 보여주는 연구성과로서는 아래의 연구를 참조. 陳亞平, 『淸代法律視野中的商人社會角色』 中國社會科學出版社, 2004; 孫麗娟, 『淸代商業秩序的規則與秩序』 中國社會科學出版社, 2005; 范金民, 『明淸商事紛糾與商業訴訟』 南京大學出版社, 2007; 張渝, 『淸代中期重慶的商業規則與秩序 – 以巴縣檔案爲中心的研究』 中國政法大學出版社, 2010.

동이나 그 성과(performance) 자체에 대한 분석보다는 오히려 경제활동이 순조롭게 확대되기 위하여 어떻게 '제도'가 기능하였는가를 더욱 중시하기 때문이라고 할 수 있다. 물론 경제활동이 매우 다양한 영역에 미치고 있기 때문에, 어떤 부분을 중시할 것인가는 연구자의 관심에 따라서 다르겠지만, 최근의 范金民(2007)의 저작에서도 볼 수 있듯이, 일단 상업거래에서 필연적으로 발생할 수밖에 없는 분쟁과 그 조정에 대해서 관심이 모아지고 있다. 바꾸어 말하자면 과연 국가나 시장사회가 상업분쟁을 어떻게 조정하고 해결해나갔는가, 그리고 나아가서 이러한 조정과정 속에서 분쟁의 당사자들은 어떠한 인적 관련을 맺고 있었느냐는 문제는 경제사의 영역을 넘어서, 중국의 사회질서를 밝히는 데에도 기여할 수 있으리라고 생각된다.

이에 본고에서는 長江 上流流域 중심도시인 重慶의 사례에 초점을 맞추고, 상공업자들의 상업분쟁과 그 수습에 관한 문제를 고찰하고자 한다. 여기서 重慶을 사례로 드는 데에는 두 가지 이유가 있다. 첫 번째는 重慶社會가 지닌 독특한 특성에 있다. 重慶府城은 '유성(渝城)'이라고도 하였는데, 長江 상류유역의 상업 중심지[2]였으며, 四川省뿐만이 아니라 멀리 湖廣地域과 廣東地域을 비롯한 각지에서 다량의 이주민이 흘러들어 왔던 곳이다.[3] 이렇게 서로 다른 출신 이

---

2) 重慶은 四川과 貴州, 雲南地域에서 운반된 미곡의 집산지였고, 湖北에서 온 湖廣棉花의 중개지로 중국 서남부의 최대 무역도시(山本進, 「淸代四川の地域經濟移入代替棉業の形成と巴縣牙行」, 『史學雜誌』 100-11, 1991(同, 『明淸時代の商人と國家』, 研文出版, 2002 所收, pp.6~8)로 성장하였고, 그에 따라서 수공업도 함께 발전하였던 도시였다. 重慶에 대한 간략한 지리적·사회경제적 개관은 張渝, 2010, 23~32쪽 참조.

3) 重慶의 이민사회에 대해서는 이준갑, 『중국 사천사회 연구 1644~1911 개발과 지역질서』 제2장 「청 전기 사천사회의 회복」, 서울대학교출판부, 2002; 山田賢, 『移住民の秩序—淸代四川地域社會史硏究』, 名古屋大學出版會, 1995. 참조.

(출전: 隗瀛濤 主編, 『近代重慶城市史』, 四川大學出版社, 1991)

〈그림 1〉 19세기 重慶(渝城)의 모습

주민이 한 지역에서 어떻게 관련을 맺고 있었는가를 고찰하는 데 重慶은 매우 좋은 지역이라고 할 수 있다.

물론 대도시 내에 많은 이주민이 존재했던 것은 비단 重慶뿐만이 아니었다. 명·청시대 대부분 대도시가 모두 이러한 성격을 어느 정도는 내포하고 있었다. 다만 이주자들의 구성이 더욱 두드러진 곳이 중경이라고 할 수 있을 것이다.

또한, 이 중경을 다루는 더욱 중요한 이유로 이곳에 이른바 '巴縣檔案'4)이라고 하는 청대 굴지의 공문서군이 보존되어 있기 때문이다. 파현당안에는 토지계약서 등도 포함하고 있지만, 그 상당수는 상

---

4) 巴縣檔案에 대해서는 伍仕謙, 「關於巴縣檔案」 『中國史硏究動態』 1979-4; 張仲仁·李榮忠, 「歷史的瑰珍─淸代巴縣檔案」 『歷史檔案』 1986-2; 劉君, 「淸代巴縣檔案編硏工作槪述」 『歷史檔案』 1995-2; 陳建明, 「四川地方歷史檔案文獻述要」 『四川師範大學學報(哲學社會科學版)』 2004─4. 參照.

공업자를 포함한 민간인들이 지방관아에 제소한 문서들이 많은 부분을 이루고 있다. 앞서 살펴보았던 '분규'와 '해결'을 살펴보기에 더할 나위 없이 적합한 소재라고 할 수 있다. 단지 본고에서 이용한 판본은 그 대부분이 기존에 간행된 史料集5)에 수록되어 출판된 것이지만, 四川省檔案館의 마이크로필름과 대조작업을 하기도 하였다.

최근 巴縣檔案을 소재로 하여 重慶의 상업질서를 재구성한 張渝의 연구서6)가 출간되어 있어서 이 지역의 상업질서를 이해하는 데 많은 도움이 되고 있다. 다만 사실을 평면적으로 나열하는 데 그치고 있고, 개개의 분규가 과연 어떻게 진행되고 있고 어떻게 조정되어 있는가를 세밀하게 추구하지 못했다는 단점을 지니고 있다고 생각된다.

앞서 언급했듯이 巴縣檔案은 상당히 복잡한 성격의 문서군으로서, 상업분쟁 가운데에서도 일회적인 고소도 있지만, 고소가 다시 새로운 고소를 낳는 이른바 '호공(互控)'의 케이스도 몇 가지 포함되어 있다. 그리고 이러한 일련의 互控案은 그 마지막에 분쟁이 해결되는 모습까지 포함하고 있는 경우가 다수 존재하기 때문에, 상공업자들의 분쟁이 어떻게 조정되어 나갔는가를 이해하는 데 가장 적절한 사료라고 할 수 있다. 따라서 본고에서는 巴縣檔案 가운데에서 서로 고소가 이루어진 사건(이른바 '互控')을 중점적으로 채택하여, 재판

---

5) 淸代의 巴縣檔案의 일부는 四川大學歷史系, 四川省檔案館主編, 『淸代乾嘉道巴縣檔案選編』上下, 四川大學出版社, 1989(아래에서는 『乾嘉道』라고 약칭)과 四川省檔案館主編, 『淸代巴縣檔案彙編(乾隆卷)』, 檔案出版社, 1991(아래에서는 『乾隆卷』라고 약칭)라는 3권으로 정리된 바 있다. 전체 巴縣檔案의 分類에 대해서는 四川省檔案館編, 『四川省檔案館指南』, 中國檔案出版社, 2002, 15~34쪽. 參照.

6) 張渝, 2010. 참조.

과 그 처리 과정을 통해서 상공업자들 간의 질서 형태를 재구성하도록 하겠다. 이전에 필자는 파현당안을 소재로 하여 그 가운데 도량형 분규만[7]을 다룬 바가 있는데, 여기에서는 도량형 이외에 다른 분규까지 확대해서 그 조정과정을 분석하고자 한다.

2. 重慶 상업분쟁의 사례와 양상

우선 상공업자 가운데에서 巴縣 本城人과 외래인과의 사이에 생긴 분규부터 시작하고자 한다. 위에 말한 것처럼 巴縣(重慶府城)이라고 하는 지역은 四川의 상공업 중심지이며, 여러 지역의 객상이나 노동자가 모여들었던 장소[8]였다. 그러므로 현지인과 외래인의 사이에 여러 가지 사건이 일어났고, 이에 따라 관아에 제소하는 경우가 빈번하였다. 이하에서는 이들 분규를 우선 살펴보도록 하자.

사례 Ⅰ. 錫器業에서 本城人과 外來匠人과의 분쟁(乾隆 56年·1791)
우선 「渝城錫匠稟請示禁免亂行規案」 「사례 Ⅰ」[9]은 乾隆年間의 사안으로 모두 3건의 문서가 남아 있다. 이 분쟁은 錫匠鋪를 운영하는 重慶 本城人의 고소로부터 시작되었다.

---

7) 洪成和, 「淸代後期 巴縣地域의 度量衡 使用實態와 紛糾解決」 『明淸史硏究』 31, 2009.

8) 山本進, 「淸代四川의 地域經濟」 『史學雜誌』 100-7, 1991. 6～8쪽.

9) 이 檔案의 四川省檔案官所藏 마이크로필름의 번호와 제목은 「淸6全案」 「乾隆2-134」 『巴縣城內錫匠鋪萬儀元等稟請示禁外匠人遊街包攬生意』로서 이 원안에 근거하여 『乾嘉道』의 내용을 다소 수정하여 인용하였다.

「사례 1」

告訴人인 鋪民 萬義元과 張三才는 本邑人으로 本城에 살고 있으며 각각의 나이는 42세와 37세입니다. 저희의 사정은 다음과 같습니다. (저희는) 渝城에서 錫匠鋪를 운영하고 석기(錫器)를 만들어 생활해서 1개월씩 교대로 差役을 담당하고 있습니다. (그러나) 각 관아의 差役이 너무 많을 뿐만 아니라, 게다가 外來匠人들이 주석 행상으로 매일 거리를 돌기까지 하고 있습니다. 행상이나 정식점포('行站') 및 주민이나 점주를 불문하고, 모두 그들이 만든 석기를 사고 있습니다. 그들 가운데에는 노점에 석기를 늘어놓고 팔고 있는 자들도 있습니다. 그러나 그들은 일절 差役을 부담하지 않습니다. 예전에 乾隆 44年 (1779) 저희는 前任 劉知縣께 外來匠人이 거리에서 마음대로 석기를 제조하는 것에 대해서 금지하여 주시도록 제소한 적이 있었고, 금지 명령이 나와 있으며, 이에 대한 기록도 남아 있습니다('在案'). 그러나 유감스럽지만, 시간이 흘러서 이전의 폐해가 소생하여 현재 다시 外來 匠人이 (예전의) 전철을 밟아 행규를 어지럽혀서 금지 명령을 거역하고 있습니다. 매일 錫塊를 짊어지고 거리를 돌고 나아가서는 練兵場까지 와서 (저희의) 장사를 빼앗아 독점하고 있습니다. 반면 저희는 文武各 衙門의 差役을 담당하고 매일 20명 남짓 혹은 열넷, 열다섯 명이 각지에서 差務를 분담해서 매우 힘들어하고 있습니다. 저희는 그들을 고용한 적도 있지만, 그들은 매일 한 사람당 240文을 억지로 요구하고 있고 만약 돈을 주지 않으면 전혀 말을 듣지 않습니다. 저희는 수당의 부담으로 매우 곤란한 상태이니, 예전의 금지 명령을 첨부하여 지현께 금지 명령을 청원합니다. 모든 外來野匠에 대해서 거리에서 행상하여 이익을 얻는 것을 금지함으로써, (그들이) 점포에서 장사해서 (저희와) 함께 差役을 담당하도록 한다면, (差役의) 苦樂이 공평하게 되어 행규도 어지럽지 않게 될 것입니다.[10]

이에 대한 지현의 명령은 이들의 청원에 따라서 外來匠人의 영업 행위를 전면적으로 금지하는 것이었다. 반달 뒤에 지현이 내린 '巴縣告示'라고 하는 정식 문서에서는 노점과 점포('行站')를 불문하고 外來 匠人들의 위법 영업의 행위를 모두 금지하였다.

---

10) 『乾嘉道』 上, 311~312쪽. 「乾隆五十六年巴縣禁止外來錫匠游街包攬案」.

한편, 원고 측이 첨부한 乾隆 44年(1775)의 告示文[11]도 거의 같은 내용으로 本城人의 蕭吉泰와 吳輝南 등이 외래 노동자를 고발한 것이다. 이에 따르면 위의 乾隆 56年(1791)의 경우와 같이, 외래 錫匠들이 석기를 자신들의 작업장에서 만들어 이를 城內의 거리 노점에서 판매하였고, 이 때문에 差役을 담당하고 있는 업자의 상품은 팔리지 않기 때문에, 이를 제소하였다.[12] 乾隆 44年(1775)의 告示도 이러한 外來錫匠의 활동을 금지하고 있는데, 乾隆 56年 告示도 乾隆 44年의 告示를 인용하여 外來匠人들의 위법 영업의 활동을 모두 금지한다고 하는 내용이었다.

사례 Ⅱ. 단추 제작업에서의 廣東과 四川의 분쟁(道光 24年·1844)

다음은 「道光二十四年十一月初一日莫信成告狀」(사례 Ⅱ)의 예를 보도록 하자. 그 내용은 다음과 같다.

「사례 Ⅱ-①」

저희는 廣東籍으로 道光 15年(1835) 渝城에 와서 作坊을 열고 廣東式 단추를 만들어서 생업으로 삼고 있습니다. (四川省人의) 川幫이라고 하는 단추를 만드는 作坊이 있고 (저희는 川幫의) 鋪主와 협력해서 渝城의 元天宮에서 모여서 회의를 열었습니다. 저희 廣東(幫)은 四川式의 단추를 만들지 않고, 한편 四川省의 作坊은 이후 저희는 廣東式 단추를 만들지 않을 것을 맹세하고, 각각의 행규와 규정을 어지럽히지 않도록 결의했습니다. (그러나) 현재 姚金貴는 張萬豊과 함께 투자·合股하여 단추점을 열어 私利를 목적으로 마음대로 廣東式 단추를 만들어 예전의 맹세를 거역해서 장사를 빼앗아 행규를 어지럽히고 있습니다. 이번 달 初二日, 李裕順과 熊盆興이나 値年首事인 陳德興 江信泰 등에게 증거를 제출하고, (姚)金貴 등을 불러 (저희는

11) 『乾嘉道』, 311쪽. 「乾隆四十四年告示抄白」.

12) 淸代 巴縣地域의 差役에 대해서는 리-드 브래들리- W., 「淸朝後期四川における収税·催税·租税·代納─巴縣檔案に見る衙役の活動」『中國─社會と文化』 13, 1998. 참조.

姚金貴와) 張萬豊도 함께 十王殿廟 안에서 논의하려고 했습니다. 그러나 유감스럽지만 姚金貴 등은 자신들의 세력을 믿고 약한 사람들을 기만했습니다. 대담하게도 그는 이름을 알 수 없는 많은 사람을 인솔하고 저희 측 雇工인 張三, 何仁壽, 蔣三 등을 몹시 때렸습니다. 다행히도 十王殿廟 주지이자 승려인 勝仙이 중재하여 더 심한 꼴을 당하지 않고 끝이 났습니다. 이처럼 협의를 거역하고 행규를 어지럽히며 전혀 상식에 어긋나게 악한을 거느리고 있는 것은 정리상으로도, 실정상으로도 도저히 용서할 수 없기 때문에 그들을 소환해서 심문해주실 것을 청원합니다.[13]

라고 하고 있다. 이에 이어서, 같은 廣東 출신 단추 제조업자 측은 다음과 같은 소장을 제출하고 있다.

「사례 Ⅱ-②」
道光 15年(1835) 저희 客民은 廣東에서 직공을 고용하여 渝城에 와서, 꽃무늬가 있는 廣東省 단추를 만들어 판매하고 있습니다. 渝城 扣子鋪(단추포)의 首事인 周晴川에게 증명을 제출하고 행규를 정해서 四川幇과 廣東幇으로 나누었으며, 객민은 三系式의 廣東 단추를 제조하고, 渝城의 四川幇은 一系式과 兩系式의 단추를 만들어 팔도록 했습니다. 올해 봄에 四川幇의 姚金貴 등이 舊規를 어지럽혔지만 객민은 그제야 고소를 하였습니다. 그때에도 審理를 받은 적이 있고, 저희 객민의 진술은 기록으로서 남아 있습니다. 그런데 姚金貴 등은 (규정의 범위를) 넘어 무리하게 객민의 모든 점포에 집집이 20량씩, 學徒들에게는 2千文씩 師匠에게는 4千文씩을 할당하고 자신의 회관에 납입하도록 요구했습니다. 客民들이 이에 응하지 않았던바, 姚金貴 등은 다수의 사람을 인솔하여 客民鋪의 집집마다 찾아와서 소란을 피웠습니다. 그래서 비로소 저희가 다시 상신하게 되었습니다.[14]

---

13) 『乾嘉道』 上, 243쪽. 「道光二十四年十一月初一日莫信成告狀」.
14) 『乾嘉道』 上, 243쪽. 「道光二十四年十二月莫信成等供狀」.

라고 하고 있다. 이 「扣子」(단추)의 제조를 둘러싼 廣東幇과 四川幇의 분규는 원고가 이주민(객민)이므로, 사례 Ⅰ인 錫匠鋪의 경우와는 반대되는 셈이다. 그렇지만 差役을 담당하고 있는 錫匠鋪의 경우나 이주민과의 규약을 무시하고 있는 四川幇의 경우를 보면, 지역사회에서 本城人이 우세를 나타내고 있다는 점은 동일하다고 생각된다.

그다음으로는 本城人 간의 상호관계에 주목하고자 한다. 우선 「渝城新舊彈舊棉花鋪互控全案」「사례 Ⅲ」[15]을 살펴보면 다음과 같다.

사례 Ⅲ. 差役을 둘러싼 新·舊棉花鋪의 사이의 분쟁(嘉慶 15年·1810)

「사례 Ⅲ-①」(嘉慶 15年·1810)
告訴人 梁續興 鮑三順 吳恒興은 모두 本城에 살고 있습니다. ……
저희는 渝城에서 점포를 열어 新棉花의 솜을 타고 이를 판매하여서
생활하였고, 軍服을 세조하여 바치거나 文武衙門에 대해서 솜을 타는
差役을 담당하고 있습니다. 이에 대해서는 근거 기록이 남아 있습니다.
저희 이외에도 舊棉花鋪가 있는데, 낡은 이불 면의 솜을 타며 帽袜鋪
에 면화를 팔고 있습니다. 원래의 논의를 따르면 新棉花鋪는 舊棉花
卷子를 취급하지 않고 구(舊)면화포는 新棉花의 솜을 타지 않기로 하
는 규정을 정해서 오랫동안 이처럼 해왔습니다. (그러나) 嘉慶 2年
(1797) 구(舊)면화포의 余通成이 新棉花의 솜을 타서 捕府에 고소되
었고 심문을 받고 벌을 받아 사건이 종결되었던 적이 있습니다. 작년
(嘉慶 14年·1809) 또한 (구(舊)면화포의) 王德順이 자신의 匠人인
陳老三을 꼬드겨서 (新棉花의) 鮑三順의 가게에서 舊棉花卷子를 타고

---

15) 이 檔案의 四川省檔案館所藏 마이크로 필름의 번호와 제목은, 「清6全案」「嘉慶
3-321」『本城彈花行戶梁續興等具告王德順等恃强濫規沒街彈賣新棉花一案』으로
서, 이에 근거하여 『乾嘉道』의 내용을 수정하여 인용하였다.

팔아서 捕府에 고소되어 約鄰(會)의 중재로 해결된 적도 있습니다.
(이에) 鮑三順은 연회를 준비한 뒤, 陳老三에게 (일을) 그만두고 떠나
도록 해서, 각각의 程規를 지키도록 하였습니다. 그 후로도 王德順은
(자신의) 匠人들을 꼬드겨 거리에서 마음대로 新棉花의 솜을 타고 규
정을 어지럽혔습니다. 저희는 사정을 조사하여 關帝廟에서 논의하고
종래대로 규정에 비추어서 시행하기로 하였습니다. 그러나 의외로 현재
王德順 등은 끝까지 완고하게 예전의 논의를 거역해서 여전히 工匠을
꼬드겨 거리에서 마음대로 솜을 타고 규정을 어기고 있습니다. 저희는
그들에게 힐문하였습니다만, 그들은 자신들이 세력도 있고 사람도 많은
것을 믿고 폭행을 일삼거나 무고하거나 했습니다. 구(舊)면화포에는 전
부 십여 명의 匠人이 있습니다만, 그들은 매일 거리에서 솜을 타는 것
을 하청받아서 (영업하고 있기 때문에), 신(新)면화포는 (그들에게 일을
빼앗겨서 거의) 휴점 상태이며 또한 衙門의 差役 때문에 매우 괴로워
하고 있습니다. 知縣께서는 이를 판단하셔서 (그들을) 拘引하여 新舊
棉花鋪의 직분을 지키고 폐해가 없도록 해주실 것을 바라는 바입니다.[16]

라고 하고 있다. 여기에 이어지는 피고 측의 반론은 다음과 같다.

「사례 Ⅲ-②」

저희 10家는 舊棉花의 솜을 타는 생활을 하고 있습니다. 新棉花의
梁績興 등과는 따로따로 두 개의 行會組織이 있는데, 대략 文武衙門
이 요구하는 舊棉花는 저희가 담당하고 그들 新棉花는 노동력만을 제
공하고 있습니다. 저희가 고용한 匠人은 다만 낡은 이불 면과 낡은 옷
감의 솜을 타고 그들 신(新)면화포가 고용한 匠人은 新棉花를 재료로
한 押繪와 옷감을 만들고 규정을 어지럽혔던 적은 없습니다. 匠人이
(作坊을 그만두어) 외부에서 다른 사람의 요청을 따라서 임금을 얻는
것은 규정 밖의 일이므로, 오랫동안 논의되었던 것에 관해서 異論이
있을 수가 없습니다. …… 저희 가게를 그만둔 匠人이 거리에서 일
하는 것은 원래 저희와 관계없는 일입니다.[17]

---

16) 『乾嘉道』 上, 239쪽. 「嘉慶十五年梁績興等告狀」.

우선 여기서 눈에 띄는 사실로서는 행회의 협의가 미치는 범위에 관한 것이다. 피고 측의 논리는 作坊을 그만둔 노동자는 자신들의 단속 범위를 넘기 때문에 이들 노동자의 행위에 대하여 자신은 전혀 책임이 없다는 것이다. 이 사실 자체에 대해서 원고 측의 반론은 나와 있지 않기 때문에, 역으로 이는 보편적으로 인정되는 사실이 아닐까 생각된다. 그렇다면 행회의 협의가 미치는 범위, 즉 구속력은 단체를 탈퇴한 사람까지 미치는 것이 아니라 가입하고 있을 때에 한해서 적용되는 것임을 알 수 있다. 이러한 의미에서 행회원과 행회의 관계도 역시 오늘날 우리가 말하는 '義理'와 같은 情宜的인 세계가 아니고 일종의 계약관계에 가까운 것이었다.

다음은 두 단체가 담당한 差役의 역할이 다르다는 점이다. 즉, 구(舊)면화포는 衙門이 필요한 舊棉花만 공급하는 데 비하여, 신(新)면화포는 노동력을 공급하고 있다. 이러한 사실은 衙門이 부득이한 사정으로 노동력을 많이 필요할 때는 언제라도 신(新)면화포의 부담이 많아질 우려가 잠재되어 있다는 것을 의미한다. 실제로도 이어지는 원고 측의 반론에는 이 불공평함에 대해서 진술하고 있다.

「사례 Ⅲ-③」

몇 년 전 敎匪(白蓮敎)와 苗匪가 滋擾해서 差役이 크게 증가하고 매일 彈匠 백여 명이 應差하였습니다만, 이를 모두 신(新)면화포가 담당해서 그 손해가 막대했습니다. 應差가 조금이라도 지연되었을 때도, 彈匠을 꾸짖는 것은 어렵기 때문에 差役의 담당자(=신(新)면화포)만이 처벌을 받았습니다. 이처럼 책임이 무거운데 (그 差役은) 花卷鋪匠(舊면화포나 舊棉花匠을 가리키고 있다고 생각된다)에는 전혀 부과되어

---

17) 『乾嘉道』 上, 239~240쪽. 「嘉慶十五年王德順等訴狀」.

있지 않습니다. 현재 花卷鋪匠은 규정이 문란해져 계속 결의를 위반해서 마음대로 솜을 타고 있습니다만, 이에 비해서 新棉花布匠에 대한 差役은 지나치게 무거우니, 그 苦樂이 불평등하여, 서로 간에 다툼이나 소송이 끊이지 않는 것입니다.[18]

즉, 최초의 고소는 舊棉花布匠에 대한 신(新)면화포의 제소에서 시작되었지만 실은 그 내부에는 불공평한 差役에 대한 불만이 잠재되어 있던 것을 알 수 있다. 이어서 棉花匠 측의 진술도 보도록 하자.

「사례 III-④」
저희는 원래 궁핍해서 마땅한 재산도 없고, 면화 솜을 타거나('彈花') 手藝를 배워 생활하고 있는 자들입니다. (저희가) 棉花鋪를 그만두었을 경우는 外來工人과 함께 거리에서 하청받고 新棉花나 舊棉花를 불문하고 작업해서 수수료를 받을 뿐으로, 그들 新舊 棉花鋪의 행규와는 관계없습니다. 원망스러운 것은 신(新)면화포를 연 梁續興 등이 (棉花市場을) 독점할 계획을 세우고 저희의 생활 수단을 끊으려고 해서 저희가 거리에서 면화 솜 타는 것을 방해하려고 하는 것입니다. …… 저희는 가난한 사람들로서 노동으로 벌어서 생활하고 있는 사람이며 원래 그들의 條規와는 무관한데, 어떻게 (저희가 渝城의 상업을) 독점할 수 있겠습니까. 완전한 무고입니다.[19]

여기에서도 확인되는 것은 外來匠人의 존재로, 이 사료를 보면 錫器業뿐만이 아니라 渝城(=巴縣)의 여러 가지 생산 분야에서 외래 노동자가 참여하고 있었다는 것을 알 수 있다. 또한, 피고 측의 반론을 읽어보면 그들 나름대로 정당성이 있었다고 생각된다. 다른

---

18) 『乾嘉道』上, 240쪽. 「嘉慶十五年鮑長發等稟狀」.
19) 『乾嘉道』上, 240쪽. 「嘉慶十五年陳永坤等稟狀」.

한편 기존의 입장을 반복한 원고 측의 반론이 계속되었지만 피고 측은 원고 측을 비난하면서 기존의 협의를 지킬 것을 맹세하였고, 이에 대한 원고 측도 역시 피고 측을 비난하면서 기존의 협의를 지킬 것을 맹세하였다.

그 일련의 사태에 대해서 새롭게 신(新)면화포는 지역의 유력자를 동원하고 한 번 더 지현에게 고소를 진행하였다(「사례 Ⅲ－⑤」). 즉, 신(新)면화포의 會首인 飽長發과 吳如富는 約坊 陳文斗와 金洪太 등과 함께 고소장을 제출했던 것이다. 그 내용과 표현을 보면 원고 측의 주장을 거의 그대로 반복하고 있다. 즉, 이러한 문제는 敎匪와 苗匪 등 때문에 官府가 요구하는 差役이 증가하였지만 그 불공정성은 더욱 심화되었기 때문에 발생했다고 주장하고 있다. 특히 동일한 棉花鋪임에도 불구하고 신(新)면화포의 差役은 노동력을 제공하기 때문에 디 괴로워졌고, 그 불공병함 때문에라도 소송이 끊이지 않았다고 하고 있다.

한편 이 사안에 대한 官府의 반응을 보면, 원고 측의 반론이 나왔을 때에 이미 지현의 판결이 내려진 상태였다. 그 내용은 양자 가운데 한쪽의 승소를 인정하기보다도 기존의 규약을 충실히 지키고, 다시 소송을 걸지 못하도록 명하는 것이었다. 그러나 그 판결은 일관해서 사태의 원인이 행규가 제대로 지켜지지 않는 것에 있다고 주장한 원고 측을 지지한 것으로 생각된다. 이러한 추측은 판결 후 다시 한 번 더 新舊 棉花鋪의 規約을 결정하는 과정으로부터도 확인된다. 이러한 과정을 거쳐서 결정되었던 「渝城彈新花鋪公議單」의 내용은 다음과 같다.

「사례 Ⅲ-⑤」

(전략) 참으로 成規를 지키지 않기 때문에 계속 그 폐해가 끝나지 않았다. 乾隆 46年(1781) 差務를 견딜 수 없기 때문에 우리는 지현께 말씀드리고 금지 지시('示禁')나 규정을 새긴 碑刻을 세우는 허가를 받고 시가에 따라 팔게 되었다. 지금 (乾隆) 51年(1786)에 이르러서 함께 知府閣下께 稟明하여 비준을 받았다. 이 건에 대해서는 벌써 巴縣으로부터 아래와 같은 금지령이 내려지고 있다. 만약 道差(差役) 가운데 다시 감히 短價나 勒買의 행위를 실시하는 자가 발견되면 바로 체포하고 고발해서 조사와 규명할 것. 歷來의 章程에서는 이미 渝城 花鋪를 新舊로 나누고 있어 각각의 差役에 관련되는 규정을 문란하게 하지 말 것. 규정을 지킨다고 하면서 실제로는 준수하지 않는 경우 기꺼이 처벌을 감수할 것. 논의된 條目은 다음과 같다.

一議. 新舊花鋪의 工匠은 각각 (정해진) 종류의 면화를 彈花하고 程規를 문란케 하지 말 것

一議. 매년 9월 15일 (重慶)府의 城隍廟에서 제사와 연극을 거행하고 首事를 公擧해서 차례로 일을 맡길 것

一議. 매매가격과 도량형을 공평하게 해서 가격을 변동시키지 않고 저울추를 公議할 것

一議. 각 衙門으로 工匠을 불러 彈花하는 일이 있으면 値年 首事가 차례로 할당해서 파견할 것 ……

一議. 會內에서 (만약) 거리에 가서 彈花하는 자가 있으면, 찾아내어 公罰로서 神戲一臺와 20인분의 宴會를 부과하고, 만약 위반 사항이 있으면 모두가 관에 고발해서 처벌하여, 절대 용납하지 않을 것[20]

여기서 주목해야 할 것은 新舊 兩棉花鋪의 규정이 수정되었고

---

20) 『乾嘉道』上, 238~239쪽. 「彈新花鋪公議單」의 날짜에 대해서 『乾嘉道』에서는 「乾隆□□」라고 기재되어 있으나, 彭澤益編, 『中國工商行會史料集』 上(中華書局, 1995), 544쪽에서는 '嘉慶十五年(1810年)'이라고 하고 있다. 전체 사정에서 고려해볼 때, 확실히 彭澤益 쪽이 옳다고 생각된다.

두 단체의 역할 구별이 한층 명확하게 되었다는 점이다. 이에 따라 저절로 구(舊)면화포의 옛 匠人들이 外來匠人과 함께 거리에서 면화 솜을 타는 일도 금지되었다. 또한, 두 번째의 항목은 예전에는 거의 관계가 없던 두 행회가 공동으로 제사를 거행함에 따라서 예전보다 훨씬 밀접한 관계가 되었다는 점이다. 그러나 이것은 역으로 우세한 위치의 신(新)면화포가 구(舊)면화포를 더욱 확실히 지배하는 계기가 되었다고 생각된다. 이러한 추측은 마지막 항목으로부터도 확인할 수 있다. 그 내용은 이전에는 "文武衙門이 요구하는 舊棉花는 저희가 담당하고 그들 新棉花는 노동력을 제공"했다고 하는 점이다. 즉, 差役의 항목이 따로따로 달랐던 데 비하여, 재판 뒤에는 원래 신(新)면화포의 差役이었던 면화 솜을 타는 差役은 이제 공동의 差役이 되고 구(舊)면화포가 이번에는 불리한 상태에 빠졌던 것이다. 즉, 전체적으로 이 互控事件(「사례 Ⅲ」)은 신(新)면화포의 승소라고 해도 과언이 아닐 것이다.

다음은 染坊을 둘러싼 분규를 보고자 한다. 그 분규는 染坊과 染坊 간의 거리의 문제로부터 시작되어 있다(「사례 Ⅳ」).

사례 Ⅳ. 染坊의 사이의 분쟁(道光 11年・1831)
이 분규는 長泰染坊의 劉龔氏의 고소로 시작되었다.

「사례 Ⅳ-①」 道光 11年・1831
孀婦 劉龔氏의 남편 劉文魁는 생전에 長泰染坊을 열어 (그 유래가)
오래되었습니다. 渝城의 染坊은 전부 54집이 있는데, 예전부터 규정
이 있어서 萬壽殿과 春秋祀典 및 文武各衙門의 모든 差務를 맡고

있습니다. 嘉慶年間 법을 문란시키는 差役이 公을 구실로 하여 布匹을 징수한 뒤에 반환하지 않았기 때문에 客商에게 포필을 배상하여야만 했고, 그 때문에 부채가 막대해졌습니다. …… 道光 5年(1825) 邵如松이 행규를 문란하게 하여, 何裕昌의 가게로부터 불과 10여 집 밖에 떨어지지 않은 곳에서 개업해서 何裕昌의 장사를 빼앗았던 적이 있습니다. (이 건에 대해서는) 同行의 중의를 거쳐, (지현께) 고소해서 邵如松(의 점포)을 이전시키라는 판결을 받았습니다. 작년 瑞豊號가 여전히 규정을 어지럽혔기 때문에 同行의 중재를 거쳐 이사하도록 한 것도 같은 일입니다. 지금 朱奇가 그의 남편이 죽고, 아이가 아직 어리다는 사정을 틈타서, 여러 가지 음모를 기도해서 남편이 남긴 長泰染坊의 영업권을 양보하도록 했습니다만, 따르지 않았습니다. 그 때문에 朱奇가 원한을 품고 黃德成과 張同祿 모두 다른 가게의 간판을 내고 程規를 어지럽혀서 가게 쪽으로 染坊을 개설하고 생업을 빼앗아 衣食의 근원을 끊으려고 했기 때문에 劉龔氏는 생각다 못하여 고소한 것입니다. 同行의 尙德泰는 그들이 규정을 어지럽히지 않게 중재했습니다만 朱奇는 따르지 않고 同行도 어쩔 수 없이, 재판에 의해 孤寡를 편안케 주시도록 청원하기에 이르렀습니다.[21]

라고 하였다. 이에 피고 黃德成의 반론이 이어졌다.

「사례 IV-②」
…… 저는 이전 金沙坊에서 染坊을 열고 있어 일시 原籍에 歸省해서 폐점했던 적이 있었습니다만, 지금 張同祿과 함께 合夥해서 다시 金沙坊에서 泰生染坊을 열어 벌써 사안에 따라 옷감 조달의 差役을 부담하고 있습니다. 지난달(2월) 18일 돌연 羅廣發, 周長興, 汪義和, 尙德泰 등이 많은 사람을 인솔하고 (저의) 가게에 와서 행패를 부리면서 규정을 어지럽혔다고 멋대로 말하면서 그곳에서 가게를 여는 것을 금지했습니다. 저는 바로 이웃들의 중재에 의지하여 논의하려 하였습니다만, 羅廣發 등은 많은 사람을 믿고 폭행을 일삼아서 전혀 중재에 응

21) 『乾嘉道』 上, 355쪽. 「道光十一年二月二十八日劉龔氏告狀」.

하지 않았습니다. …… 생각건대 이 染坊이 개설된 곳은 翠微坊正街이며 제 가게는 金沙坊橫街에 있으며 坊도 거리도 다르고 닭이나 개가 우는 소리도 들리지 않을 정도로 멉니다. 어떻게 (생업을) 빼앗을 수 있겠습니까. 반드시 서른 집이라는 거리가 떨어지지 않다면 가게를 개설할 수 없다고 하는 규정 따위는 渝城의 百行 가운데에서 찾아볼 수 없습니다. 게다가 周長興의 染坊은 劉正順(染坊)의 정면으로 향하고 있고, 汪義和와 陳德意(의 가게의 사이의 거리는) 단지 일곱 집에 불과하니, 이는 조사하면 확실히 증명할 수 있는 일입니다.[22]

이상 피고의 반론을 보는 한 피고 측에 타당한 이유와 근거가 있었다고 판단된다. 그러나 다음에 원고 측은 피고 측에 납득할 수 있는 반론도 하지 않고 자신들이 옳았다고 하는 보증을 하는 데에 그쳤다. 결국, 재판의 결과는 원고의 주장이 인정되었고, 피고 측(黃德成과 張同祿)은 그 중재를 받아들이는 문서(「具結」) 속에서 "저희가 合夥해서 새롭게 개설한 染坊은 劉龔氏(의 가게) 부근에 있던 것은 사실이며, 예전의 규정을 지키라고 하는 (지현의) 판결 때문에 지금 서른 집 떨어진 곳으로 이사하여, 다시 (점포를) 개설하고 장사를 하고 있습니다"라고 하였다. 결과적으로 최초의 반론에서 행했던 이들의 주장은 철회된 셈이다. 또한, 원고 측 고소로 黃德成과 함께 고소되었던 朱奇는 "저는 그들(黃德成과 張同祿)의 가게에서 장사를 돕는 사람으로 결코 (그 사건이랑) 관계없습니다"라고 하면서, 피고 측과의 관계도 부정하고 있다.

그다음 원고 측의 고소는 黃德成과 張同祿이 지현의 판결이 내려진 뒤에도 우물쭈물하여 한 달 동안이나 이사하지 않았기에 이에

---

22) 『乾嘉道』上, 355쪽. 「道光十一年三月初八日黃德成訴狀」.

지현은 그 이전을 명령했다. 마지막으로 원고 측이 지현에게 제출한 것은 고소철회로 지현은 이를 허가하였다. 이렇게 이 사건은 여러 우여곡절을 겪고 종결되었던 것이다.

끝으로 「吃教顧繡店不交三皇會莊銀互控案」23) 「사례 Ⅴ」의 사례를 살펴보고자 한다. 이 사건은 종교가 원인이 되었던 분규였다.

「사례 Ⅴ-①」
저(趙洪順)와 張洪發은 本城에서 繡花鋪(刺繡店)를 열어 장사해서 생활하는 (渝城의 繡花鋪의) 値年 首事입니다. 任雙和라는 자가 새로이 繡花鋪를 열었습니다만 行銀一兩을 납부한다고 하는 지금까지의 규정에 따르지 않고 董振泰나 張萬興에 속아서 납부하지 않았습니다. 저희는 이번 달 (任雙和가) 세력을 믿고 위반한 것에 대해서 제소한 뒤, (지현의) 지시를 받았고 이를 기록했습니다만, (知縣의) 고마우신 지시는 명백하기 때문에 더 이상 上訴할 필요는 없을 것입니다. 그런데 雙和는 지시를 거역해서 받아들이지 않았기 때문에 저희는 陰曆 16일 밤 縣廟에서 約鄰會에게 증거를 제출하면서 논의를 진행하여, (約鄰會의) 뭇사람들은 任雙和가 行規銀 1兩을 祀神에 대한 비용으로 납부할 것을 명령했습니다. 任雙和는 납부하지 않고 동료의 余孔雀과 함께 지현의 지시를 무시해서 함께 폭력을 행사하여 行銀을 절대로 납부하려고 하지 않고 저희를 고소한다고 하며 위협하였고, 때린다든가 죽여 버린다든가 하면서, 전혀 두려워하는 모습이 없었습니다.

라고 하고 있다. 다음으로는 피고 측의 반론을 보도록 하자.

「사례 Ⅴ-②」
저(任雙和)는 지현의 명령에 따라서 음력 16일 밤 성황묘에 모여 約

---

23) 이 檔案의 四川省檔案官所藏 마이크로필름의 번호와 제목은 「淸6全案」「道光8-654」 『繡花行趙洪順等控伍雙和等不守行規案』이다.

鄰會에 따라서 논의했습니다만, (趙)洪順는 여전히 억지로 (行規銀을) 징수하려고 했으므로 저희는 도리로써 응답했습니다. 저희는 간판을 내걸지 않고 개업하고 있으므로 彭雙發 등에 行規銀을 납부할 필요가 전혀 없습니다. 그런데 (趙)洪順은 많은 사람을 믿고서는 큰 소리로 楊大腦売, 鞠老八, 邱老五 외에 이름을 알 수 없는 무리로 하여금 저희를 때리게 시켰습니다.

라고 하고 있다. 이어서 그는 자신의 부상에 대해서 구체적으로 진술하고, 그 뒤에 「驗傷單」을 첨부하여 任雙和가 입은 상처를 상세히 증명하고 있다. 여기까지 일련의 고소장을 보면 단순한 行銀을 둘러싼 문제라고 생각하기 쉽지만, 그다음에 趙洪順, (任雙和를 구타한) 鞠老八, 任雙和 등의 관계자들의 「審供詞」를 읽어야 간신히 사건의 진상에 도달할 수 있다.

「사례 V-③」
趙洪順과 張洪發의 진술: 저희는 渝城에서 繡花鋪를 열어 생활하고 있는데, 결의된 행규를 가지고 있습니다. 올해 겨울 天主教信者('吃天主教')인 任雙和가 繡花鋪를 개업했으므로 행규에 따라서 銀一兩을 징수해서 行業神에 대한 제사를 지내는 데에 사용할 계획이었습니다. 그러나 任雙和와 다른 사람들은 스스로 천주교를 믿고 있으므로 行規銀 1兩을 납부할 수 없다고 하였습니다. 많은 사람들이 중재하려고 했습니다만, 雙和는 행규를 어지럽혀 논의에 따르지 않기 때문에 분규가 발생해서 상호 간에 다툼이 생겨서 저희와 鞠老八은 任雙和와 余其發을 구타했습니다.

다음의 鞠老八의 진술은 대략 趙洪順과 張洪發의 진술과 동일하고, 任雙和의 진술도 그 내용이 원고 측과 거의 같았다. 요컨대 단지 자신들은 천주교 신자로 三皇會라고 하는 명칭과 축제에 대해

서 반발했다고 하는 것이다.[24)

그다음에 원고 측인 趙洪順과 張洪發이 지현의 판결에 따르는 것을 보증하는 문서를 제출해서 지현은 이것을 허가하고 마지막에 다음 해의 9월에 구체적인 「條規」(「渝城男工顧繡老板師友公議條規」)를 마련해서 일련의 互控은 일단락되었다. 이 條規에는 다음과 같은 항목을 발견할 수 있다.

「사례 Ⅴ-④」
一議. 外行(행회의 외부)의 開店한 사람은 '招牌銀四兩'을 납부한다.
一議. 內行(행회의 내부)의 開店한 사람은 '招牌銀一兩'을 납부한다.[25)

즉, 모든 동업자가 이 行會에 참가해서 개업한 것이 아니라, 행회에 가입하지 않고 점포를 개설한 경우도 있었던 것이다. 『乾嘉道』에서는 刺繡業者의 條規로서 이외에 하나 더 道光 12年(1842)의 '永生帮'에 의한 「渝城男工顧繡老板師友公議條規」[26)를 수록하고 있다. 여기에는 "저희는 하늘의 주재를 우러러봐 스스로 삼가 十戒를 지키는 것이고, 터무니없는 생각에서 돈을 모아 연극을 상연하는 것 등은 허락하지 않는다"고 하듯이 천주교 신자의 자수업자 조직이었다. 永生帮 멤버는 다른 동업조직인 '三皇會'에 가입하는 것을 허락하지 않지만 반대로 三皇會의 멤버가 永生帮에 들어가는 것은

---

24) 重慶에서 천주교 포교는 17세기 이래 오랜 역사를 지녔고, 淸朝政府의 거듭된 통제에도 불구하고, 천주교 신자는 여타 지역에 비해서 많았다고 한다. 隗瀛濤 主編, 『近代重慶城市史』(四川大學出版社, 1991, 439쪽) 참조.
25) 『乾嘉道』 上, 235쪽. 「渝城男工顧綉老板師友公議條規」.
26) 『乾嘉道』 上, 234～235쪽. 「道光二十二年永生帮顧繡老板師友公議條規」.

허락되었던 것 같다. 그리고 永生幫의 경우도 '外行'에서 개점하는 사람은 招牌銀 2兩(合夥의 경우는 1兩), '內行'에서 개점하는 경우는 招牌錢 1000文을 낸다고 하는 규정이 있다. 결론적으로 任雙和를 둘러싼 소송사건은 종교의 구별에 따른 서로 다른 두 가지 행회의 대립관계에서 생긴 것이라고 볼 수 있다.

3. 重慶社會의 상공업조직과 조정

1) 상업질서와 분쟁

우선 제1장에서 소개한 다섯 개의 소송사건에 근거하여 분쟁에 관련된 상공업자의 결집 방법에 대해서 고찰해보도록 하자. 이 문제는 도량형을 둘러싼 시장의 질서화의 문제와도 관련될 것이다.

다섯 개의 소송사건의 내용을 간략히 정리해보면 다음과 같다.

사례 Ⅰ: 重慶에서 점포를 경영하고 差役에도 응하고 있는 석기 제조업자가 差役을 부담하지 않고 석기를 행상으로 파는 外來匠人을 고소한 사건. 결과는 원고 측의 주장대로 外來匠人의 위법 영업이 금지되었다.

사례 Ⅱ: 廣東籍의 단추 제조업자가 四川省人의 업자가 규정을 위반하여, 마음대로 廣東式의 단추를 제조한 것을 고소한 사건. 사료상으로 그 판결 결과는 분명치 않다.

사례 Ⅲ: 新棉花의 솜을 타는 업자가 舊棉花의 솜을 타는 업자에 대해서 마음대로 新棉花의 솜을 타고 있다고 하여 고소한 사건. 피고 측은 新棉花 솜을 타는 업자 측에서 규정을 문란하게 한 일이 없고, 가게를 그만둔 직공이 다른 사람에게 고용되어 솜을 타는 경우는 新舊의 규정에 묶이는 것이 아니라고 반론하였다. 또한, 差役 부담도 쟁점이며 옛 면화를 상납하는 구(舊)면화포에 비해서 노동력을 제공해야 하는 신(新)면화포는 불리하다고 하고 있다. 결국, 종래 규정을 준수할 것을 명하는 지현의 판결이 내려져 新舊 두 면화포 간에 「公議單」이 작성되었다.

사례 Ⅳ: 염색업을 경영하는 미망인이 규정을 어기고 근처에서 염색점을 연 외래 상인을 고소한 사건. 피고 측은 반론을 실시했지만 결국 원고 측의 주장에 따라 해결되었다.

사례 Ⅴ: 자수업자 행회는 천주교를 받드는 행회와 '三皇'을 모시는 행회. 이렇게 두 가지로 나누어져 있었는데, 천주교도 측 자수업자가 신규 개점을 하려고 했을 때 三皇會에 규정의 招牌銀을 지불하지 않았다고 하여 三皇會 측이 고소한 사건. 피고 측은 반론하고 있고, 판결의 결과는 관례에 따라서 다른 종교를 받드는 업자가 지불한다면 천주교도도 지불하고, 그렇지 않으면 지불하지 않는다고 결착을 맺었다. 三皇會 측에서는 이 사건을 계기로 「條規」가 재확인되고 있다.

이상부터 주목할 만한 점을 몇 가지 들어보도록 하자. 첫 번째로는 행회의 조직 방법이 상당히 세분화되고 있는 것이다. 단추에 대해서 보면 사례 Ⅱ에서 알 수 있듯이 같은 단추 제조에서도 廣東式과 四川式이라는 단추 스타일에 따라 각각 다른 단체(=幇)가 존재하고 있었다. 또 사례 Ⅲ에서는 같은 솜을 타는 업종에서도 생산연도에 따라서 신(新)면화포와 구(舊)면화포로 나누어져 각각 다른 단체가 존재하고 있었다. 구(舊)면화포 측의 단체에 속하는 인원은 겨우 '10家'라는 극히 소수 인원으로 구성되어 있었다. 단추나 솜을 타는 경우는 사소한 차이라고 하더라도, 업무의 내용의 차이에 근거하였는데, 사례 Ⅴ를 보면 刺繡業者의 경우는 종교가 다른 차이 때문에 각기 다른 행회에 속했다는 것을 알 수 있다. 위와 같은 행회가 조직되는 모습을 보면, 아주 사소한 차이에 따라서 소속 행회 역시 달라졌던 것이다.

다만 소속된 행회가 달랐다고 하더라도, 취급하는 물품이 같은 행회들 사이에 각각의 업무의 범위나 규칙 등에 대해서 일정한 합의가 존재하고 있던 것도 확실하다. 그 합의가 무너지면 경합 관계가 생겨서 분규가 일어나지만, 그 합의가 유지되고 있으면 여기에는 완만한 분업과 공존 관계가 존재했다고 할 수 있다.

두 번째로 상공업 행회의 규제력이 어디까지 미쳤는가에 대해서 살펴보도록 하자. 사례 Ⅳ에서는 같은 염색업에서 인근지역에서는 개점하지 않는다고 하는 규제를 둘러싸고 소송을 하고 있지만, 미망인의 訴訟狀에 진술되어 있듯이 이러한 다툼은 자주 일어났던 일인 듯하다. 그리고 피고 측의 반론에 따르면 이러한 규제가 의외로 명확하지 않았기 때문에, 그만큼 논란의 소지도 있었던 것 같다. 또한 사례 Ⅳ에서 피소된 구(舊)면화포 측으로서는 가게를 그만둔 유동적인 직공은 "저희와는 관계"없고, 행규에도 속박되지 않는다고 하고 있는데, 여기에서도 각 상공업 행규가 미치는 범위는 점포를 경영하는 업자 정도였다고 생각된다. 이 점은 사례 Ⅰ에서도 확인되는데, 外來匠人이 석기 제조하는 것이 금지되고 있지만, 그들은 행회의 통제하에 있지 않았고, 또 행회의 힘으로는 통제하려고 해도 어찌할 수 없는 존재였다.

세 번째로 '外來者'와 '本城人'이라는 사이에 관의 대응이나 일반인의 의식에는 차이가 있었는지를 고찰해보도록 하자. 巴縣檔案에서 찾아볼 수 있는 몇 가지 사례에서 결론을 도출한다는 것은 다소 성급한 감이 없지 않으나, 이들 사례에서 廣東籍의 단추 제조업자가 四川 출신자를 적극 관아에 제소할 수 있다는 점에서 지방관아에서 외래인을 차별·배제한다고 하는 풍조는 발견할 수 없다. 다만 사례 Ⅰ을 볼 때 差役을 부담하지 않고 마음대로 장사를 하는 '外來匠人'의 폐해가 강하게 고발되어 있는데, 지현 역시 訴狀이 제출된 지 겨우 반 개월밖에 되지 않은 상당히 빠른 시간에 금지명령을 내리고 있다. 여기에서는 外來匠人으로부터의 반박이라든지, 이에 입각한 지현의 신중한 審理 등의 흔적은 찾아볼 수 없다. 요컨대 이 사례에서는 확실히 '外來匠人'에 대한 차별 내지 배제라는 관념을 느낄 수 있다. 허나, '외래'에 대한 차별이라는 것이 반드시 다른 지역 출신자 일반에 대한 것이 아니라, 점포를 가지지 않은 자들에 대해 향해진 것이라고 하는 편이 옳을 것이다. 즉, 지방관은 그들을 '匠人'이 아니라 '流浪者'라고 하는 기준으로 판단했다고 생각된다.[27] 즉, 그들이 외래인이라서 차별했다기보다는 신분이 명확치 않고, 재산도 없는 유랑인으로 간주하였던 것이다.

이는 淸末이라는 시점에서 重慶의 치안 상태와도 관계할 것이다. 당시는 重慶뿐만이 아니라 四川省 전체가 이른바 '嘓匪'의 문제로 고민하고 있는 시기였으며, 신분이 불분명한 인물이 언제 嘓匪로 돌변하는지 모르는 시기였다.[28] 地方官의 입장에서 巴縣에 등장한 外來匠人들은 언제든지 嘓匪로 돌변할 수 있는 無賴에 가까운 존재였을지도 모른다. 그것은 기본적으로 노동자가 無賴와 구분되기 어려웠던 당시의 구조적인 사정에 의한다고 생각된다. 이러한 점에서, 전체적으로 사례 Ⅰ에서 지현이 내린 판결은 치안 유지를 목적으로 하여, 외래 노동자를 단속하는 데 그 목적이 있었다고 할 수 있다.[29]

네 번째 문제로서 '差役'에 주목해보도록 하자. 여러 사례 가운데 사례 Ⅱ를 제외하고 제소 속에 '差役'에 대한 언급을 볼 수 있는 점은 흥미롭다. 사례에서는 重慶의 석기 제조업자가 무거운 差役을 부담하고 있는 데 대해서 外來匠人이 差役도 부담하지 않고 이익

---

27) 「事例 Ⅰ」 이외에는 外來勞動者에 대한 기록은 찾기 어렵지만, 유사한 脚夫의 경우를 보면, 地方官이나 현지상인들은 그들을 운수 노동자로서 간주했던 것이 아니라, 身分不明의 '無籍之徒'로 파악하고 있었다는 것을 알 수 있다. 『乾隆卷』, 261~262쪽. 乾隆三十六年(1771年)巴縣設立夫頭案 (1) 四月初十日徐殿楊, 陳大善稟狀 "爲遵示設立, 懇恩諭知事. 情朝天府碼頭, 乃三江總彙, 客商雲集起貨之所. 因無夫頭統率, 以致貨物攏岸, 脚夫擁擠搶背, 往往失落. 甚有脚夫背貨藏匿, 或于中抽取貨物, 不一而定. 前沐仁憲在碼頭設旗賞示, 設立碼頭. 將散夫淸查造冊. …… 散夫如有增添, 隨時開報注冊. 永遠遵行. ……. (3) 二十四日巴縣諭示. 爲曉諭事, 照得渝城五方雜處, 向來客貨起岸下船, 都有乘間背匪拐帶之弊. 不但脚夫內匪類固多, 卽各行站伙房小厮, 亦皆無籍之徒."

28) 四川地域의 嘓匪 活動狀態에 대해서는, 賀長齡 『皇朝經世文編』 卷82 嚴如熤 「兵政十三山防」「三省山內邊防論三」, 賀長齡 『皇朝經世文編』 卷89 嚴如熤 「兵政二十勦匪」「平定敎匪總論」 參照.

29) 蘇州의 사례이지만, 지방관부는 신분이 불분명한 노동자가 특정 업종에 대한 참여를 금지한 일도 있었다. 이에 대해서는, 拙稿, 「淸前中期蘇州地區踹匠的存在形態」『中國社會歷史評論』 9, 2008. 참조.

을 얻고 있는 상황을 비판하여 "外來野匠은 거리를 돌아다니면서 이익을 그물질하는 것을 허락하지 않고, 힘써 마땅히 점포에 앉아서 장사하고, 모든 차역을 담당하게" 한다면 "苦樂은 동일해질 것"이라고 하고 있다. 여기에는 差役을 부담하지 않는 사람을 다른 지역 사람으로 배제하려는 자세와 표리를 이루어 그들을 "모든 차역을 담당"하게 하는 것을 기준으로 정규 주민으로 인정하려는 태도가 나타나고 있다고 할 수 있을 것이다.

외래에서 온 상공업자가 差役을 부담함에 따라서, 巴縣에서 정식 상공업자로서 활동할 수 있게 되었던 다른 사례도 발견할 수 있다. 嘉慶年間의 사례로서, 巴縣 부근의 南川縣 陳家場 鐵貨鋪의 吳廣和는 鐵貨를 가지고 巴縣에서 판매하면서도 差役 부담을 회피했다. 이러한 사례는 결국 현지 상인들의 저항을 불러 門釘 등의 소규모 매매는 差役을 부담하지 않아도 괜찮지만, 條鐵 등의 대규모 거래는 差役을 부담하고 나서 실시한다는 조건으로 종결되었던 것이다.[30] 이러한 사례에서 알 수 있듯이 差役은 외래인이 현지의 상업활동에 참가하기 위한 조건이었던 것이다.

이상의 사례를 종합하면 淸代 中期의 重慶의 상업질서란 대략 다음과 같은 형태로 묘사할 수 있을 것이다. 소규모 상공업자의 조직이 叢生해서 업종이 유사한 단체의 사이에는 느슨한 합의가 있는 존재함과 동시에 그 합의가 기능하지 않고 분쟁이 일어나는 예도 많이 있던 것이다. 각각의 단체는 분쟁 등에 즈음해서 자주 '公議'를 이루고, 규정을 정했지만 外來匠人도 포함한 말단에 이르는 규제력

---

30) 『乾嘉道』, 300쪽, 「嘉慶十六年四月十一日巴縣告示」.

은 없었던 것이다. 또한, 官府나 주민으로서는 이 지역의 사회질
서·경제질서의 담당자로서 간주되는 존재는 점포를 가지고 差役을
부담하는 상공업자였으며, 반드시 외래자라고 하여 모두 배제한다고
하는 자세는 없었다는 점이다.

다음 절에서는 이처럼 느슨하고 개방적인 重慶의 상업질서를 유
지할 때에 중요한 역할을 하였다고 생각되는 調停者에 초점을 맞추
어보고자 한다.

2) 重慶社會의 조정과 재판

이상에서는 重慶의 상업질서를 '느슨하고 개방적'이라고 하는 말
로 표현해보았다. 이러한 상태가 여러 가지 분규의 주된 이유가 되
있던 것도 확실하다고 할 것이다.

그러나 그 분규의 뒤편에는 이를 해결하려고 하는 여러 가지 중재
의 노력도 찾아볼 수 있다. 그 중재는 「사례 Ⅰ」을 제외하고 모든
사례에 빠짐없이 등장하고 있다. 그 예를 하나씩 들면 다음과 같다.

〈표 1〉 사례별, 중재의 주체

事例	중재의 주체	事例	중재의 주체
Ⅱ-①, ②	「値年의 首事」	Ⅱ-①	"十王殿廟의 住持"
Ⅲ-①	"約鄰"	Ⅲ-⑤	"約坊"
Ⅳ-①	"同行 무리의 중재를 거쳐서……"	Ⅳ-②	"街鄰에 의지하여 議論하였다"
Ⅴ-①, ②	"約鄰會"		

즉, 중재는 동업자의 사이, 종교시설[31] 및 근린조직의 수준에서 각

각 행해지고 있었다. 사료에 의하면 동업 사이의 중재보다는 '約鄰會' 등의 지역의 향약 조직이 관련된 빈도가 높았다. 확실한 것은 그 중재가 결코 제도적인 통일성을 가진 것이 아니라는 점이다. 이는 중재가 이루어진 곳을 살펴보면 바로 알 수 있다.

〈표 2〉 사례별, 중재의 장소

事例	場所	事例	場所
Ⅱ-①	十王殿廟	Ⅲ-①	関廟(関帝廟)
Ⅴ-①	縣廟	Ⅴ-②	「城隍廟」

그리고 '縣廟禹王廟'禹王廟라고 하는 것은 '巴縣의 城隍廟'를 가리키는 것이라고 생각된다. 다른 사례이지만, 도량형 분쟁에 관해서 八省客長[32]의 회의는 '府廟', 즉 '重慶府의 城隍廟'에서 이루어졌다. 즉, 重慶 城內에는 縣과 府의 두 가지 城隍廟가 있었던 것이다. 다른 사례이지만 상공업자의 公議가 禹王廟에서 이루어졌던 경우도 있었다(「胰染綢綾布匹頭繩紅坊染匠業」).[33]

이러한 廟의 존재가 동향회관과 서로 겹치는 일도 있었다. 예를 들면 禹王廟는, 즉 湖廣會館이기도 하였다.[34] 그러나 關帝廟나 城隍廟에는 특정의 회관이 들어간 적은 없었다고 생각되는데, 이는 특정 업종이나 출신지역에 치우치지 않는 보다 공개적인 공간이었을지도 모른다.

---

31) 淸代 地域社會에서 城隍廟를 비롯한 종교시설의 중요성에 대해서는 汪輝祖 『學治臆說』 卷下,「敬城隍神」참조.

32) 八省客長의 성격에 대해서는 안병일,「淸後期商人組織의 地方行政의 참여 - 巴縣八省客長의 단련 조직을 중심으로」,『明淸史硏究』14, 2000; 拙稿, 2009. 참조.

33)『乾嘉道』上, 236쪽,「嘉慶元年胰染綢綾布匹頭繩紅坊衆藝師友等公議章程」.

34) 隗瀛濤主編,『近代重慶城市史』, 四川大學出版社, 1991, 410쪽.

위에서 본 것을 종합해보면, 重慶府城(=渝城)이라고 하는 공간에서 상공업자가 협의하는 장소는 분산된 상태였다고 하는 점은 확실하다.[35] 이는 巴縣社會 속에서 중재의 인맥이 하나로 통일되지 않았던 것과 표리를 이루고 있는 사실이다. 각각의 분쟁 사건에서 중재는 단일한 기구에 의해서 이루어진 것이 아니라, 그때마다 해당의 단체나 개인이 가지고 있던 고립적인 인간관계를 활용하였고, 그리고 업종의 분규에 관련되어 巴縣 전체 상공업자의 움직임은 발견할 수 없었다. 즉, 모든 상공업자가 모여 협의할 수 있는 공간도 없었고, 통일된 조직도 존재하지 않았다. 요컨대 상공업자의 네트워크는 업종별로 뿔뿔이 흩어진 분산된 상태였던 것이다.

그럼 이러한 중재가 지현의 판결에 어떠한 영향을 주었는지를 보고자 한다.

〈표 3〉 사례별, 중재의 주체와 재판에 대한 영향

사례	중재자	내용	재판 결과
II	值年의 首事	兩造間을 중재	未詳
III-①	約鄰	息案시켰다.	息案
III-⑤	約坊	원고와 함께 訴訟	원고 측의 勝訴
IV-①	同行衆	원고 측의 의견을 지지	원고 측의 勝訴
IV-②	街鄰	兩造間을 중재	
V-①, ②	約鄰會	원고 측이 約鄰會에 증거를 제출, 兩造에게 논의하도록 하였다.	원고 측의 勝訴

---

35) 巴縣以外의 四川地域에는 각각의 출신지역에 따라서 宗教施設도 달리하였던 사례가 보인다. 民國 『富順縣志』 卷4, 「壇廟」 "蜀民多僑籍, 久猶懷其故土, 往往醵金爲共産建立廟會, 各祀其神望", 民國 『新繁縣志』 卷4, 「禮俗」 "各從其籍而祀之, 湖廣籍祀禹王, 福建籍祀天后, 江西籍祀許眞君, 廣東籍祀六祖, 陝西籍祀三元", 同治 『新寧縣志』 卷2, "各別其郡, 私其神, 以祠廟分籍貫, 故建置相望."

<표 3>을 보면 「사례 Ⅱ」・「사례 Ⅲ」은 중재를, 「사례 Ⅲ」・「사례 Ⅳ」는 분명히 지현이 원고 측을 지지하였다는 것을 알 수 있다. 그리고 원고 측을 지지했을 경우는 모두 원고 측이 승소하고 있다는 사례에서 결과적으로 지현이 내린 판결에 대해서 중재자의 영향력이 강했다고 추측된다. 특히 「사례 Ⅴ」의 경우 "約鄰會에 제소하였다"는 구절을 보면 約鄰會가 실은 일차적인 분쟁 조정의 역할을 하였을 정도로 상공업 사회에서 중요한 역할을 하였다는 점을 알 수 있다.

한편 재판에서 원고 측의 입장을 살펴보면 매우 흥미로운 점을 찾아볼 수 있다. 첫 번째로 제1장에서 다루었던 다섯 개의 사례 속에서는 「사례 Ⅱ」를 제외하고 원고 측이 피고 측보다 그 업종에서 분명히 우위를 차지하고 있었다는 점이다. 물론 사례가 적기 때문에, 결론을 내리는 데에는 신중해야겠지만, 巴縣에서 발생한 상공업자의 분규는 그 숫자로만 볼 때도, 기존 업자가 신흥 업자에 대해서 고소하는 경우가 많았던 것은 사실이다. 두 번째로 그 결과를 알 수 없는 「사례 Ⅱ」를 제외하고 모두 원고 측이 승소하거나 혹은 그 정당성을 인정받았다는 점이다. 물론 사건 그 자체가 원래 원고 측에 정당성이 있었을지도 모르지만, 「사례 Ⅲ」・「사례 Ⅳ」・「사례 Ⅴ」의 경우 피고 측, 즉 신흥 업자에게도 어느 정도 그 나름대로 근거가 있었다고 할 수 있다. 그렇지만 한 번도 신흥 업자에 대해서 유리한 판결이 내려졌던 적은 없었다. 이 점에서도 지현의 판결은 기존 업자에게 지극히 유리했다고 생각된다.

우선, 중재가 원고 측에 집중하고 있던 사실도 지현의 태도와 관련된다고 생각할 수 있다. 그렇다면 巴縣社會에서 기존 업자는 지역과 同業의 여론에 대해서 확실히 우위를 차지하고 있던 것은 아닐까. 한편 官府는 기존 질서나 관행을 부정할 생각이 아니었기 때문에 기존 업자가 승소했다고 생각할 수 있다. 분규에 대한 官府의 역할은 항상 수동적인 입장에 머물렀다고 할 수 있다. 또한, 재판 이외에도 분규의 사전 단속이라고 하는 측면으로부터도 역시 수동적이었다. 즉, 분규가 일어나기 전에 사전에 단속을 하려고 하는 자세는 사료상에서 거의 찾아볼 수 없다. 이러한 의미에서 官府의 판결이 미치는 범위는 상공업 질서를 근본적으로 재구성할 정도가 아니었고 분규의 조정적인 역할에 그치고 있었으며, 결국 질서의 재편은 상공업자들과 지역의 여론 사이에서 결정되었다고 할 수 있다.

寺田浩明에 의하면 明淸時代의 민사 재판에서는 확실한 자신의 권리에 입각해서 그 침해를 주장하기보다도, 침해받은 자신의 감정상의 억울함을 정(情)에 호소하는 경향이 있었다고 지적한 바 있다.[36] 그러나 巴縣檔案의 상사분쟁을 보면, 寺田浩明이 지적한 것과는 달리, 행회의 규정 등에 입각하여 상당히 명확한 룰을 기준으로 하여 자신의 주장을 펼치는 측면이 더 강했다고 생각된다. 자신의 권리에 대해서 좀 더 명확하다는 점에서 청대 일반적인 민사소송과는 다르다고 할 수 있다. 그러나 巴縣 상공업자들로서 재판에서 중요한 것은 반드시 일방적인 승소가 아니라 자신들의 정당성을 대략 확인받는 데 주안점이 있었다. 이 정당성을 인정받은 다음에는 분규 이전의 공존을 다시 회복하는 것을 항상 도모하였고, 지역사회에서의 상대방 체면까지 완전하게 부정하지 않고 적당한 선에서 체면을 유지

---

36) 寺田浩明, 「勸利と冤抑 – 淸代聽訟世界の全體像」, 『法學』 61-5, 1997.

하게 하는 데 멈추었던 것이다. 이때 그들이 즐겨 사용했던 방법으로 기존의 행규나 규약을 다시 만들거나, 연극이나 연회를 개최하곤 하였다. 이 점에서도 업자의 상호 간을 묶는 질서가 완만하게 존재하였기 때문에, 이것을 완전히 부정하지 않았다는 점을 알 수 있다.[37]

전체적으로 巴縣社會의 분규에 대해서 소송 당사자들의 인적 네트워크에 무엇인가 통일적인 구심점은 없었다. 소송의 당사자들이 의존한 네트워크는 동업이나 지역의 향약 조직[38]이며, 그들은 한정된 공간을 넘고 중재를 요구하지 않았다고 하는 의미로 분산적이었다고 할 수 있다.[39] 분산적이라고 할 수 있지만, 그들 가운데에는 네트워크 위에서 우위에 있는 업자와 그렇지 않은 업자라고 하는 다른 층이 있어 우위에 있던 사람들은 그들 힘을 충분히 살리고 재판에 임하였다. 지방관은 지역사회나 동업조직의 여론을 추인하는 소극적인 태도로 재판에 임했다고 생각된다.

---

37) 汪輝祖는 지방관아의 재판에서는 정확한 사리분별과 시시비비를 가르기보다는 화해를 도모하는 것이 이상적이라고 서술하고 있다. 그렇기 때문에 친족 간과 동향 간의 분쟁을 처리함에 극히 조심스럽게 판결을 내려야 할 것을 권고하고 있다(同, 『續佐治藥言』, 「批駁勿率易」 "夫人命奸盜, 及棍徒肆橫, 原非常有之事. 一切口角爭鬪, 類皆戶婚細故, 兩造非親, 則非族, 則鄰. 情深累世, 釁起一時, 本無不解之讎. 第摘其詞中要害, 酌理準情, 剴切諭導, 使弱者心平, 强者氣沮. 自有親鄰調處, 與其息於准理之後, 費入差房. 何如曉於具狀之初, 誼全姻睦."). 따라서 笞刑에 대한 사용도 자제할 것으로 다음과 같이 권고하고 있다. 『學治臆說』 卷上, 「姻族互訐毋輕笞撻」 "嘗見鄕人相詈, 必擧其祖. 若父之被刑者, 而顯訴之. 是辱及子孫也. 爲父母官, 其可易視笞撻耶?" 여기에서 태형에 신중해야 하는 것은 단순히 신체적 고통 때문이라거나 인권적인 차원에서가 아니라, 태형을 받음으로 인해서 원한이 鄕黨 間에 갈등이 증폭되는 것을 미연에 방지하기 위한 것이라고 할 수 있다.

38) 民國 『犍爲縣志』, 「居民志」 "必先報約, 客, 上廟評理, 如遇涉訟, 亦經官聽飭義而始受理焉."

39) 일반적으로 行業과 行業 간에는 그 왕래가 그다지 이루어지지 않았다. 이에 대해서는 孫麗娟, 2005, 59쪽. 參照.

4. 결론

본고에서는 四川省 巴縣의 수공업자들이 서로 고소하였던 일련의 재판 안건을 소재로 하여 그들이 어떠한 이유로 분규를 일으켰고, 어떻게 수습하였느냐는 과정을 분석함으로써, 淸代 重慶社會의 상공업 질서의 구조를 복원해보았다.

巴縣의 상공업 질서의 특색은 本城出身 주민뿐만 아니라 여러 가지 계층의 다른 지역 출신자를 포함하고 있었던 점에 있었다. 官府나 주민으로서 시장사회에서 참여 가능한 사람이라고 간주되었던 존재는 점포를 가져 差役을 부담하는 상공업자였으며, 반드시 외래자라고 반드시 배제한다는 자세는 볼 수 없었다. 차별이 있었다고 하면 출신지보다 오히려 치안을 위협하는 노동자·직공의 유동성이 문제가 되었다고 할 수 있다.

이러한 가운데 本城人과 다른 지역 출신지를 불문하고 소규모 상공업자의 조직이 叢生하고 있었다. 이러한 조직은 완전히 뿔뿔이 흩어져서 분산적으로 존재한 것이 아니라, 업무가 유사한 단체의 사이에는 분업에 관한 느슨한 합의가 존재하는 경우도 많았다. 그러나 동시에 그 합의가 기능하지 않고 분쟁이 일어나는 사례도 다수 존재하였던 것이다. 각각의 단체는 분쟁이 일어났을 때에는 자주 '公議'를 토론하고, 규정을 정하곤 했지만 外來匠人도 포함한 말단에 이르는 규제력은 존재하지 않았고, 분쟁에 즈음해서는 그때그때 동업자뿐만 아니라 地緣組織 등의 중재에 의지하거나 官府에 제소함으로써 그 권위를 빌려 해결을 도모하였다. 한편 官府 측에서도 재판에 임하여 중재 결과를 추인한다고 하는 소극적인 태도를 취하는 것이 보통이었다.

여러 네트워크 사이의 분규는 더 커다란 규모의 항구적인 조직이나 뚜렷한 제도적 생성으로 귀결되지 않고 개별적 사례에 맞추어서 그때그때의 조정이나 중재라고 하는 형태로 해결되었다고 할 수 있다. 분규가 규약이나 화해로서 수습되면서도 몇 번이나 반복해서 일어난 것은 요컨대 질서담당의 축이 분명치 않았던 巴縣地域의 상업질서에서 기인한다고 생각된다. 물론 이러한 상업질서의 성격은 重慶뿐만 아니라 淸代의 다른 도시에도 공통되는 것이다. 단지 重慶은 다른 곳에서는 거의 찾아보기 어려운 八省客長과 같은 존재가 있어서, 단순한 개별의 동업 단체의 집적이 아닌 통합된 도시 행정질서의 존재도 예상되었다. 그러나 실제로 검토한 결과에 의하면 八省客長의 존재는 반드시 통합된 도시 행정질서를 의미하는 것은 아니었다. 地方官府는 이러한 여러 상공업자의 네트워크가 병존·경합하면서 교섭하는 질서의 존재형태를, 위로부터 느슨하게 권위를 부여하였던 것이다.

제4장

清末民初 金融機關과 신용결제의 발달

─山西票號와 寧波錢莊의 발전과정을 중심으로─

정혜중

1. 시작하면서

청대사는 개항을 기준으로 시기가 구분됐다. 흔히 청 말 혹은 근대로 불리는 개항 이후는 청대 각 지역에 다양한 변화를 초래하였다는 점에서 청대사 연구에도 중요한 의미를 지닌다. 중국사 연구에서도 이러한 상황이 일찍부터 주목되어 연구 흐름에도 반영되었다. 중국 근대사를 아편전쟁부터 보는 시각은 이를 대표하는 관점이라고 할 수 있다.[1]

아편전쟁 이후 중국사회에서는 정치 사회적 변화가 크게 일었다. 그 때문에 중국사 연구에서도 남경조약 이후 태평천국운동과 양무운동을 기축으로 하는 변화의 흐름에서 중국 근대사회를 파악하고자

---

1) 한국의 청대사 연구동향에 대한 것은 金衡鐘, 「1990年代以來の韓國における淸代政治史研究の動向」, 『中國史學』 14, 京都, 朋友書店, 2004, 107～124쪽. 중국의 연구동향은 한국 관련 부분에 국한된 것이긴 하지만 유장근 외, 『중국 역사학계의 청사연구동향』, 동북아역사재단, 2009가 자세하다.

하는 경향이 주류를 이루었다. 이때 중국 근대연구에서 해명하고자 하였던 것은 서양 열강세력의 중국에 대한 정치적·경제적 침탈이었다. 이 시기는 불평등조약에 기초한 개항 때문에 중국 주권이 침탈당하고 더불어 경제적으로 종속되는 과정을 피할 수 없었다. 1980년대까지의 연구가 위와 같은 경향을 강조하였다면 1990년대 이후는 청일전쟁에 초점을 두고, 중국인들의 수동적 경향이 극복되면서 변법운동과 혁명운동으로 부각되는 적극적 활동에 대한 평가가 중시되었다. 이 때문에 최근 20여 년간 청일전쟁 전후의 혁명과 근대화에 대한 연구성과도 다양하게 쏟아져 나왔다.

한편 최근 주목받았던 세계체제론의 연구자들은 청대의 중기, 즉 18세기까지 중국경제를 상당히 주목할 만한 것으로 평가하고 있다.[2] 주지하듯이 淸朝는 건륭 연간(1735~1795) 중반 정도의 성세를 지나면서 빠른 속도로 쇠락해갔다. 그 원인에 대한 규명이 현재 중국에서도 진행되고 있지만,[3] 무엇보다 중요한 것은 각각의 변환기에 해당하는 시기의 역사를 어떻게 평가해야 하는가 하는 문제일 것이다. 이에 근대 이전의 사회관습과 규범이 근대에서 어떠한 맥락으로 이어지고 있는가에 관한 연구와 더불어 근대 변환기 분석, 그리고 근대 변환기 각 영역의 실상을 규명하는 작업이야말로 청대사 연구의 핵심과제였다고 할 수 있다.

---

2) R. Bin Wong, *China Transformed—Historical Change and the Limits of Experience*, Cornell Univ. Press, 1997; Kenneth Pomeranz, *The Great Divergence—Chin, Europe and the making of the Modern world economy*, Princeton University press, 2000; A. G. 프랑크, 『리오리엔트』, 이산, 2003. 129~230쪽; 이상의 연구에 대해서는 강진아, 「16~19세기 중국경제와 세계체제」, 『이화사학연구』 31, 2004. 14~31쪽.
3) 차혜원, 「중국의 '康乾盛世' 열풍과 청사연구」, 유장근 외, 위의 책, 59~98쪽.

그런데 청대사 전체를 하나의 왕조로 놓고 보면 아편전쟁으로 말미암은 개항을 기준으로 그 앞뒤로만 구분하여 보는 것은 청대의 역동성을 너무 지나치게 단순화한 것은 아닌가 하는 의문이 든다. 위에서 언급한 것과 같이 後金 건국 이래 약 400년간의 청조의 역사에는 다양한 변환기가 내포되어 있으므로 개항을 기준으로 단순히 근대, 전근대라고 구분하기는 곤란하기 때문이다.

이에 본 연구에서는 청대사의 역동적인 변환기와 그를 둘러싼 사회의 모습을 규명하는 하나의 단서로 "중국상인"에 대한 접근을 제시하고자 한다. 청대 상인들은 역대 어느 왕조보다 역사의 전면에서 활동하고 다양한 足跡을 남겼다. 17~18세기 청조 지배체제하에서 인구가 급증하고 경제가 비약적으로 발전하는 과정에서, 경제활동의 주역으로서 "大商幇의 존재 및 활동"은 주목되는 특징의 하나였다.[4] 개혁개방 이후 1990년대에 들어서 중국에서도 상인에 관한 연구가 크게 강조되면서 명·청 시기에서 근대중국에 활약하였던 상인단을 이른바 "中國十大 商幇"[5]으로 규정한 바도 있고, 최근에도 전통 상술을 응용한 현대 기업인들을 소개하는 등 현대적 응용이 다양하게 시도되고 있다.[6]

---

4) 역대 중국왕조에서 상인의 활약상은 일일이 열거할 수 없을 정도로 많다. 다만, 이들이 거대한 부를 이루면서 개인의 이름을 드높였다고 한다면, 청대 상인은 개별상인으로 일컬어지는 경우는 드물고 산서상인이라는 명칭에서 알 수 있는 것처럼 "지역"을 중심을 활약하는 "상인단"이라는 점, 그리고 山西省 平遙縣 喬家大苑 혹은 王家大苑에서 보이는 것처럼 宗族을 대표하는 혈연중심의 대상방(=대상인단)이라고 하는 점이 특색이다. 李和承, 「明·淸傳統商人區域化現象研究-明·淸時期 商業의 發展과 商人勢力의 成長」, 『中國學論叢』 18, 2004, 463~477쪽 및 「명·청시대 중국전통상인의 구역화 현상 연구」, 『中國史研究』 8, 2000, 169~175쪽.

5) 張海瀛 等編, 『中國十大商幇』, 香港, 中華書局, 1995. 商幇은 "상인단"이라는 용어로 풀이될 수 있겠지만, 중국사 영역에서 "상방"이라는 명칭을 그대로 사용하고 있으므로 본고에서도 상인단이라는 용어 대신 상방으로 서술하고자 한다.

이렇듯 상인에 관한 연구가 강조되는 것은 개혁개방 이후 중국이 상인(기업인)의 역할을 강조함으로써 경제적 효과를 제고할 수 있다는 기대감에서 비롯된 것만은 아니다. 2007년 일본 중국사 연구자 斯波義信는 상인의 중요성을 다음과 같이 지적한 바 있다.

"중국은 周代 이래 형성된 士農工商의 개념이 고착되었지만, 과거제 실시 이후 사회의 유동성이 증가하고, 사회가 변화하였다. 이러한 사회 유동성의 가장 뚜렷한 지역이 浙江省 紹興府이다. 紹興은 명대(1368~1643) 전국 2위의 과거합격자 배출지역이었고, 청대(1644~1911)에도 紹興 출신 擧人들이 知縣의 幕友가 되는 사례가 많았다. 또 이곳 상인들은 寧波 상인들과 함께 청 말 寧紹幇을 구성하여 錢莊, 海運, 貿易 등에서 두각을 나타내었다. 또 이 지역에서는 명 말부터 동남부 여러 省을 필두로 사회 이동, 유동화가 끊이지 않는 현실이 되면서 士와 商을 함께 부르는 士商, 혹은 士에 준하는 庶民이라는 의미의 '士民' 등의 용어도 널리 확산되었다."[7]

중국사에서 상인의 유동성을 강조한 斯波義信의 경우, 그 제도적인 장치로 과거제도를 그리고 사회적인 주체세력으로 상인의 활동에 주목하면서 특히 寧紹幇이 근대 금융업에서의 활동을 대표적인 특징 사례로 손꼽고 있는 점이 주목된다. 일찍이 余英時 역시 『중국

---

6) 전통 시대의 분류에 따라 현대 중국에서도 21세기 세계경제를 이끌어가는 중국상인들의 전략을 연구하고 이것은 또 한국에 번역 소개되었다. 현대 중국의 6대 상인집단(상하이, 광둥, 저장, 푸젠, 장쑤, 원저우)에 대한 것으로 張俊領・賈國璽 지음, 강경이 옮김의 『商略』, 『商典』, 『商智』, 『商策』, 『商謀』, 『商經』(서울: 경덕출판사, 2008)이 그것이다. 이 외에도 梁小民 지음, 서아담 옮김, 『(중국거상에게 배우는) 부의전략』(파주: 김영사, 2008)이 있다.

7) 斯波義信, 「中國史における商人」, 『東洋學報』 89-2, 東京, 東洋文庫, 2007, 107~108쪽 및 「中國と商業」, 『大阪大學大學院研究科紀要』 48, 2008, 14~15쪽. 斯波義信의 논의에 대한 소개는 정혜중, 「청대 상업・금융・화상네트워크」, 『중국의 청사편찬과 청사연구』, 동북아역사재단, 2010, 203~204쪽.

근세종교윤리와 상인정신』에서 "청대 상인에 대한 통제가 이미 약간 느슨했을 뿐만 아니라 태도가 비교적 존중되었다"고 하면서 "상인이 어떤 때는 紳士 앞에 있기도 하였고, 일반적으로도 상인과 관료가 함께 어우러져 있는 상황이었다"고 지적한 바 있다.[8]

　　이렇게 전근대사회에서 유동성의 주체세력으로 성장하였다고 평가되는 상인들은 근대 변혁기에도 끊임없이 자기 발전을 추구하였다. 斯波義信이 지적한 것처럼 변혁기에 寧紹幇처럼 錢莊을 시작하면서 금융업으로 전환하는 사례는 山西商人이 도광 연간(1821~1850) 山西票號로 전환하는 것[9]과 유사한 공통점을 보인다. 청대에 활동 영역을 넓혀갔던 大商幇이 도광 연간에 금융업으로 전환한다는 점에 공통점이 있지만 票號와 錢莊은 그 규모와 영업내용에서 큰 차이가 있다

　　본고에서는 청대 지역상인으로 활동하다가 개항 전후 중국을 대표하는 금융상인으로 변모한 山西商幇의 山西票號와 寧波商幇의 錢莊의 성립을 비교하고자 한다. 먼저 양자가 금융상인으로 변모하게 되는 사회경제적 배경을 살펴본 후에, 금융업 전업 이후 이들의 발전 과정에서는 어떠한 차이가 보이고, 어떤 결과로 이어졌는지 분석해 보고자 한다.

---

8) 余英時 지음, 정인재 옮김, 『中國近世宗教倫理와 商人精神』, 대한교과서주식회사, 1993, 281~284쪽.

9) 山西商人의 山西票號로의 전환에 대해서는 이하의 논문이 자세하다. 정혜중, 「淸末 山西商人의 변화」, 『이화사학연구』 29, 2002, 83~100쪽, 또 영파상인의 전장으로의 전환은 西里喜行, 「淸末寧波商人について―「浙江財閥の成立に關する―考察」, 『東洋史研究』 26-1, 2號, 1976.

2. 淸末 결제시스템과 山西商幇

청조는 국내경제 외국과의 무역에서 모두 은이 주요한 결제수단이었다. 은이 생산되지 않은 중국에서는 외국과의 무역에서 주로 은을 공급받았는데 중국의 은 유통에 대해 일찍이 濱下武志는 다음과 같은 4단계로 구분하였다. 먼저 첫 단계는 16세기 이후 1830년까지로 이 시기는 스페인과 포르투갈 양국이 아메리카 지역에서 은을 들여오게 되고 그 결과 네덜란드, 영국 등과 무역 거래하는 중국에 은이 대량으로 유입되는 시기이다. 둘째 단계는 1830~1840년대 은 유출기로 영국 동인도회사의 무역독점이 폐지되면서 인도 공업제품의 수출이 증대하고 인도 아편이 중국으로 유입되는 시기이다. 셋째 단계는 개항 이후 1860년대까지이다. 이 시기는 1850년 전후로 중국으로 은 유입이 진행되면서 1860년대 말까지 열강이 중국에 대한 본격적인 금융진출을 시작하고 영국을 중심으로 외국은행이 활동기반을 쌓아가는 것이 특징이다. 넷째 단계는 1870년대 초기부터로 유럽 금본위체제 확대에 동반하여 아시아로 은 유입은 증대된다. 이 시기는 은 유통을 둘러싸고 열강이 아시아에서 통화권 획득경쟁을 벌이게 되는 것이 특징이다.[10]

濱下武志의 은 유통에 대한 단계구분은 은의 유입과 유출에 따라

---

10) 이상의 구분은 濱下武志, 「近代中國における貿易金融の一考察」, 『東洋學報』 57-3, 4, 1976, 116~119쪽 濱下武志가 당시 참고한 자료는 Morse, *Chronicles of the east India company trading to China*, 1635~1834, Oxford, 1926~1926: E. Kann, *The currencies of China*, Shanghai, 1927: 小竹文夫, 「明淸時代における外國銀の流入」, 『近世支那經濟史研究』, 東京, 弘文堂書房, 1942: 譚彼岸, 「中國近代貨幣的變動」, 『中山大學學報』, 1959-3期; 彭澤益, 「阿片戰爭後十年間銀貴錢賤波動下的中國經濟與階級關係」, 『歷史研究』, 1961-6 등이다.

외국자본이 얼마나 진출하기 용이한 환경이 되는가에 대한 설명에 집중되어 있고 중국 내의 환경 변화, 특히 중국상인들에게 미친 영향이 언급되지 못하였다. 주지하듯이 은 유출은 중국에서도 중요한 문제였다. 당시 중국 관료들은 아편의 유입으로 말미암은 은 유출과 중국 은과 순도가 다른 저품위의 외국은화가 교환되는 상황이 심각한 銀貴현상을 가져왔다고 인식하였다. 은 유출은 1833~44년에 급격히 증대하여 1838~1839년에 피크를 이루었다. 은 유출액은 1832~33년 1,914兩, 1833~34년 4,252兩, 34~35년 3,399兩, 1838~39년 6,949兩이었다.[11] 이렇게 은이 부족하자 각종 방법으로 거래하는 양상이 등장하게 되었다. 외국자본과 상인들은 현은을 송금하지 않아도 되는 무역결제방법으로 은행진출을 도모하기 시작하였다. 이를 계기로 중국에 외국은행이 진출하게 되는데 그것이 바로 麗如銀行(Oriental Banking Corporation)이다. 1845년 광동에 지점을 개설한 이 은행은 1848년에 上海에 지점을 확대해갔다.

그러면 중국인들은 어떻게 대처해갔을까? 결제수단이 부족한 경우 가장 일반적으로 그리고 경험적으로 할 수 있는 가장 간단한 방법은 현물거래이다. 즉, 무역 과잉과 결제수단이 부족하자 아편전쟁 후 중국개항장에서는 가장 일반적으로, 많이 거래되는 무역품, 예를 들면 영국의 면제품과 중국 차를 직접 거래하는 현물교환을 주로 하였다.[12] 그런데 현물교환은 고객을 찾는 것이 쉬운 문제가 아니었다. 게다가 운이 좋아 고객을 찾았다고 하더라고 중국상인이 대가로 받은 영국

---

11) 濱下武志, 같은 논문, 119쪽.
12) 濱下武志, 같은 논문, 126~127쪽.

산 면포를 현금화할 필요가 있어 면포를 필요로 하는 상인에게 넘겨야 하는 번거로움이 따른다. 이러한 상인의 번거로움을 해결해주었던 것이 바로 錢莊[13]이었다. 이렇게 무역이 증가하면서 혹은 銀貴의 상황에서 1850년대 전장은 개항장의 상인과 내지의 상인을 잇는 중요한 기능을 해가면서 개항장 上海에서 금융과 신용을 연결해갔다. 그렇다면 더 내지의 중국상인들은 銀貴로 인해 어떠한 영향을 받았는지 산서상방을 통해 살펴보자.

앞에서도 지적한 것처럼 지난 20여 년간 중국 전근대 상인에 관한 연구에서 가장 주목을 받는 것은 "十大商幇"으로 商幇은 지역, 혈연 중심의 상인 집단이다. 중국상인들은 지역적 특성상, 수천 리 떨어진 객지에서 장사해야 했다. 그러므로 외지에서의 어려움을 해결하고 경쟁력을 높이고 원활한 상업활동을 도모하기 위해 父子, 兄弟 혹은 사촌 등 가장 가까운 사람들끼리 뭉쳐서 商人團을 형성하고 원거리 교역에 나가곤 하였는데 이때 형성된 특수집단이 商幇이다.

省을 지역단위로 하는 十大商幇 중, 山西商幇, 陝西商幇 그리고 徽州商幇은 명대 중기 이후 가장 먼저 그리고 오랫동안 역사무대에서 활약하였고 이에 연구도 많이 진행되었다.[14] 이중 山西商幇은 상방 일부가 아편전쟁 전후부터 19세기 말까지 금융업으로 전환하여 자금 규모를 10배 이상으로 증가시켜 가면서 경제영역에서 그 위치를 더욱 공고히 하였다[15]는 점에서 주목을 받았다. 그런데 산서

---

13) 전장에 대해서는 다음 장에서 자세하게 다루고자 한다.

14) 명대의 山西商人에 대한 연구는 寺田隆信, 『山西商人の硏究』, 東洋史硏究會, 1972년이 대표적이다. 휘주상인에 대해서는 臼井佐知子, 『徽州商人の硏究』, 東京, 汲古書院, 2005; 曹永憲, 『대운하와 중국상인』, 민음사, 2011이 대표적이다. 十大商幇의 특징에 대해서는 정혜중, 앞의 논문, 2010, 204~213쪽.

상방의 표호로의 변화과정을 살펴보면 당시 상인들의 결제에 대한 고민, 現銀운반의 번거로움, 銀貴현상에 대한 불편함이 뚜렷이 나타난다.

청대에 들어오면서 산서상방의 상인들은 변경지역에서 경제활동을 증가시켜 나갔다. 이에 내몽고 등으로 판로가 확대되었을 뿐 아니라, 남쪽으로는 범위가 양자강까지 확대되기에 이르렀다.[16] 특히 청 초 이후 러시아와의 대외무역관계가 증대함에 따라 러시아가 淸으로 보내는 모피류는 1802년에서 1807년은 29.9%, 1812년에서 1820년은 46.6%, 1821년에서 1830년에는 48.6%, 1831년에서 1840년에는 36.9%, 1841년에서 1850년에는 24%에 달할 정도로 많은 비중을 차지하게 되었다. 반대로 淸에서 러시아 쪽으로 수출하는 차의 비중도 높아만 갔다. 1802년부터 1807년까지는 42.3%에서 1810년대에 74%, 1820년에 88.5%, 1830년대 93.6%로 그리고 1840년대는 94.9%나 될 정도로 러시아의 총 무역액에서 높은 비중을 차지하게 되었는데,[17] 바로 이러한 상품의 흐름에 산서상인들이 존재하였다.

러시아와 무역에 종사한 山西商幇의 茶莊 중, 규모가 가장 큰 편에 속했던 山西省 楡次縣의 常氏의 경우는 乾隆年間부터 7代 150여 년간 무역에 종사하면서 청 말까지 캬흐타에 있는 10여 개의 山西商號 중, 4개를 운영하는 위용을 과시하기도 하였다.[18] 이들은 러

---

15) 정혜중, 앞의 글, 2002, 208쪽.

16) 佐伯富, 「淸代における山西商人と內蒙古」, 『中國史硏究』 3, 京都 同朋社 1977, 72~93쪽

17) 吉田金一, 「ロシアと淸の貿易について」, 『東洋學報』 35-4 및 『近代露淸關係史』, 東京, 近藤出版社, 1974. 러시아와 청은 1689년 네르친스크 조약에 의해 정식으로 체결되고 1728년 캬흐타조약으로 발전하게 되었다. 캬흐타 번영에 따라 중국인 상인도 왕래가 많아졌는데, 대부분이 山西商人이었다. 이들은 張家口를 경유하여 烟, 茶, 緞布 등의 잡화를 운반해오고, 각종 모피 등과 교환해갔다.

시아 혹은 몽고와의 교역을 위해 스스로 간단한 사전을 만들어 몽고
어뿐 아니라 러시아어를 익히며 무역에 종사하였다. 그런데 이렇게
사전을 챙겨 먼 길의 무역을 떠나는 이들에게 무엇보다 필요한 것은
자금의 원활한 유통이었다.

이들이 취급하는 중국 쪽 무역품은 상방의 고향인 산서와는 무관
한 양자강 중류, 하류 지역과의 거래에서 오는 茶였다. 장거리 무역
대상 상품의 수출입을 위해서는 운반계절이 되면 막대한 자금도 필
요하였다. 상품 구입에 필요한 자금은 신용대출로 융통을 받고 상품
을 판매한 후에 자금을 되돌려 갚으려면 변경지구에서 구입하려는
물건은 2~3개월, 차 같은 경우는 6개월 이상의 자금유통이 전제되
어야 하는 상황이었다.

이를 위해 각 상방은 금융기구를 만들어 신용확대를 전개하였고,
이를 기반으로 러시아 혹은 몽고와의 무역토대를 닦을 수 있었다.
또 러시아와의 변경무역과 관련한 중국 쪽 무역 중심지인 包頭에서
는 산서성 祁縣의 喬氏가 설치한 復字號, 예를 들면 復盛全, 復盛
西, 復盛油 등이 무역을 담당하고 있었다.[19] 중국 羊毛의 집산지이
기도 하였던 이곳에서 금융과 관련된 조직은 모두 산서상방과 관련
이 깊었다. 1919년부터 1927년 사이에 包頭에 있는 전장을 조사한
1920년대의 기록에는 "이 지역에 모두 20여 개의 전장이 존재하였
는데 모두 산서상방 경영이었다"[20]고 서술되어 있다. 산서상방이 청

---

18) 劉建生·劉鵬生, 「茶葉－晋商與國際貿易的紐帶」, 『晋商史料与研究』, 山西人民
    出版社, 1999년, 238쪽. 茶商人들의 러시아 및 몽고 쪽에서의 활약상에 대해서는 黃
    鑒暉, 『明淸山西晋商研究』, 太原, 山西經濟出版社, 2002, 109~147쪽이 자세하다.
19) 高瑞新·劉靜山, 「包頭的復字號」, 『內蒙古文史資料』 第1輯, 1979.
20) 馬仁, 「包頭金融志」, 包頭市地方志史·包頭檔案館編, 『包頭資料會要』 第12輯,

대 중기 이후 민국 시기에까지 북방무역에서 금융업자로서 얼마나 확고한 위치를 다지고 있는지를 짐작할 수 있다. 이처럼 錢莊은 앞에서 언급한 것처럼 개항 전후 상해뿐 아니라 이미 멀리 러시아와 무역하는 지역에서까지 활발하게 운영되고 있었다.

실제 錢莊의 기원은 상당히 빠른 시기까지 거슬러 올라간다. 하지만 단순한 동전교환을 해주는 전포와 구별하면서 근대적 기관인 은행이 취급하는 대출, 수표발행을 전제로 하는 錢莊의 등장은 건륭 연간으로 보는 것이 일반적이다.[21] 특히, 上海 전장은 紹興 출신의 石炭業者가 석탄판매업과 대출을 병행하면서 이자를 취한 것에 기원을 둔다고 보고 있다.[22] 이미 18세기 상반기에 이미 전장의 莊票가 시장에서 유통되었고 1776년에 이미 公所조직이 있었다는 지적[23]에서 보면 건륭 연간에 이미 전업이 상당한 규모의 행업이 되었던 것으로 보인다. 따라서 러시아와의 교역이 한창 무르익었을 무렵 시장에는 이미 錢莊에서 대출을 받아 물건을 구입하는 행위는 전혀

1984년, 160~161쪽. 중요한 것으로 復盛公; 山西祁縣喬氏, 復盛全; 山西祁縣喬資, 復盛西; 山西祁縣喬氏, 公和源; 山西祁趙村의 渠通海의 독자자본, 公和泰; 山西祁趙村의 渠通海의 독자자본, 原恒長; 山西祁趙村의 渠通海의 독자자본, 廣順長; 山西祁縣의 德興堂의 독자자본, 廣順恒; 山西祁縣의 右中堂의 독자자본 寶昌玉; 山西祁縣의 許氏의 독자자본 復聚恒; 山西祁縣의 董氏의 독자자본, 興盛號; 山西祁縣의 陳氏의 합자자본, 興隆永; 山西祁縣의 李柱孔과 申宣成의 합자자본, 謙和成; 山西榆次의 王氏의 독자자본, 天興恒; 山西太谷의 楊立宏 등의 합자자본 廣議貞; 包頭의 廣義恒毛店의 투자, 廣恒源; 包頭의 廣恒西毛店이 투자, 宏義和; 包頭 東河村의 張小의 투자, 復興恒; 山西忻陳氏의 독자, 懋和允; 山西忻縣段村의 石氏의 독자, 聚興錢莊; 山西忻州의 劉子西 등의 합자, 廣義和; 山西大同의 高崇禮氏의 독자자본을 들 수 있다.

21) 加藤繁, 「淸代における錢鋪,錢莊の發達に就いて」, 『支那經濟史考證(下)』, 東京, 東洋文庫, 1952, 463~477쪽.

22) 中國人民銀行上海市分行編 『上海錢莊史料』, 上海人民出版社, 1961, 2~3쪽(이하 『上海錢莊史料』로 칭한다).

23) 『上海錢莊史料』, 3쪽.

낯설지 않은 광경이었다. 러시아와의 교역을 독점하는 산서상방의 각 상인은 자신들을 위한 전장을 설치해두고 이를 기초로 지역금융을 독점해가는 면모를 보였다.

그런데 이러한 지역 금융 차원의 전장은 산서상방처럼 원거리 무역, 원거리 결제에 종사하는 상인들의 불편함을 완벽하게 해결하여주지 못하였다. 게다가 19세기 들어 은 유출이 증가하면서 銀貴가 심각해지자 상인들은 별도의 방안을 강구하여야 했다.

산서성 平遙縣 西祐成顔料店[24]의 雷履泰는 매번 重慶에서 안료를 구입하고 漢口를 거쳐 산서 平遙까지 운반하는 일을 반복하였다. 平遙에서 가내수공업으로 발전한 안료업은 본점을 평요에 둔 외에도 北京·漢口·重慶·天津 등에도 지점을 두고 있었다. 西祐成顔料店의 경영자는 顔料業에서의 자본 흐름에 착목하여 전문송금업체로 전환을 선언하였던 것이다.[25]

이른바 표호의 성립으로 일컬어지는 이 시기는 대체로 1820년대 초(도광초년)로 추정된다. 이렇게 성립된 전문송금업체 日昇昌票號는 중국금융사에서 주목을 받을 뿐만 아니라 그들의 본점이 있었던 平遙縣은 '세계유산 평요 고성'과 함께 '중국 청대 금융가'로 평가되고 있다. 이들은 수수료를 받고 중국 각지로의 송금을 대신해주었고, 이후 전문송금업체가 증가하면서 18세기 중엽 청대 사회는 비약적인 신용사회로 성장하였다.

---

24) 平遙의 안료업은 산서상인의 주요 경영품목으로 嘉慶 24년에는 평요의 안료상이 北京에 36개의 점포, 通州에 36개, 保定에 11개, 天津에 4개, 漢口에 2개의 점포가 있었다.

25) 정혜중, 「山西票號의 帳簿에 나타난 지점경영의 특징—1906년 日昇昌山西票號 지점장부의 분석을 중심으로」, 『東洋史學硏究』 77, 2002, 124~129쪽.

예를 들면, 북경에 사는 안료점 상인이 重慶에 안료를 사기 위해 이제는 더는 무거운 은을 휴대할 필요가 없었고, 다만 믿을 만한 표호를 찾아가 돈을 입금하고 '票'를 받아 편안히 중경에 가서 그쪽 표호지점에 표를 내주고 은을 받아 안료를 구입하면 되었다. 이 때문에 銀 휴대의 불편함뿐 아니라 상인 간의 돈 송금이나 가족 간의 송금에서 널리 인용될 수 있었다. 또 태평천국과 같은 국가 안위의 기간에는 국가를 위해 대신 공금을 송금해주는 업무도 대행하였다. 이러한 표호의 영업성장에 매력을 느낀 산서상방들은 앞다퉈 표호업에 뛰어들었고 청 말까지 30여 개의 표호가 전국에 400여 곳에 지점을 설치[26]할 정도도 번영하였다.

3. 寧波商幇과 上海錢莊

전장의 주요한 경영자들인 영파상방 상인들의 전장경영 배경과 특색을 알아보자. 전장은 공통이해관계에서 상호신뢰를 기초로 신용과 무한책임을 내용으로 하는 금융기관으로 앞에서도 언급하였듯이 건륭 말년부터 전장의 영업이 시작되었던 것으로 보고 있다.[27] 대부분의 연구서에서는 이 시기 상품유통이 발달하면서 銅錢, 혹은 銀兩을 대신하는 錢票 사용을 기본으로 하는 전장이 발달하였던 것으로 분석하고 있다. 즉, 전장발전은 상업발전과 밀접한 관계가 있고, 건륭 연간 후반에 상업이 발전하자 전장이 등장한 것을 강조하고 있는

---

26) 東亞同文會, 『支那經濟全書』, 1910, 565～566쪽.

27) 加藤繁, 앞의 논문, 171～177쪽.

것이다. 특히 상해전장의 경우, 沙船, 豆米, 土布 등의 行業 관계에서 볼 때 상인들의 자본을 도와 물자 교류를 촉진하고 국내시장을 확대하는 작용을 하였다고 평가하기도 하는 것이다.[28]

그러나 반드시 상업발달과 상품유통이 신용결제를 증대시키는 충분조건이라고 할 수 없다. 송대 지폐사용, 명 말 이래 풍부한 유동성인 銀貨유통 등은 바로 이러한 신용결제의 발달을 저해하는 하나의 요인이 되었던 것이다. 연구자들이 한결같이 지적하는 '상품경제의 발달'과 더불어 앞 장에서 언급하였던 것처럼 '통화 부족(銀貴)'은 국가 내의 심각한 경제문제를 일으키면서, 각 상인으로 하여금 이러한 국면에 대처하게 하는 방법을 강구하게 만들었다. 가장 선진적으로 이 문제에 대처하였던 것이 寧波, 蘇興의 상인들이었다.

이러한 전장은 寧波商幇 나아가 紹興상인의 활동이 가장 많은 것으로 평가하고 있다. "浙江省은 인구가 조밀하고 錢鋪가 많은데 영파부에 속한 鄞縣은 부근에 해관이 있어 상인이 많고 전포도 자못 크다"고 道光年間(1821∼1850)의 浙江巡撫 烏爾恭額이 지적하고 있는 것으로 보아 개항 전후에 이미 영파 일대에는 상업시장의 활발한 배경으로 상인에게 대출을 하는 전장이 개설[29]되어 있었음을 알 수 있다.

이러한 전장 개설은 앞에서 언급한 것처럼, 1850년 이후에 외국과의 무역이 증가함에 따라 전장사업에 대한 전망이 점차 좋다는 인식이 확산하면서 확대되는 추세로 나갔다. 초기 상해 전장 소유자 혹

---

28) 陳捷, 『近代中國傳統金融機關史』, 東京, 國際書院, 1998. 34∼35쪽.
29) 西里喜行, 「淸末の寧波商人について(上)」, 『東洋史硏究』26, 1977, 13∼14쪽.

은 경영자는 50%가 馬孝廉을 시작으로 하는 영파상인들이라고 하는 것에서 영파상인들의 전장에 대한 영향력이 대단하였음을 알 수 있다.

1850년대의 영파상인들의 전장개설은 바로 도광 연간 중국으로의 아편유입과 이에 따라 부족해지는 은 유통의 산물이기도 하였던 것이다. 寧波 혹은 紹興商人들에 의한 전장개설이 잦았던 것은 "부유한 영파상인들은 전장을 개설하고 각종 行業의 상인들 대상으로 예금, 대부업무를 하는데 이때 현찰을 주고받지 않고 간단히 장부상으로 현금으로 거래를 기재하였기 때문에 가능하였다. 시중교역에서 다른 행업이 모두 은전을 사용하는데 오직 영파상인만이 장부계산을 하여 출입사항을 記載하여 두었다가 영업을 마친 후 서로 대조하는 이른바 過賬制度를 사용하였다"[30]는 지적에서 보이는 것처럼 영파 상방의 전장의 발달은 過賬制度라는 특수 거래에서 기인하고 있음을 알 수 있다.

이러한 특수한 거래방법은 전장과 각 상인 간의 거래에서 현금을 매개로 하지 않고 장부에 대차금액을 기재하여 두는 방식을 취함으로써 현은 거래를 최소화해 주는 방식이다. 마치 산서표호가 각 지점을 통해 각 상인과 거래를 하고 지점 간의 현은 결산을 1년에 한 차례 실시하여 현은 거래를 최소화하는 것과 유사한 방식이었다. 또 청 말 營口의 수출입무역에서 중요한 역할을 한 過爐銀制度[31]와 매우 유사하다. 과로은제도도 은량의 결핍에서 오는 거래의 교환에

---

30) 西里喜行, 같은 논문, 17쪽.
31) 佐々木 正哉, 「営口商人の研究」, 『近代中國研究』 1, 1958, 213~267쪽.

대응하고자 하는 것에서 등장한 것이다.

영파상인을 연구한 西里喜行은 過賬制度의 기원에 대해 "태평천국 시기 雲南으로부터 銅 운송이 중단되자 시장에서 유통되던 동전이 부족하고 민생이 곤란해지자 그 타결책으로 운영되었다"[32)는 지적을 상기해볼 수 있다. 하지만 이미 개항 이전에 영파에 전장이 있었기 때문에 동전부족만으로 과장제도의 기원을 설명하기는 힘들다. 그 때문에 청 말 營口의 過爐銀制度와 마찬가지로 현금부족에서 발생하는 상업 거래의 곤란을 타개하기 위해서는 현금을 수수할 필요가 없는 과장제도와 같은 거래방식을 편리한 수단으로 인식했음을 알 수 있다. 즉, 過賬制度는 過爐銀制度와 마찬가지로 1850년 전후 상해에서 돌연 성행하게 되는 것이 아니고 산서표호처럼 嘉道시기 아편유입으로 말미암은 은 부족, 동전의 부족 등과 맥락을 함께하는 것으로 파악된다. 이러한 過賬制度의 기반 위에서 전장영업이 발전하였다.

전장 영업은 개항 이후 영국과의 무역거래가 증가하면서 폭발적인 수요로 확장되었다. 그 구체적인 영업상황에 대해서는 1849년 駐上海 영국 영사의 상해 무역거래와 내지 시장에 대해 다음과 같이 보고를 통해 알 수 있다.

> "茶商은 차를 상해에 운반해 매각하여 은으로 교환하거나 혹은 현물거래를 통해 상질의 漂白綿布를 손에 넣는다. 이후 면포를 상해에서 蘇州의 중개상인에게 팔거나 혹은 상해의 전장에 위탁판매한다. 전장은 茶商에 면포 판매의 前貸金(80% 정도)을 20일 만기수표로 지급한다.

---

32) 西里喜行, 앞의 논문, 18쪽.

전장에서는 면포를 소주로 옮겨 그곳에서 매각하고 茶商과의 거래를 청산한다. 손익과 관계없이 그것에 드는 모든 비용은 茶商이 전액 부담한다. 전장은 보통 20일 내에 거래를 완성할 수 있다. 전장으로부터 상인이 받은 莊票는 전장의 신용 여하에 따라 손실이 결정되는데 만약 신용이 좋은 전장이라면 茶商人은 장표를 현금화할 때보다 적은 손실에 그치게 된다. 茶商은 종종 구입한 면포를 스스로 소주에 옮기기도 하지만 일반적으로는 상해에서 소주의 중매인에게 팔고 은을 가지고 돌아가는 것이다. 소주의 상인으로부터 약속어음을 받는다. 외국 면포의 중국재지 시장진출은 전장의 중개를 통해 이루어진다. 1850년대에 이르면 상해전장은 무역금융기구를 담당한다."[33]

위의 거래방식을 살펴보면 상인들은 상해에서 무역 거래하고 전장을 통해 구입한 물건을 쉽게 현금화하는 과정을 알 수 있다. 앞에서도 언급한 것처럼 현물거래는 간편한 듯 보이지만 실제 고객을 찾는 것과 매매한 물건은 현금화하는 데서 오는 불편함 때문에 상인들은 전장과의 거래를 선호하게 되는 것이다.

특히 개항 후인 1853~55년 소도회로 상해가 혼란하였던 시기 南市에 대규모의 공황이 발생하고 개항 후 외국과의 무역이 상해를 중심으로 활발해지면서 전장의 역할은 더욱 확대되었다. 당시는 銀兩과 銀元이 병용되었고 각지 은량의 순도는 같지 않았기 때문에 그러한 번거로움에서 전장의 역할은 더욱 커지게 되었다. 특히 1856년부터 상해에서 九八銀元을 본위은으로 삼아 記帳하게 되면서 상해전장의 역할은 더욱 중요해졌다. 또 태평천국 시기 浙江 일대의 관료, 군인, 지주 등이 상해로 이동해왔고 태평천국이 끝나는 1860년대 상해전장은 크게 발전하였다. 더욱이 이 시기 山西票號와 외국은행도

---

33) 濱下武志, 앞의 논문, 118쪽.

가세하면서 이들의 전장의 대출, 장표 발행 업무에서 자금조달이 훨씬 편리해지면서 전장발전에 유리한 조건이 형성되었다.[34)

전장 자본은 5,000냥에서 만 냥 정도였는데 주로 두 업무를 취급하였다. 하나는 외국산 공업제품을 취급하는 상인을 위한 前貸이고, 다른 하나는 중계인을 위한 전대였다. 이처럼 신용이 있는 상인들에게 대출하는 것이 주요 업무인 전장은 제품을 구입할 때도 10~20일 후에 지불하는 장표를 사용한다. 외국상인은 전장에서 받는 장표가 전장이 스스로 지불 능력이 있다고 믿고 판매 대금으로 정표를 건네받는다. 이처럼 전장 영업이 확대되면서 외국상인들의 내지무역의 범위는 확산될 수 있었던 것이다.[35)

山西商幇 중 平遙縣·祁縣·太谷顯 3幇이 山西票號로 전국 각지에서 지점을 설치해두고 금융업 중에서 송금의 업무에 포진해 있었다면, 각각의 城, 鎭에는 송금기관의 표호의 분점 이외에도 典當와 錢莊이 복잡한 청대 금융체계를 지탱하여 갔다. 典當이 주로 의류 등을 맡기고 낮은 이자로 돈을 빌려 쓸 수 있는 서민 금융기관으로 역사가 오래되었다고 한다면, 전장은 18세기 말에 은량과 동전의 전문 교환소로 생기게 되어, 근대 이후 각 도시에 빠르게 설치되었다는 점에서 종종 표호와의 차이점, 공통점 등이 거론되기도 한다. 무엇보다 큰 차이는 송금기관인 표호가 전국적인 "지점 네트워크"를 전제로 한다면, 전장은 위에서 지적한 것처럼 많은 지점이 필요하지 않고 지역 상인을 위한 대출이 주목적이라는 점이다.

---

34) 『上海錢莊史料』, 4~5쪽.
35) 濱下武志, 위의 논문, 119쪽.

산서성 본점 이외에 각지에 지점을 두었던 표호가 거대 자본이 필요하였고, 따라서 자본가들이 거액의 자본을 모아 전문경영인을 두고 영업하는 체제와는 달리, 전장은 많은 지점이 필요하지 않았기 때문에 단독경영도 가능하였다. 전장 중에는 지연, 혈연의 동업조직을 이용하여 원거리 거래를 성사시키는 때도 있었지만 두세 곳 정도로 연결되는 연결망 정도였다. 이러한 차이 때문에 표호는 무역로의 축소와 더불어 군벌통치에 의해 전국적인 경제구도가 붕괴하는 1920년대에 쇠퇴하는 것에 반해 전장은 1945년 이후까지 활동을 지속할 수 있었다.

영파상인들이 주축이 된 상해전장은 1850년대에 비약적으로 발달한다. 1840년 아편전쟁부터 1949년 중화인민공화국 성립까지 상당히 오랜 시간 동안 유지해온 상해전장의 지속 이유는 무엇일까? 그러한 지속 이유를 발전단계를 구분해보고 그 속에서의 역할을 규명하는 과정을 통해 살펴보자.

가장 주목되는 시기는 아편전쟁 전후로 1911년 신해혁명 시기까지이다. 이 단계는 두 시기로 구분된다. 1840～1895년과 1895～1911년의 구분이 그것이다. 앞 단계는 중국이 자본주의에 편입되면서 외국은행 麗如銀行, 麥加里銀行, 滙豊銀行 등이 상해에 성립되면서 전장의 성질이 크게 변화하는 것이 특징이다. 앞에서 지적한 것처럼 외국기업과 중국상인들은 물건을 팔고 원료를 구입하는 데 금융기구의 자금조달이 필요하였다. 이때 전장이 가장 먼저 이용되었다. 상해에는 조계지역에 약 120개의 전장이 있었는데 그중 비교적 큰 전장들은 10일 내지 20일간의 期票로 면제품 등의 주문과 阿

片 매매 중개자 자금 조달에 대한 편리를 제공하기도 하였다. 태평천국 때에는 各 省의 지주와 관료들이 자금을 가지고 상해조계지로 들어왔기 때문에 이때 상해조계지는 상해 전장의 발전에 유리한 조건을 만들어주었다. 이 때문에 전장 중심지가 南市에서 조계지 안의 北市로 점차 이동하였다. 청일전쟁 이후의 단계인 1895년에서 1911년까지는 외국자본의 중국유입이 더욱 가중되었다. 이에 풍부한 자본의 은행도 증설되는데 특히 민족자본도 발전하면서 1897년 중국통상은행이 세워지고 상해에도 중국은행이 10여 개가 증설되었다. 전장은 외국은행과 협조하면서 만기수표의 발행 일자는 조절해가면서 신용을 확대해가면서 자금조달의 주요기관으로 성장하였다.[36]

다른 금융기관에 비해 전장은 상당히 좋은 위치였다. 특히 중국에서 은행발달이 아직 미흡한 상황에서 금융기관으로 중요역할을 하였다. 예컨대 1897년 중국통상은행이 설립된 직후 전장에 대한 대출이 많이 증가하여 200여만 냥에 달하게 되었다. 이처럼 전장은 외국자본뿐 아니라 국내 은행과 관계를 맺으면서 그 활동을 확대해갔다. 그러한 활동이 극단적인 형태로 되어 종종 빈번한 전장을 가져오기도 하였다. 예컨대 1874년 시장불황과 1884년 청불전쟁으로 야기된 공황, 1910년 고무주식공황, 1911년 신해혁명으로 인한 청조의 멸망의 영향으로 전장을 매번 100여 개에서 50~60여 개로 감소하는 등 도산하는 전장이 50%에 이르렀는데 이를 통해 보면 전장의 기초가 얼마나 약했는지 짐작할 수 있다.

신해혁명부터 1927년까지의 전장영업도 주목된다. 신해혁명 후 곧

---

36) 『上海錢莊史料』, 5쪽.

전장이 회복하여 새로 영업을 시작한 전장 수도 증가하였다. 자본도 점차 누적되어 1912년에 106만 냥에 지나지 않았던 것이 1926년에는 1,341만 냥, 각 전장의 자본금도 평균 3.8만에서 15.4만 냥으로 성장하였다. 이러한 증가에 힘입어 1913~1923년에는 외부의 영향으로 도산한 전장도 없게 되니 이 시기는 전장의 황금 시기였다. 그렇다고 해서 이 시기의 전장의 발전이 기초가 아주 탄탄하고 공고하였던 것은 아니다. 전장은 여전히 외국자본의 통제를 받고 있었다. 또 중국 측 국내은행이 성장하면서 전장의 외국은행의 대리역할과 금융업의 중심적인 지위는 은행에 의해 대체되어 갔다.[37]

이렇게 발달해가는 상해전장은 앞에서 언급한 것처럼 영파상인이 주도하면서 발전하여 갔다. 상해에 전장이 처음 생긴 것은 소흥 출신 石炭店 상인이 자신의 석탄업 경영에 예금과 대출업무를 함께 시작하면서 수익률이 높다고 생각되자, 금융업무를 전담하면서 급증하였다.[38] 상해의 전장은 몇 개의 지연, 혈연집단과 관련이 있는 집단들이었다. 鎭海方家, 鎭海李家, 鎭海葉家, 慈溪董家, 寧波秦家, 蘇州程家, 洞庭山嚴家, 洞庭山萬家의 9개 집단이 그들이다.[39] 이

---

37) 『上海錢莊史料』, 6쪽~7쪽: 西村閑也, 「在上海外國銀行と現地銀行(錢莊), 1890~1913 ─チョップ ローンのメカニズム」, 『法政經營』 34-2, 1998. 이후의 중일전쟁 시기가 되면 상해가 고립되면서 일본에 함락된 지역과 환송금의 방식을 통해 경제관계에 연결되었다. 1941년 일본군이 조계를 점령한 후에는 상해전장은 점령지구의 경제통제에 직간접으로 이용당하였다. 새로운 전장도 대거 생기게 되어 총 229개에 이르렀다. 새로 생긴 전장은 투기 상인들의 모집과 활동장소로 투기활동을 진행하였으니 점령지구 금융기구의 면모를 보여주었다. 이후 국민당은 미등기의 181개의 전장 영업을 정지시키는 한편 많은 전장특수세력과 각종 관계를 통해 전쟁기간에 영업이 정지된 전장에 영업을 회복시켰다. 1948년에 48개였던 전장은 80개로 늘었고 1948년 국민당은 金圓券을 발행하여 금은외폐를 퇴환하도록 압박하여 인민과 錢業에 대해 광범위한 약탈을 자행. 전업에 대해 각 가가 대량으로 황금을 태환하게 하였다. 국민당의 악성통화팽창의 결과 전장과 중소은행의 정상영업이 위축되었고 사회주의 국가성립 이후 개조되었다.

38) 『上海錢莊史料』, 3쪽: 秦潤卿講 韓祖憲記「上海之錢業事業」, 『錢業月報』 6, 1926, 22~23쪽

들 중 전자 5개는 영파상방이고 후자는 江蘇省 출신자들이다. 이 중 특히 진해방가는 상해 영파방의 원조인 方介堂의 전장에서 시작되어, 민국시대 錢業界를 이끌어간 秦潤卿의 활동에 이르기까지 영파상방 상인의 많은 활동이 있었다. 상해에서 영파상방의 활약상은 1940년대까지 지속된다. 이들의 활동을 보기 위해, 상해전장의 경영활동의 책임자인 경리의 출신지를 확인해보면 다음의 표와 같다.

〈표 1〉 1932년 상해전장 經理 출신 현과 현별 평균 전장 직원 수

지역		전장 수	평균직원 수
浙江省 紹興府	紹縣	1	26
	上虞縣	18	29.1
	余姚縣	17	27.3
浙江省 寧波府	鄞縣	7	30.4
	慈溪縣	8	26.9
	鎭海縣	2	35
浙江省 湖州府	吳興縣	1	24
江蘇省 蘇州府	吳縣	10	26.2
江蘇省 松江府	上海	2	26.5
江蘇省 太倉府	太倉	1	25
	寶山縣	2	22.5
江蘇省 鎭江府	丹徒縣	2	33
江蘇省 常州府	無錫	1	30
江蘇省 揚州府	江都縣	1	40
江蘇省 通州府	南通	1	36

당시 상해 전장계의 리더였던 秦潤卿의 「五十年來之回顧」에 실린 상해전장 경리들의 출신을 살피면, 1932년 72개 중에서 소흥 출

---

39) 『上海錢莊史料』, 730～751쪽.

신이 35개(48.6%), 영파 출신이 17(23.6%)개나 되고 전장의 인적 구성에서도 영파상방 출신이 상당수 차지하고 있음을 알 수 있다.[40] 상해전장에서 영파상방의 자본구성 비율도 1933년 25.6%에서 1935년에는 34%로 많이 증가하고 있음도 확인된다.[41] 표에 기록된 72개의 전장 중 청대 소흥부에 속하였던 상우현과 여요현 출신이 35개, 영파부의 자계, 진해, 은현 출신의 경리가 17개로 이 양 지역을 합쳐 70% 이상을 차지하고 있다. 즉, 상해에서 가장 많은 자본가는 소흥 및 영파 출신이었고 이들은 상해에서 寧蘇幇으로 불릴 정도로 대자본가로서 자리를 잡아갔다.[42]

근대 중국의 통화는 은본위제가 아니고 동전도 기준화폐로 사용되고 있었으며, 은도 秤量화폐인 銀兩과 동전형태인 銀元이 함께 사용되고 있는 등 매우 복잡한 상황이었다. 상해와 거래하는 금융기관, 외국은행, 중국은행 등은 이러한 복잡한 상황에 적응하여야 하였다. 현대시이 은행이 존재함에도 전통식 금융업 형태인 전장이 여전히 활동할 수 있는 하나의 요인도 바로 이러한 복잡한 금융상황 때문에 가능하였다.

그러나 상해에서 전장도 상해의 시장에 잘 적응하였던 것은 아니다. 그 때문에 한 전장이 오래 버티지 못하고 도산하는 경우가 빈번하였다. 사실상 상해 전장은 중국 경제 및 상해의 경제상황에 따라

---

40) 『上海錢業同業公會議案錄』, 1931. 5-1933. 10 「上海市錢業同業公會會員名冊」.

41) 김승욱, 「20세기 초 상해에서 절강, 강소계 금융집단의 형성」, 『중국근현대사연구』 21, 2004, 5쪽.

42) 진윤경에 대한 연구는 孫善根, 周曉昇編, 『秦潤卿史料集』, 天津: 天津古籍出版社, 2009; 孫善根, 『錢業 巨子資- 秦潤傾傳』, 北京; 中國社會科學出版社, 2007이 있다.

변화가 극심하였다. 1880년대의 계속되는 금융공황으로 말미암은 연쇄도산 등 창업과 폐업이 반복되면서 전장은 도산과 창업을 반복하게 되는데[43] 1876～1883년 상해 전장 수의 추이를 살피면 1876년 105개였던 전장은 1883년에서 1888년까지 58～62개 정도에 불과하여 1876년부터 88년까지 약 40% 정도가 감소하고 있는 경향을 알 수 있다.[44]

전장이 도산을 반복하는 상황에서 새로운 전장은 계속 생겼다. 약간의 여유자금이 있고 시장에 정통한 상인들이 전장을 개설하여 쉽게 영업할 수 있는 구조였다. 전근대 시장거래와 근대 상해의 금융제도에 익숙하였던 寧波商幫이 錢莊業에 진출하였던 것도 이러한 경제적 배경이 있었기에 가능하였다.

4. 信用의 山西商幫과 情報의 寧波商幫

十大商幫의 하나인 龍遊商幫은 절강성 衢州府의 용유현을 중심으로 활동하던 懼商집단을 말한다. 이들은 보석, 서적 및 종이 판매

---

43) 청 말에 전장 수는 100여 개에 달하는데 북시 전장이 약 70% 정도를 차지하게 되었다. 계속되는 공황과 신해혁명의 타격으로 전장 수가 급감하고 있지만 민국 시기에 들어오면 다시 회복된다. 1912년 28개에서 31개, 40개로 매년 증가추세를 보이고 중국 자본주의의 황금 시기로 일컬어지는 1915년에서 1919년까지도 42개, 49, 49, 62, 67로 매년 증가하게 된다. 1920년대 이후도 꾸준히 증가 일로를 걸어 남경국민정부 성립 이전까지 각각 71개(1920년), 69개(1921년), 74개(1922년), 84개(1923년), 89개(1924년), 83개(1925년), 87개(1926년)로 나타난다. 이 시기가 되면 남북합동의 사무도 북시에 錢業會商處를 두어 처리하게 되고 1917년에 北市錢業會館이 南市를 흡수하는 형태로 錢業同業公會가 설립되었다.

44) 『上海錢莊史料』, 31～34쪽.

등을 통해 전국 각지와 해외 활동을 전개하였고, 특히 명대 만력 연간(1573~1620)에는 휘주상방, 산서상인과 더불어 전국에서 각축할 정도로 세력이 대단하였다. 하지만 청대 중기 이후는 활동이 쇠퇴하여 영파나 소흥 상인들에게 밀리게 되었다. 결국, 영파상인들은 용유상인에 이어 절강지방의 상방으로 근대 이후 큰 세력을 떨치게 되었다. 이들은 영파부에 속하였던 鄞縣, 奉花縣, 鎭海縣, 慈溪縣, 定海縣, 象山縣 출신의 상인집단으로 아편전쟁으로 개항하면서 발전을 거듭하여 민국 시기 해외에도 크게 영향을 떨치게 되었다.[45]

결국, 십대상방 중 명·청시대부터 근대까지 명맥을 이으며 활동을 계속하는 상방은 산서상방, 복건광동상방, 그리고 용유상인과 그들의 맥을 잇는 영파상인이 근대 중국상인 핵심집단이라고 할 수 있다. 특히 명대부터 활동하는 전통상인 중에는 산서상인과 절강성의 영파상인이 근대에 들어와서 금융업으로 중국 각지에서 화폐구조의 불편함을 해소해주며 중국사회 내지는 지역사회의 변화에 적극 적응하려고 하는 모습은 높이 평가될 수 있을 것이다.

산서상방의 표호가 짧은 기간에 비약적으로 발전하게 되는 원인으로 가장 먼저 꼽을 수 있는 것은 산서상인들의 상업 무역망이 명·청시기부터 완비되어 있었다는 점과 이를 기반으로 한 신용이 무엇보다 사람들로 하여금 믿을 수 있는 금융기관이라고 인식되었던 점을 들 수 있다. 산서상방의 표호가 형성되어 발전기를 거치는 道光咸豊年間의 산서상방의 표호네트워크는 이들 산서상방과 긴밀한 협조관

---

45) 張海瀛 等編(1995), 『中國十代商帮』, 香港, 中華書局. 1912년 민국시대에 들어서는 상업자본가 집단으로 성장하였고, 북경과 천진 및 양자강 중하류에서 활동하면서 외국에 크게 관심을 가지고 금융업, 약재, 의류 등에서 시작하여 근대 해운업, 부동산, 보험, 증권 등을 바탕으로 하여 1940년대 무렵까지 활동을 계속하였다.

계를 맺게 되었음은 두말할 필요가 없다. 산서상방 중 平遙縣의 毛氏, 介休縣의 侯氏, 冀氏 및 祁縣의 喬氏와 孫氏, 太谷縣의 曹氏, 楡次의 王氏, 常氏 등의 몽고 등지를 대상으로 하는 장거리 무역에서 표호는 빠르게 성장하면서 각지의 상품유통을 빠른 속도로 발전시켜 갈 수 있었다. 결국 산서상인의 영업망이 평, 기, 태 표호 네트워크를 전국적인 송금망으로 형성하는 것을 가능하게 해주었다.[46]

산서상방의 업무에 대해서는 東亞同文會에서 간행된 『支那經濟全書』에 "표호의 업무는 정부와 상인들의 환송금, 관리의 예금과 대출뿐이었는데, 관리·정부와 결탁하면서 더욱더 많은 이익이 확보되고 정부의 자금을 보관하는 특권을 얻게 되고 더 나아가 환송금 업무를 확장하게 되다"[47]라고 하면서 청조 정부와 상인들의 송금에서 시작하여 무엇보다 정부의 자금운용으로 그 이익을 확보해간다는 점을 강조한 바 있다. 그러나 비슷한 무렵 日昇昌 山西票號의 영업상황을 조사해보면 수입수출의 양쪽에서 모두 송금을 위한 수수료가 북경을 제외하고는 각 지점에서 절대적인 액수를 차지하고 있었고, 일승창 표호의 대부분 고객이 일반 상점이 많았다는 점도 주목할 필요가 있다.

---

46) 中國人民銀行分ㅓ行, 山西財經學院山西票號史料編寫組編, 『山西票號史料』, 太原, 山西經濟出版社, 1995, 272쪽.
47) 東亜同文會, 『支那經濟全書』, 1910, 556쪽.

〈표 2〉 일승창 표호 1906년 지점영업상황(단위 은량)

	총수입	수수료	대부이자	기타
北京	24,257	6,189	16,628	1,840
天津	30,270	9,574	19,357	1,339
開封	11,546	10,020	1,526	
道口	5,242	5,242		
西安	8,201	8,201		
上海	28,942	6,342	22,600	
揚州	16,031	4,649	11,382	
杭州	22,891	7,278	15,214	399
漢口	29,048	17,406	11,519	103
沙市	17,129	10,227	6,902	
長沙	19,189	3,943	15,176	
桂林	170,905	155,103	25,902	
梧州	174,808	168,612	6,193	
周家口	54,300	46,766	3,276	4,258
重慶	40,710	40,022	687	
廣州	204,093	184,693	10,796	8,658

	총지출	수수료	이자	기타
北京	52,558	1,233	46,453	4,872
天津	9,210	528	4,530	4,152
開封	19,094	148	11,646	7,300
道口	2,419	2,307		112
西安	16,141	10,445		5,696
上海	68,656	16,580	47,111	5,991
揚州	12,837	873	6,416	5,549
杭州	16,643	367	13,114	3,163
漢口	48,000	4,997	35,784	7,219
沙市	4,412	866	1,304	2,242
長沙	16,956	6,334	10,622	
桂林	132,815	100,954	9,383	22,478
梧州	175,604	143,601	7,465	24,538

周家口	24,157	20,495	630	3,068
重慶	7,124	999	2,139	3,985
廣州	217,532	201,798	10,216	5,517

일승창 표호는 본점의 平遙, 北京과 上海, 양자강 중하류 등지의 지점이 중심적인 활동을 하면서 평요현의 다른 표호와도 긴밀한 연락을 취하며 고객을 위한 송금서비스를 수행해갔다.[48] 각 지점에서는 산서성 평요 본점 및 북경, 상해와 상호관계를 유지하며 전국적인 송금 네트워크에 참가하면서도 지점이 속한 각 지역에서 거래를 기본적인 관계로 하여, 위의 표에서 볼 수 있는 것처럼 대부의 이자나 수수료의 수입으로 비교적 안정적으로 영업을 유지해갈 수 있었다. 지역 간의 차이가 있기는 하지만 북경과 같은 대도시는 이자수입이 많았고, 그 외 광동 쪽은 수수료의 수입이 상당히 많은 부분을 차지하는 것에서, 당시 사람들의 송금업자 표호에 대한 신용, 신뢰의 정도를 읽을 수 있을 것이다.

그러나 신해혁명 이후의 경제적 여파로 1914년 일승창 표호도 자금회수가 여의롭지 못한 상황에서 북경경리가 자취를 감추자 본점에서는 "영업 중지"를 각 지점에 알리게 되고,[49] 杭州와 상해 등의 지점에서는 "본점 결정에 의한 영업중단이 어쩔 수 없는 형편"임을 강조하면서 파산으로 이어지게 되었다. 전장이 상해와 천진 등 대도시를 중심으로 한창 활동하였던 1920년대 "남아 있던 표호는 大德

---

48) 정혜중, 「山西票號의 帳簿에 나타난 지점경영의 특징–1906년 日昇昌山西票號 지점 장부의 분석을 중심으로」, 132쪽.

49) 天津市檔案館編, 『天津商會檔案匯編』(1903~1911), 天津人民出版社, 1987년 및 『山西票號史料』, 522~537쪽.

通・大德恒・三晋源・錦生潤 등 3~4개에 불과하였는데, 이들 표호는 자본가(財東)가 거부였기 때문에 도산을 면할 수 있었다. 이들은 영업방식을 개선하고 신식은행의 방법을 채용하는 등 새로운 예금과 대출의 방법을 만들어 사용하고 송금도 보통 송금 이외에 전신송금을 통해 고객에게 편리를 꾀하였으나 그 명목을 유지하는 데 지나지 않았다[50]"라고 분석하고 있다.

결국, 송금서비스업으로 전국적인 신용네트워크를 자랑하던 표호는 1920년대에는 4개의 표호가 영업의 방식을 개선하는 등의 노력을 통해 표호의 명맥을 유지할 뿐이어서 결국 1930년대에 들어서면 이들조차 전장으로 업무를 바꾸어 운영하며 실질적인 표호 시대가 막을 내리게 되었다. 일승창 표호의 경우 도산과 함께 소송에 휘말리게 되는데, 그 처리 과정에서 자본가 李氏는 전 재산을 정리하여 이들의 예금을 돌려주는 성의를 보였다. 당시 중국기업에 적용되던 무한책임제에 근거한 채권자에 대한 배상의 도리였지만, 당시 일반적으로 금융업에서 고객에 대한 신용을 표호업에서 강조되고 있었는지 알 수 있다. 표호의 가장 큰 특징은 대출 시에도 담보를 받지 않고 신용에 근거하여 대출을 해주는 점이었다. 중국 전통의 신용이 강조된 금융기구였다. 따라서 도산 시에는 막대한 손실을 입을 수밖에 없는 구도였다.

이러한 신용을 중시하는 전통 영업방식은 전장에도 도입되었다. 위에서 살펴본 것처럼 전장의 영업기간이 짧았던 것도 상해의 경제 불안이라는 외부적 요인도 있었지만, 이러한 외부변화가 발생하였을

---

50) 西山榮久,「山西の爲替業者たる票號の起源と其變遷」,『東亞經濟研究』11-1 및「山西票號の今昔」,『支那』18-1:「山西商人の起源と沿革」,『東方學』58, 1979.

때 내부적으로 뒷받침해 주는 기능이 미약했던 것에도 한 요인이 있음을 간과해서는 안 된다. 이러한 문제점을 인식한 영파상인 秦潤卿은 1920년대에 자신이 운영하는 福源錢莊에서 담보대출을 확대하고 신용대출을 축소해나가는 방법을 강구한다. 복원전장의 1925년 융자총액은 275만 냥이었는데 그중 신용대출은 80만 냥, 담보대출은 195만 냥으로 양자 간의 비율은 3:7 정도였다. 3년 후인 1928년 융자총액은 335만 냥, 신용대출은 68만 냥으로 줄어 양자 간의 비율도 2:8로 신용대출이 현격히 줄어들었다. 이렇게 전장에서 신용대출을 줄여가는 것은 표호와의 영업방식을 달리하는 가장 중요한 차이점이었다. 그런데 전장에서는 표호와는 달리 정보이용 능력도 탁월하였다.[51]

상인이 정보를 얻거나 내보내는 유형으로 가장 일반적인 것은 혈연, 지연 네트워크 외에도 仲介라는 형태를 들고 있다. 혈연·지연 네트워크는 경제 행위 시에 정보가 흐르는 범위가 특정의 집단에 한정되는 경향이 강해져 생산효율이 떨어지거나 또 새로운 거래기회에서 얻어질지도 모르는 잠재적 이익을 상실할 수 있는 문제점도 있다. 그러나 상인들이 가지고 있는 정보라는 관점에서 중개는 거래의 주체인 양자 간에 한정된 직접적인 지식을 제3자가 간접적인 지식으로 넓혀가는 제도라고 할 수 있다.

거래 주체 간의 구체적인 상품거래에 중개를 개입시키는 것은 이에 따라 상품의 질에 관한 정보의 비대칭성을 어느 정도 감소시키는 것이기도 하고 또 사람의 고용에 중개를 개입시키는 것은 고용자와 피고용자 간의 고용 후의 노동의 질에 관한 정보의 비대칭성을 감소

---

51) 『上海錢莊史料』, 322쪽.

시키기 위한 것이기도 하다.[52] 따라서 중개는 국가와 국가 간의 물건과 물건의 일반적인 거래관계에서 토지의 매매와 용익에 관한 계약, 사람의 소개, 고용, 보증 등에 이르기까지 2자 간에 묶이는 여러 사회경제관계에 개입하는 존재라는 점에서도 중요하다. 금융계약에 있어서 대출자인 개인과 상점 등도 질의 차이가 있지만 그 차이는 얼른 보아서는 쉽게 알기 어렵다.

상해의 전통적인 금융업인 전장은 예금과 대출을 할 때 전장과 고객의 중간에 서서 이를 업무로 하는 跑街가 신용조사를 겸하는 곳도 있었다.[53] 이 경우 跑街는 상당한 숙련을 요하는 직종이라고 할 수 있다. 외면상으로 보면 이들은 오직 영업을 확대하기 위한 예금, 대부에서 전장과 고객의 중간에 서는 사람들로 고객의 신원, 영업상태, 자산상황을 조사는 등 신용조사 업무를 담당하였던 것이다.[54]

전장은 이들 조사원의 거래자 영업상황과 더불어 품행, 가정사 등에 이르기까지 상당히 구체적으로 분석을 진행한다. 거래자는 전장 정보원에 좋은 점만을 보이고자 하지만 이들은 찻집 등 사람이 많이 모이는 곳에서 세밀한 정보를 수집하여 전장에 제공하였다. 따라서 전장은 지역 내에서 비교적 안정된 중개자를 통해 영업 유지를 담보해갈 수 있었다. 시장 전체가 흔들리는 공황, 국가 존폐의 위기가 지나면 적은 자본으로도 쉽게 재기할 수 있는 말단 금융기관이었다. 하지만 표호의 경우 위에서 보는 다양한 지연 관계의 네트워크에 의

---

52) 古田和子, 「經濟史における情報と制度—中国商人と情報」(第71回 社會經濟史學會 全国大會共通論題), 『社會經濟史學』 69(4), 2003.

53) 『上海錢莊史料』, 480쪽.

54) 『上海錢莊史料』, 481쪽. 따라서 사교성이 좋고 접대성 멘트를 잘하는 자만이 할 수 있는 그러한 중개직의 일종이다.

존하는 거대한 금융집단이었다. 상업적 유동성에 바탕을 두면서도 이 유동성에 기생하는 왕조 말기 국가와의 관계 및 고객을 우선시하는 신용관념은 국가붕괴에 따라 정치적 신용이 보장되지 않는 사회에서 손실은 회생 불가능할 정도로 막대한 것이었다.

5. 결론

중국인들은 신용을 무엇보다 중요시한다. "十大商幇"의 특징을 보면 대부분의 상방은 신용이 철저하다는 것을 들고 있다. 그러나 이 상방 중에서 표호가 전국적 송금 네트워크를 단시기에 구축해낼 수 있었던 것은 산서상인의 무역망과 이를 기반으로 한 고객(정부, 일반인)의 표호에 대한 신용에 기인한다고 할 수 있다. 이들은 이러한 신용을 바탕으로 전국 각지를 주류하며 영업하였는데 이때는 동향인들 간의 결속이 철저하였다. 지점에 나가 있는 동향 영업직원은 언제나 단신으로 근무하였는데, 이렇게 가족을 평요현에서 생활을 하게 함으로써 고용주에게 신용위탁의 증거로 삼았다. 신용을 바탕으로 한 이러한 산서상방의 삶은 전근대적이었기 때문에 결국 표호 파산으로 귀착되었지만, 현재 중국인들은 이러한 산서상방의 정신을 재평가하고 있다.

산서상방은 그들이 속한 산서라는 지역 자체의 부보다는 무역을 외부와의 연결에서 경제적 가치를 창출하면서 근대 시기에 금융업이라는 새로운 영역을 개척하여 청대 상인의 새로운 면모를 과시하기도 하였다. 하지만 영업의 흐름은 변화가 빠른 연해안 쪽보다 다소 더디게 진행된 러시아와 몽고 쪽의 무역에 관계하면서 보다 근대적 전환에 성공하지는 못하였다. 영파상방의 경우 근대 개항장에서의 변화라는 주변의 흐름에 민감하게 적응하여 진윤경의 예에서 보이는 것처럼 전통보다는 근대적 변화를 추구한 상방이었다고 평가할 수 있다. 이러한 변화의 흐름에 적응함으로써 근대 유동성의 주체로 성장할 수 있는 기반도 마련되었다고 생각된다.

제**2**부

동아시아 속에서의
중국 상업관행

제5장

조선시대 역학서를 통해 본 중국어
분류어휘 교육의 의의
-『老乞大』와 유해류 역학서의 상업어휘를 중심으로-

강용중

1. 시작하면서

현대 중국어의 교수분야는 크게 듣기, 읽기, 쓰기, 말하기 등으로 대별된다. 그리고 구체적 교수법과 관련해서는 일반적으로 의사소통 중심의 종합적 교수방법이 운용되고 있다. 언어요소별로는 또다시 어법, 어휘, 음운 및 한자 교학[1] 등으로 나눌 수 있다.

본고에서 다루려는 내용은 언어요소 교수 중 어휘 교수이다. 어법이나 음운에 비해 어휘는 계통화가 어려워 체계를 갖춘 교수방법은 많지 않다. 반면 어법이나 음운의 경우 상당한 개념화를 이루었고 또 자기 계통성을 갖추고 있어 이론화 및 교수법에서 많은 진전이 이루어졌다고 볼 수 있다. 일례로 어법의 '보어(補語)'는 정도, 가능, 결과라는 어법 범주 아래의 여러 가지 구체적인 형식들을 묘사하고

---

1) 다른 언어의 교수와 달리 중국어의 경우 문자 그 자체가 漢字라는 특화된 체재를 가지고 있으므로 독립시켜 다루고 있다.

설명한다. 초급이나 중급에서 다루어야 할 내용도 '어법항목 등급표'에 따라 구분할 수 있다. 음운은 성모와 운모, 연독(連讀)변조 등의 구체적인 부분에서도 실험음성학, 조음(造音)음성학 등의 이론적 기초 위에 충분히 묘사되고 설명된다. 반면 어휘는 '쟁반 위의 흩어진 모래'(一盤散沙)라든가 혹은 '건축재료'에 불과하다는 선입견이 팽배해져 있고, 교수방법에서도 교재 내 매 과별로 10~20개 정도에 국한하여 관련성이 없는 단어들을 나열시켜놓고 있다.[2]

그렇다면 효과적인 어휘 교수를 학과수업과 연관을 지어 수행하는 적절한 방법은 무엇인가? 그런 방법이 있다면 지금 우리 학생들의 감성이나 호기심을 충족시키며 어휘 교수의 질을 제고할 수 있는가? 즉, 형식과 내용적인 측면에서 어휘 교수의 효과적 모델을 개발할 수 있느냐는 문제로 집약시켜 이 문제들을 직시할 필요가 있다. 만약 어휘 자체의 특성을 제대로 이해하고 분석한 기초 위에 이 결과물을 교재개발에 연결해 학생들의 감성적 요소와 학습적 요소를 충족시킬 수 있다면, 비록 늦은 감이 없지 않지만 어법이나 음운 교수에 상응하는 체계적인 어휘 교수의 견실한 기초를 마련할 수 있을 것이다.

이에 본고는 조선시대 역학서(譯學書)[3]의 구성과 역학서에 반영된 분류어휘 교수의 실체적 자료를 제시하고 이러한 방법이 현대의 중국어 교수에도 적용할 수 있다는 점을 밝히고자 한다.

---

2) 물론 중급 이상의 학습자는 학교수업과는 별개로 유의어나 동의어를 학습하거나 HSK 등급 어휘를 체계 없이 개별적으로 익히고 있다.

3) 역학서(譯學書)란 조선시대 司譯院에서 간행한 중국어(漢語), 만주어(淸語), 몽고어(蒙語), 일본어(倭語) 학습교재를 총칭하는 말이나 본고에서 다루는 것은 중국어 학습서에 국한한다.

2장에서는 연구범위와 방법을 소개하고, 3장에서는 우리 선조들이 분류어휘를 회화교재나 유해류(類解類)[4] 사전을 통해 어떻게 활용하였는지를 소개할 것이다. 4장에서는 현대 중국어 어휘연구에서 우선 중국의 분류사전 2종을 소개하고, 국내에 간행된 분류어휘 참고서적과 회화교재에 분류어휘를 잘 활용한 사례를 통해 분류어휘를 활용한 어휘 교수의 가능성과 그 방법에 대해 제안하고자 한다.

2. 연구범위와 방법

본 연구는 조선시대 역학서의 두 계열인 회화서(會話書)와 분류어휘 사전에서 활용하고 있는 어휘 교수의 방법을 탐색하고 그 방법적 효율성에 근거해 현재 우리의 중국어 어휘 교수에서의 적용 가능성을 살피고자 한다.

그러므로 연구의 범위는 조선시대 역학서의 대표작인 『老乞大』와 분류어휘집에 속하는 9종의 유해류 사전을 한 축으로 하고, 현대의 중국 학계에서 출판한 두 권의 분류사전을 다른 한 축으로 하며, 마지막으로 국내에 간행된 중국어 분류사전과 회화교재 1종을 다룰 것이다.

우선 『老乞大』는 여러 판종이 있지만, 이태수(『老乞大四種版本 語言 연구』, 語文出版社, 2003)에 정리된 원(元)간본과 그 이후의 3

---

4) 유해류(類解類) 역학서란 회화류 역학서와는 다른 분류(類)하여 풀이(解)한 유형의 사전 즉 분류사전을 말한다. 姜勇仲, 「朝鮮時代 類解類 譯學書 商業語彙 收錄 樣相과 對比」, 『중국언어연구』, 30집, 2009 참조.

종 판본을 대상으로 하고, 유해류 분류사전은 『譯語類解』와 그 이후에 간행된 8종을 대상으로 한다. 다만 『老乞大』와 유해류 분류사전의 양이 많으므로 편의상 상업과 관련한 자료에 국한하여 살펴볼 것이다.

중국 학계의 분류사전은 다음의 2종을 중심으로 소개한다.

梅家駒 等編(1983), 『同義詞詞林』, 上海辭書出版社
董大年 等編(1999), 『現代漢語分類詞典』, 漢語大詞典出版社

국내에 간행된 분류사전은 상업적 출판물을 이용하였다. 비록 『중한어휘의미망』(KAIST PRESS, 2005) 등과 같은 전문서적도 있지만 대부분 분류체계에 따라 배열하지 않았으므로 이용에 많은 불편함이 있다. 그래서 시중에서 쉽게 구할 수 있는 상업출판물을 사용한다. 그 목록은 다음과 같다.

중국어문연구소(1996), 『중국어분류어휘 6000』, 인터북스
신현숙·임동석(2000), 『의미로 분류한 한국어, 중국어 학습사전』, 한국문화사
김현정(2010), 『테마별 중단어 2300』, 비타민북
이에스더 지음, 북경 하오넷언어연구소 감수(2010), 『테마별 중국어 그림사전』, 상상의날개

마지막으로 기초 및 초급 회화교재에서 분류어휘를 적절히 활용한 사례로는 한용수 외(2008) 『신전략 중국어 입문 초급』이 있다. 그리고 마지막으로 필자가 초급과정에서 학생들에게 제시한 분류어휘의

부분적인 사례도 소개한다.

연구방법은 연구의 최종 목적, 즉 분류어휘에 의한 중국어 어휘교수의 가능성과 방법을 검증하는 것에 국한하여 설정하기로 한다.

3장에서는 조선시대 중국어 교육에서 분류어휘를 어떻게 활용하여 어휘교육의 효율을 극대화했는지를 살펴볼 것이다. 『老乞大』의 경우 회화문 자체에 분류어휘를 자연스럽게 습득하도록 설계했다. 유해류 사전은 각 대분류 아래 해당 어휘를 열거해 어휘의 범위와 상호 연관성을 부각했다. 이어서 그 구체적 면모를 소개하고자 한다.

4장에서는 중국 분류어휘 사전의 구성과 두 종류의 사전이 가지는 특징을 소개하고, 마지막으로 국내의 분류어휘 사전 및 회화교재의 적응사례의 소개를 통한 분류어휘 체계를 이용한 어휘 교수의 가능성과 방법에 대해 논의하고자 한다.

3. 조선시대 중국어 학습자료의 분류어휘 분포

조선시대의 역학서는 회화교재와 분류어휘집인 유해류 사전으로 대별된다.[5] 대표적인 회화서로는 『朴通事』와 『老乞大』 등이 있다. 그중 『老乞大』는 언어가 생동적이며 묘사 또한 매우 구체적이어서 조선시대 역학서의 백미로 일컬어진다. 특히 『老乞大』는 원(元)간본 이후 다수의 판종이 거의 유사한 내용으로 전승되었기 때문에 최근 이들 간의 비교연구가 어법의 변화를 중심으로 매우 활발히 진행되

---

5) 정재영(2000), 「譯學書 자료에 대하여」, 『이중언어학』, 제17호 참조.

고 있다. 그중 대표적인 판본은 『古本老乞大』(1346年 以前); 『老
乞大諺解』(1670年 以前); 『老乞大新釋』(1761年); 『重刊老乞大諺
解』(1795~1798年) 등이 있다(李泰洙, 2003年).

회화교재로서 『老乞大』가 가지는 중요한 특징 중의 하나는 당시
의 구어를 충실히 반영했다는 점이다. 그리고 조선 상인과 중국인
상인 간의 상거래 관습이나 구체적인 생활상의 묘사 그리고 당시 중
국의 사회상이 그려진 점 등은 문화사 연구자료로도 손색이 없을 정
도이다.

그러나 기존의 연구에서 『老乞大』의 특징 중 분류어휘의 수록이
라는 점은 충분히 주목받지 못했다. 이 책은 초반부는 문장이 짧고
간단하다. 지금의 시각에서 보면 이 초반부가 '입문' 또는 '기초'에
해당할 것이다. 중반 이후로는 문장도 길어지고 묘사도 매우 복잡해
져 '중급'이나 '고급'에 해당한다. 그리고 어휘에서도 난이도가 점차
높아진다. 여기서 유의할 점은 바로 그 회화문에 물명(物名; 또는 명
사 위주의 난해한 어휘)들을 나열했다는 점이다. 그 수록 범위에서도
단순히 한두 종류가 아니라 후반부 전편에 매우 다양한 분류어휘를
수록하고 있다.

그렇다면 『老乞大』의 분류어휘 수록양상은 어떤가? 이 문제에 대
해서는 『老乞大』가 기본적으로 상업서의 성격을 가지므로 상업어휘
를 중심으로 살펴보자. 아래는 비단을 거래하는 대목이다.

409【主】客官, 你要絹子麼? 我有好山東大官絹、謙涼絹、易州
絹、倭絹、蘇州絹、水光絹、白絲絹。
410【漢】我只要大官絹、白絲絹、蘇州絹、水光絹。其餘的都

不要。

【主】손님! 당신은 비단을 찾으십니까? 내게 좋은 산동(山東)에서 난 대관비단과 성글게 짠 비단과 이쥬(易州)에서 난 좁은 비단과 일본비단 소주(蘇州)비단 제 물에 하얀 비단과 하얀 생 비단이 있습니다.

【漢】나는 다만 대관비단(大官絹)과 흰 실 비단(白絲絹), 소주비단 (蘇州絹) 제 물에 하얀 비단(水光絹)을 찾습니다. 그 나머지는 다 사지 않겠습니다.6)

이상의 문장에서 "客官, 你要絹子麽. 我有好~~我只要~~其餘的都不要"라는 간단한 문장을 제외하고는 다 상거래의 대상(상품)인 비단의 종류들이다. 즉, 유의어 또는 분류어휘를 회화 문장에 자연스럽게 배치해 학습자의 긴장을 유도하고 중국어 어휘의 정보를 제공하고 있는 것이다.

다음으로 마구(馬具)와 관련된 구절을 보기로 하자.

429 【主】你這鞍子、轡頭、鞦、攀胸、鞍橋子. 鴈7)翅板、鐙鞜8)皮、肚帶、接絡、籠頭、包糞、編繮、繮繩、兜頰、閘口、汗替、皮替、替子、都買了。

【主】당신의 이 안장, 굴레, 밀치끈, 가슴걸이, 말다래, 안장가지, 기러기 날개판, 등자의 가죽끈, 오랑, 말고삐, 밑마개, 고삐줄, 후릿고삐, 턱자가미, 재갈, 땀받이 언치, 가죽 언치, 핫것 언치를 다 사겠습니다.

---

6) 이하 『老乞大』 원문의 번역은 정광(2006)에 근거하고 문맥의 이해를 위하여 필자가 약간 수정하였고, 문장 중의 【主】와 【漢】은 각각 '주인'과 '중국사람'이다. 매 단락의 번호 (410 등)는 이태수(2003)를 따랐다.

7) 雁의 俗字임(『역주 번역노걸대와 노걸대언해』, 2006).

8) 원간본에는 '徹'로 되어 있고 그 이후 간본에는 '鞜'(우리 한자음은 '절'이다)로 고쳐졌다 (정광, 2006).

이 문장에서도 "你這~~都買了"를 제외한 나머지 어휘는 다 말에 부착하는 부속물들이다. 회화교재에 이렇듯 생소하고 어려운 단어가 반복해서 나열되어 있다면 단연 학습자의 부담은 커질 수밖에 없다. 오늘날의 시각으로 본다면 이러한 체재상의 특징은 큰 단점으로 부각될 수도 있다. 그러나 당시 학습자들의 학습과정과 목표를 살펴본다면 왜 그렇게 구성했는지를 알 수 있다. 『老乞大』의 초반부에 학생들의 학습방식이 묘사되어 있다. 그 내용은 하루의 수업을 마치고 밤에 선생님의 면전에서 본문을 반드시 외워야 하며 결과에 따라 상벌이 가해진다. 한편 당시 이 교재를 사용한 학생들은 역관(譯官)이 대부분이므로 중국과의 왕래에서 여러 상황에 부닥칠 수 있었고, 그 과정에서 돌출 상황에 관련된 어휘를 알아들을 수 없으면 큰 낭패를 당할 것이 분명했을 것이다. 바로 이러한 이유 때문에 회화문에 직접 분류어휘를 삽입해 통째로 학습했다는 추측을 할 수 있다.

다음으로 상업어휘와 무관한 친족 칭위(稱謂) 분류어휘의 반영양상을 보기로 하자.

446~7 【漢】今日備辦了些個茶飯,　請咱們衆親眷閑坐的。公公, 婆婆, 父親, 母親, 伯伯, 叔叔, 哥哥, 兄弟, 姐姐, 妹子, 外甥, 姪兒, 姪女, 舅舅, 女婿, 妗子, 又嬭母, 姨姨, 姑姑, 姑夫, 姨夫, 姐夫, 妹夫, 外甥女婿, 叔伯哥哥兄弟, 姑舅哥哥兄弟, 房親哥哥兄弟, 兩姨哥哥兄弟, 親家公, 親家母, 親家伯伯, 親家舅舅, 親家姨姨, 使喚的奴婢, 都請將來。
【漢】오늘은 음식을 좀 장만해서 우리 모든 친척을 청하여 한가로운 자리를 갖기로 하지요. 할아버지, 할머니, 아버지, 어머니, 백부님, 숙부님, 형님, 남동생, 누나, 여동생, 남자 조카(누이의 아들), 남자 조카(형

제의 아들), 여자 조카(형제의 딸), 외삼촌, 사위, 외숙모, 그리고 작은어
머니, 이모, 고모, 고모부, 이모부, 매형, 매제, 외손녀 사위, 고종사촌
형제, 친사촌 형제, 고모네 아들딸과 외숙부의 아들딸, 재종 형제자매,
이종사촌 형제(이모네 아들딸), 장인어른, 장모님, 아내의 백부님, 아내
의 숙부님, 아내의 이모님, 고용하고 있는 하인들도 다 불러옵시다.

이 단락에는 무려 34개의 친족 칭위가 출현한다. 아무리 회화문
속에 분류어휘를 배합하여 학습한다고 해도 정도가 지나친 느낌이
없지 않다. 물론 당시의 학습자들은 이 부분을 하루의 과제로 암기
했을 것이다. 그러나 이 대목을 다른 각도에서 본다면 아마도 당시
에 서적이나 참고자료가 적어 『老乞大』라는 책이 간단한 사전의 기
능도 대신했다고 추측할 수 있다.

논의를 종합하면 『老乞大』는 400여 년간 지속적으로 개정되면서
북방 중국어의 변화상을 반영했으며, 초반은 쉽다가 후반부로 가면
서 점차 난이도가 높아지고, 특히 분류어휘를 회화문에 직접 배합하
는 독특한 체재를 가지고 있다. 이 점들은 당시의 중국어 교수의 특
수성을 제대로 반영하고 있다고 볼 수 있다. 이러한 점에서 지금의
우리가 사용하는 교재들은 어휘 교수를 너무나도 협애한 범위에서
비체계적으로 운용하고 있지 않나 하는 반성을 할 수 있다.

그러나 마침내 『老乞大』는 제한된 편폭의 한 권의 교재에 불과해
좀 더 많은 어휘량의 수요에 대처할 수 없다. 일반적으로 언어학습
과정에서 다른 단계로의 레벨업은 어휘량에 의해 결정된다고 말한다.
한편 『老乞大』는 하나의 판본이 나오면 100년 정도에 한 번 개정
되므로 신조어나 사어(死語)의 변화를 적시에 반영하지 못한다. 나아
가 『老乞大』의 회화문에 배합된 분류어휘가 아무리 소형 사전의 역

할을 한다고 해도 그 양에 있어서나 편의성에서 결정적인 한계를 가질 수밖에 없었을 것이다. 그래서 출현한 것이 바로 현대적 의미의 분류사전에 해당하는 유해류 역학서들이다. 여기서 유(類)는 분류를 나타내며, 해(解)란 분류된 어휘를 모아 풀이했다는 것이다.

그간 유해류 역학서는『老乞大』등과 같은 회화서에 비해 주목을 제대로 받지 못했다. 그러나 조선시대 중국어 교육에서 회화서만 보고 유해류 역학서를 보지 못한다면 아마도 반쪽만 알게 되는 결과를 초래할 것이다. 왜냐하면 언어의 실상은 한두 권의 회화책에서 다 반영할 수 없으며 수많은 개념, 즉 어휘로 확장해야만 그나마 실제 언어상황을 모사(模寫)할 수 있기 때문이다. 조선시대에 간행된 유해류 역학서의 대표작은 아래의 9종이다.[9]

1. 『譯語類解』(1690)
2. 『同文類解』(1748)
3. 『蒙語類解』(1768)
4. 『譯語類解·補』(1775)
5. 『方言類釋』(1778)
6. 『漢淸文鑑』(1779)
7. 『倭語類解』(1783年 以後)
8. 『蒙語類解·補編』(1790)
9. 『華語類抄』(1883)

---

9) 각 항의 괄호 안 숫자는 간행연도임.

이 책들의 공통점은 분류사전의 체재를 갖고 있다는 것이다. 즉, '部類'라는 대범주 아래 어휘들을 나열하고 당시의 중국어 음과 우리말 풀이를 하고 있다. '部類'는 큰 범주의 개념이라고 할 수 있다. 자전거, 기차, 버스, 배, 오토바이, 비행기 등은 '탈것' 또는 '교통수단'이라는 대범주로 개괄할 수 있는 것이다.

그렇다면 유해류 역학서의 대범주들로는 어떤 것들이 있나? 여기서는 『譯語類解』(1690)와 『同文類解』(1748)의 그것을 하나로 편집해 중복되는 것을 추려 정리해보기로 하자.

人事; 人品; 人倫; 卜筮; 公式; 天文; 水族; 文學; 布帛; 孕産; 田農; 禾穀; 刑獄; 匠器; 地理; 寺觀; 舟車; 舟船; 米穀; 佃漁; 技戲; 言語; 車輛; 走獸; 身體; 官府; 官職; 性情; 昆蟲; 果品; 服飾; 昆蟲; 武備; 爭訟; 花草; 城郭; 屋宅; 政事; 珍寶; 科擧; 軍器; 飛禽; 食餌; 倉庫; 宴享; 宮室; 容貌; 宮闕; 時令; 梳洗; 氣候; 氣息; 疾病; 動靜; 國號; 婚娶; 敎閱; 祭祀; 喪葬; 尊卑; 菜蔬; 裁縫; 敬重; 算數; 樂器; 罵辱; 買賣; 鞍轡; 器具; 學校; 樹木; 橋梁; 親屬; 館驛; 戲玩; 禮度; 織造; 雜語; 醫藥; 蠶桑; 琑說; 飮食

이상의 '部類'들은 당시 사람들이 개괄한 언어의 분류체계이자 세계를 파악하는 개념적 통로로 이해할 수 있다. 물론 이러한 체재가 바로 당시의 분류사전의 기본적인 틀이었음은 두말할 나위가 없다.

아래에서는 '상업거래' 혹은 '담보', '전당'류 어휘를 다룬 '部類'의 예를 살펴보기로 하자. 『漢淸文鑑』(1779)에는 상업 관련 어휘가 63개 수록되어 있다. 그리고 하위에 <貿易>과 <當借>로 구분하여 각각 44개와 19개를 실었다. <貿易>은 오늘날의 국제 간 교역의 의미가 아니라 상거래 일반을 의미하고, <當借>는 담보 전당 등을 의미한다. 아래는 수록어휘이다.

〈貿易〉
生意, 做生意, 買賣, 販賣, 典, 買, 賣, 合同, 文約, 紅契, 白契, 契根, 契尾, 會票, 合夥, 一夥, 吆喝, 價值, 貴, 賤, 值, 估價, 價值相等, 價昂, 價落了, 價狠落了, 相當, 貼頭, 賒, 兌換, 舊物回贖, 倒椿, 租子, 租, 賬目, 工錢, 便宜, 利, 有利的, 失利, 鋪面, 店房, 做房, 幌子
〈當借〉
當頭, 當鋪, 當, 贖, 許贖, 放債, 借債, 債負, 中保, 立券, 保, 債, 債累, 債多, 利息, 生利息, 還, 低還, 移債他人

이상의 어휘들은 18세기 말의 상업 관련 중국어 구어들이다. 물론 현대에 사용되지 않은 단어들은 풀이 작업이 되어야겠지만 본고에서는 분류어휘의 구체성과 정보성에 초점을 맞추어 소개한 것이다. 흥미로운 사실은 『老乞大』가 그랬듯 이 유해류 역학서들도 시대의 변화에 따라 끊임없이 개수(改修)되었다는 것이다. 이는 언어의 실상을 반영하려는 적극적이고 지난한 노력의 결과로 해석할 수 있다. 실제로 200여 년간 출현한 9종의 유해류 역학서의 어휘들은 지속해서 변화된 모습을 보여주고 있다. 그리고 9종의 유해류 역학서에 반영된 상업어휘의 총수는 총 529개(중복 포함)에 이른다.[10]

이상의 서술로 확인할 수 있는 것은 조선시대 중국어 교육의 두 가지 주요 자료는 바로 회화서와 유해류 역학서라는 점이며, 이후의 연

---

10) 姜勇仲, 「朝鮮時代 類解類 譯學書 商業語彙 收錄 樣相과 對比」, 『중국언어연구』, 30집 2009 참조.

구에서 이 양자의 구체적인 대비를 통해서 좀 더 나은 연구결과를 도출할 수 있다는 점이다. 그리고 우리 선조는 바로 분류어휘를 적절히 활용해 중국어라는 학습대상을 체계적으로 공략해갔다고 할 수 있다.

4. 현대 중국어 어휘 교육에서의 의의

기존에 행해진 현대 중국어 어휘 교육은 대체로 사전의 활용, 우리 한자어와의 연계 등을 위주로 진행되었다. 통용되는 학습방법으로는 HSK 등급별 어휘 학습이나 한정 수량의 유의어 학습을 통해 이루어졌다. 그러나 인지적 측면이나 인간의 연상 혹은 종합적 사고 능력을 고려할 때 어휘 학습에서 분류어휘를 활용한다면 효율을 제고할 수 있을 것이다.

중국 최초의 현대적인 분류어휘 사전은 『同義詞詞林』이다.[11] 이 사전은 흥미롭게도 중국어 연구자가 아닌 영문학과 교수들에 의해 그것도 중국어 어휘 자체의 분류라는 목적이 아닌 영어의 번역과정에서 단어의 결핍[12]을 해소하기 위해 만들어졌다는 것이다.[13] 12개의 대범주, 94개의 중범주, 1,428개의 소범주와 그 아래의 3,925개의 단어뭉치[14]로 구성된 이 책은 서구와 일본 등의 기존 분류사전을 참조했으므로 분류체계 자체의 객관성이 있다고 하겠다. 상업과 관련

---

11) 여기서 '완정(完整)하다'라는 말은 현대 중국어의 모든 어휘를 하나의 분류체계에 귀납했다는 의미이다.

12) 중국어로는 '詞窮'이라고 함.

13) 梅家駒(1983) 自序 참조.

14) 중국어로는 '詞群'이라고 함.

된 실례를 들어보면 다음과 같다.

　　He 經濟活動
　　He 01 貿易 輸出 輸入 投資
　　①-1: 貿易 交易 貿(外～) 市(日中爲～)
　　①-2: 通商 互市 交市
　　②: 輸出 出口
　　③: 輸入 進口 入口(～物資)
　　④-1: 投資 下本兒
　　④-2: 集資 醵資 合股 集款

　　이상의 분류체계의 독법은 'H'가 대분류로 '活動'을 나타내고, 'e'는 활동 중의 '經濟活動'을 나타내는 중분류이다. '01'은 소분류이며 이 하나의 소분류에 '貿易 輸出 輸入 投資' 등 네 가지 '단어 뭉치'의 대표 개념이 있다. 그 아래 ①～④는 구체적인 단어이다. 그중 'H'나 'e', 또는 '01'은 실제 언어가 아니라 개념의 세계이며, ①～④가 비로소 현실의 언어가 된다.

　　『同義詞詞林』을 뒤이은 분류사전은 『現代漢語分類詞典』[15]이다. 체재는 『同義詞詞林』과 유사하나 각 단어에 중국어 풀이(釋義)가 있어 편의성이 크다고 볼 수 있다. 다만 분류체계를 어떻게 구성했는지에 관해서는 언급이 없다. 다음으로 『現代漢語分類詞典』의 어휘수록 양상을 상점과 관련된 단어에 국한하여 살펴보기로 하자. 이 사전에서 'K131'은 상점, 가게, 점포 등을 나타낸다.

---

15) 董大年 等編(1999), 『現代漢語分類詞典』, 漢語大詞典出版社.

分店; 分號; 夫妻店; 櫃房; 櫃上; 行棧; 連鎖店; 糧行; 糧棧;
買賣; 生意; 鋪; 鋪戶; 鋪家; 鋪子; 商場; 商店; 商行; 商號;
市肆; 私商; 洋行; 藥房; 藥鋪; 銀樓; 超市; 店; 店家; 店鋪;
自選商場; 超級市場; 連鎖商店

그중 '分號', '糧棧', '買賣', '鋪', '私商', '藥房', '藥鋪', '店家', '店鋪' 등은 두 가지 이상의 의미가 있는데, 이를테면 '店家'의 경우 'K131'로 상점, 가게, 점포를 가리키기도 하지만 'K140'의 業主(점포의 주인, 경영인)를 나타내기도 한다.

이렇듯 이상의 두 종류의 사전과 같은 비교적 완비된 분류사전이 있음에도 기존의 국내 중국어 어휘 교육에서 이러한 자료에 충분한 주의를 기울이지 못한 것이 사실이다.[16] 그나마 부분적으로 상업출판에서 이 부족한 측면을 보완한 책들이 있어 소개하고자 한다.

비교적 이른 시기에 나온 책은 『의미로 분류한 한국어, 숭국어 학습사전』[17]이다 이 책은 14,000여 단어를 아래의 43개 분류체계로 나누어 풀이했다.

1. 인간과 인간관계; 2. 가족과 친인척; 3. 성과 결혼; 4. 신체와 생리작용; 5. 병과 치료; 6. 삶과 죽음; 7. 감각과 감각기관; 8. 생각과 감정; 9. 성격과 태도; 10. 의생활; 11. 식생활; 12. 주생활; 13. 말과 글; 14. 언론과 출판; 15. 정보와 통신; 16. 교육; 17. 과학과 학문; 18. 종교와 믿음; 19. 문명과 문화; 20. 예술; 21. 취미; 22. 놀이와 게임; 23. 운동; 24. 나라 이름; 25. 국가와 정치; 26. 법과 질서; 27. 국방; 28. 사회와 사회활동; 29. 경제와 경제활동; 30. 직

---

16) 이러한 현상은 중국의 언어학계 또한 마찬가지이다.

17) 신현숙 · 임동석(2000), 『의미로 분류한 한국어, 중국어 학습사전』, 한국문화사.

업과 직장; 31. 산업; 32. 연료와 에너지; 33. 도로와 교통; 34. 자
연현상; 35. 동물; 36. 식물; 37. 모양; 38. 빛과 색채; 39. 수와
수량; 40. 시간; 41. 공간과 우주; 42. 상태와 정도; 43. 동작

다음으로 『테마별 중국어 그림사전』[18]이 있다. 이 책의 분류체계
는 다음과 같다.

1. 신체 1; 2. 신체 2; 3. 가족 호칭; 4. 인물; 5. 직업; 6. 음식;
7. 채소; 8. 과일; 9. 꽃과 나무; 10. 곤충; 11. 어류; 12. 조류;
13. 일반동물; 14. 색상; 15. 모양; 16. 우주; 17. 자연(풍경); 18.
스포츠; 19. 의복; 20. 가전제품; 21. 주택; 22. 건물; 23. 탈것;
24. 악기

그 밖에도 『테마별 중단어 2300』[19]이 있다. 이 책의 특징은 대분
류와 중분류의 층차를 두어 분류사전의 체재에 근접했다고 볼 수도
있으며 사용의 편의성도 제공하고 있다. 아래는 분류체계이다.

[대분류 1: 人 인간]
01. 신체; 02. 가족; 03. 출생에서 죽음까지; 04. 사랑과 결혼; 05.
일상생활; 06. 생리현상; 07. 성격·태도; 08. 외모; 09. 감정 ①;
10. 감정 ②
[대분류 2: 家庭 가정]
01. 집; 02. 주택 외부; 03. 거실; 04. 주방; 05. 욕실; 06. 침실;
07. 아기방; 08. 공구·잡화
[대분류 3: 數 수]
01. 숫자; 02. 계산; 03. 도형; 04. 달력; 05. 시간

---

18) 이에스더 지음, 북경 하오넷언어연구소 감수(2010), 『테마별 중국어 그림사전』, 상상의날개.
19) 김현정(2010), 『테마별 중단어 2300』, 비타민북.

[대분류 4: 城市 도시]

01. 시내 지역; 02. 우체국; 03. 병원; 04. 약국; 05. 질병; 06. 은행; 07. 패스트푸드; 08. 레스토랑; 09. 중국요리; 10. 술집; 11. 호텔; 12. 학교; 13. 과목; 14. 경찰서; 15. 종교

[대분류 5: 交通 교통]

01. 탈것; 02. 자전거; 03. 오토바이; 04. 자동차; 05. 도로; 06. 기차; 07. 항구; 08. 비행기

[대분류 6: 業務 업무]

01. 직업; 02. 직위; 03. 일; 04. 사무실; 05. 컴퓨터; 06. 인터넷; 07. 의사소통

[대분류 7: 購物 쇼핑]

01. 백화점; 02. 식품; 03. 남성복; 04. 여성복; 05. 신발・장신구; 06. 화장품; 07. 가전제품; 08. 귀금속점; 09. 빵집・제과점

[대분류 8: 體育運動・趣味 스포츠・취미]

01. 스포츠; 02. 수영장; 03. 헬스클럽; 04. 취미; 05. 카드 게임; 06. 여행; 07. 일광욕; 08. 텔레비전; 09. 영화; 10. 연주회; 11. 놀이공원

[대분류 9: 自然 자연]

01. 동물; 02. 조류; 03. 곤충; 04. 어류・해양생물; 05. 과일; 06. 식물; 07. 꽃; 08. 채소; 09. 풍경; 10. 날씨; 11. 물질; 12. 색; 13. 우주; 14. 지구; 15. 위치・방향; 16. 반대말; 17. 나라 이름・수도이름 및 인구

이 책은 9개의 대분류와 90개의 소분류로 구성되어 개념별 검색이 손쉬운 장점이 있다. 기존의 사전(전자사전 포함)은 그 자체로 직접적인 학습에는 불편함이 있었다. 그러나 이상의 분류사전을 사용하면 하나의 분류 단위별로 학습할 수 있다는 장점이 있다. 다시 말해 중국어 교수의 각 단계에서 주제별로 또는 기본 개념별로 분류어휘를 사용한다면 학습효과와 어휘 학습의 양까지 증대시킬 수가 있

다는 것이다.

그렇다면 기존의 회화교재에서 이상의 분류어휘를 적절히 또는 적극 사용한 예는 있는가? 필자가 확인한 바로는 『신전략중국어 입문』[20]이라는 책이 적절히 사용하고 있었다. 이 책에서는 전체 12과 중 9개 과에서 분류어휘를 열거해 어휘 학습의 편의를 제공하고 있었다.[21] 이 분류어휘의 총 수목이 183개에 달해 일반적인 다른 입문편의 회화교재의 수록어휘 양인 500~600개와 대비한다면 그 자체로도 어휘 학습에서 약 30% 이상의 증가효과를 가져올 수 있다.

다음은 『신전략중국어 입문』에서 수록하고 있는 분류어휘를 과별로 열거한 것이다.

제1과
대륙별 나라
亞洲: 韓國 日本 新加坡 泰國
非洲: 埃及 喀麥隆 南非 尼日利亞
歐洲: 英國 法國 德國 西班牙
美洲: 美國 加拿大 巴西 墨西哥
大洋洲: 新西蘭 噢達利亞
제4과
중국의 각급 학교
幼兒園 小學 初中(初級中學) 高中(高級中學)
專科學校 大學 學院
중국대학의 학과 및 전공명
中文系 韓語系 英文系 歷史系 哲學系
經濟系 化學系 物理系 醫學系 體育系

---

20) 한용수 외(2008), 『신전략중국어 입문』, 시사중국어사.
21) 이 책의 속편인 『신전략중국어 초급』에서도 분류어휘를 제공하고 있다.

제5과

때(시점)의 표현과 관련한 단어 및 구

昨天 今天 明天

上(個)星期 這(個)星期 下(個)星期

上(個)月 這(個)月 下(個)月

去年 今年 明年

하루의 때와 관련한 단어들

淩晨 早上 晚上

上午 中午 下午

傍晚 夜裏 半夜

제6과

친족의 명칭

爺爺 奶奶 姥爺 姥姥

爸爸 媽媽

哥哥 姐姐 我 弟弟 妹妹

제7과

일상생활에 관련된 단어들

起床 運動 吃飯 上課 下課

上班 下班 回家 睡覺

컴퓨터 및 인터넷 관련 용어들

電腦 顯示器 鍵盤 鼠標 打印機 病毒

網吧 網站 網址 網頁 主頁 伊妹兒

제8과

각종 취미 여가생활 관련 단어들

打籃球 打排球 打羽毛球 打棒球 打乒乓球

踢足球 打在線遊戲 爬山 遊泳 滑雪 滑冰 滑輪滑

제9과

1. 여러 가지 물건들의 명칭

음식: 麵條 麵包 漢堡 三明治

음료수: 果汁 牛奶 綠茶 啤酒

의류: 褲子 裙子 牛仔褲 襯衫

전자제품: 手機 筆記本電腦 數碼相機

2. 각종 상점의 형태

百貨商店 批發市場 農貿市場 超市 小賣部 維修點

제10과

1. 여러 가지 음식들의 명칭

한식: 冷面 紫菜包飯 五花肉 烤肉 什錦飯 參雞湯 韓國泡菜 排骨湯

양식: 炸豬排 炸牛排 意大利面 比薩餠

일식: 壽司 烏冬面 蕎麥面 生魚片

2. 한국인들이 즐겨 찾는 중국요리들

양채: 西紅柿白糖 芥末菠菜 五香花生米

주 요리: 家常豆腐 鐵板牛肉 木須肉 火鍋

주식: 白米飯 雞蛋炒飯 肉絲面 水餃

간식: 羊肉串 烤紅薯 麻團

제11과

은행 거래 관련 용어

開戶頭 戶頭號 存款 提款 支票

活期存款 定期存款 密碼 存折 利息

각국 화폐의 명칭

韓元 (韓幣) 日元 (日幣) 港元 (港幣) 歐元 英鎊 法郎

제12과

거리의 건물

百貨商店 美容室 工廠 電影院 醫院

快餐廳 公安局 便利店 圖書館 郵局

인기 있는 약속 장소들

麥當勞 必勝客 當肯 肯德基 星巴克

이상에서 보듯 분류어휘는 어휘 자체를 개념과 연결하여 체계적인 학습이 가능하게 해준다. 그러므로 분류어휘를 통한 어휘 학습은 새로운 어휘 교수의 대안이 될 수 있다. 1과의 국가이름은 호기심이나 우리 한자어와의 상관관계에서 학생들의 흥미를 유발할 수 있고, 4과나 7과의 학교 학과명, 일과 및 컴퓨터 인터넷 관련 용어들은 학생들의 감성을 자극하여 학습의욕을 고취할 수 있다. 나아가 자신이 생활 속에서 접하는 여러 물건이나 현상을 지금 학습하고 있는 중국어 어휘와 연결하기 시작하면 학습능률 또한 배가될 수 있다.

다른 한편으로 이러한 분류어휘 자료를 적절히 사용한다면 학급 내의 선행학습 여부로 존재할 수 있는 성취도의 차등문제에 대한 대책으로도 사용할 수 있다. 선행학습이 있는 학생은 학습 내용 중 아는 단어만 있다면 적절한 긴장감을 끌어낼 수 없다. 만약 난도가 있으면서 흥미를 유발할 수 있는 분류어휘를 제시한다면 오히려 그러한 학생은 자신이 이미 장악한 언어능력에 그 어휘들을 체득하여 활용할 가능성도 열린다고 하겠다.

다음은 필자가 모 대학의 생활중국어 수업에서 실제 배포한 분류어휘 자료이다.

水果(shuǐguǒ fruit):
蘋果(píngguǒ apple) 桔子(júzi tangerine) 香蕉(xiāngjiāo banana)
梨子(lízi pear) 西瓜(xīguā watermelon) 橙子(chéngzi orange)
檸檬(níngméng lemon) 桃子(táozi peach) 葡萄(pútáo grape)
櫻桃(yīngtáo cherry) 芒果(mángguǒ mango) 荔枝(lìzhī lychee; litchi chinensis)
龍眼(lóngyǎn longan) 菠蘿(bōluó pineapple) 木瓜(mùguā papaya)

蔬菜(shūcài vegetables):
黃瓜(huángguā cucumber) 番茄(fānqié tomato) 土豆(tǔdòu potato)
蘑菇(mógū mushroom) 胡蘿蔔(húluóbo carrot) 生菜(shēngcài lettuce)

南瓜(nánguā pumpkin) 辣椒(làjiāo pepper；chili) 西蘭花(xīlánhuā broccoli)

菠菜(bōcài spinach) 芹菜(qíncài celery) 茄子(qiézi eggplant)

玉米(yùmǐ corn) 青瓜(qīngguā cucumber) 白菜(báicài Chinese cabbage)

黃豆芽(huángdòuyá moyashi；もやし[萌やし])

飲料(yǐnliào drink)：
茶(chá tea) 綠茶(lǜchá green tea) 可樂[可口可樂](kělè coke)

雪碧(xuěbì sprite) 牛奶(niúnǎi milk) 建怡可樂(jiànyíkělè coke light)

酸奶(suānnǎi yogurt) 白水(báishuǐ water) 奶昔(nǎixī milk shakes)

咖啡(kāfēi coffee) 拿鐵咖啡(nátiěkāfēi latte) 摩卡咖啡(mókǎkāfēi mocha)

依雲礦泉水(yīyúnkuàngquánshuǐ evian) 橙汁(chéngzhī orangeade；orange juice)

食品(shípǐn food)：
餅幹(bǐnggān biscuit) 麵包(miànbāo bread) 火腿(huǒtuǐ ham)

比薩(bǐsà pizza) 雞翅(jīchì wings) 牛肉(niúròu beef)

豬肉(zhūròu pork) 雞肉(jīròu chicken) 巧克力(qiǎokèlì chocolate)

三明治(sānmíngzhì sandwich)

　우선 필자가 배려한 것은 현재 학생들의 생활요소와의 관련성이다. 커피는 단순히 '咖啡'만 알려줄 것이 아니라 '摩卡咖啡'나 '拿鐵咖啡'를 제시하여 중국어의 음차법이나 발음방법에 흥미를 느끼며 배울 수 있게 했다. 그리고 과일은 '荔枝', '龍眼'과 같이 우리나라에는 없지만 중국에서 쉽게 접할 수 있는 것 등도 알려준다. 비록 수업준비에 공이 들기는 하지만 학생들의 흥미와 어휘학습을 동시에 유도할 수 있고 향후 스스로 좋은 참고자료로 활용하도록 지도할 수 있다. 그리고 영어를 부기한 이유는 학생들의 흥미나 언어적 대비감각을 자극하기 위해서이다.

부가적으로 지적할 것은 이러한 분류어휘 교수에서 해당 어휘의 병음을 알려주고 사진 또는 그림자료를 제시한다면 더 큰 학습효과와 흥미를 끌어낼 수 있다는 것이다. 또 간단한 문형과 결합하여 분류어휘를 학습할 수도 있다. 이를테면 '음료'와 관련된 분류어휘에 "我很(不)喜歡喝~", "來一杯(瓶)~", "一杯(瓶)~, 多少錢?", "這杯~很好喝" 등의 간단히 확장(또는 교체)할 수 있는 문장을 부가적으로 제시한다면, 분류어휘의 학습뿐만 아니라 간단한 어법 또는 회화연습까지 할 수 있어 그야말로 일거양득이 될 수도 있다.

5. 결론

이상에서 살펴본 대로 분류어휘를 이용한 어휘 학습법은 조선시대 중국어 학습의 가장 기본적인 방법이었을 뿐만 아니라 당시의 시대적인 조건에서 유효적절한 수단이었음을 알았다. 그러나 현대 어휘 교수에서는 이 방법이 적절한 주의를 받지 못하고 있음을 확인했다. 일부 회화교재에서 사용하고 있지만 전면적이지 못하고 부가적 장치 없이 어휘만 제시하는 때도 있다. 그러므로 향후 어휘 교수의 연구나 교재 편찬에서 이 점들을 적절히 고려하여 개진해갈 수 있다고 본다.

본고의 요지를 정리하면 다음과 같다.

첫째, 어휘 교수는 그간 어법, 음운보다 체계성이 떨어져 있다고 치부되어 교수방법에서도 계통성을 담보한 형식이 많지 않았다.

둘째, 그러나 조선시대 유해류 역학서와 회화서에 반영된 상업어 휘의 분포들을 통해 우리 선조가 분류어휘를 이용한 어휘 교학을 적절히 수행하고 있었다. 이러한 노력은 당시의 시대적 여건에서 지극히 합리적인 방식으로 인식된다.

셋째, 현대 중국어 어휘 교수에서 분류어휘를 운용하기 위한 토대로『同義詞詞林』이나『現代漢語分類詞典』등과 같은 좋은 자료가 있으나 적절한 주의를 기울이지 못했다.

넷째, 우리나라는 상업적 출판물 중에 이미 간단한 분류어휘 사전이 있으나 교실에서 사용할 수 있는 형식으로까지 개발되거나 집중하여 이 방법을 어휘교수에 적응하려는 노력은 많지 않았다.

다섯째, 일부 회화교재에 분류어휘를 상당량 제시한 경우를 발견하였으나 향후 좀 더 체계적인 방식으로 전면적인 분류어휘를 통한 어휘 교학법의 개발이 요구된다고 하겠다.

마지막으로 분류어휘를 통한 어휘 교수는 학생들의 감성이나 생활에 밀착하여 흥미를 유발할 수 있다고 판단하며, 동일한 시간에 어휘 학습량을 1/3 정도 더 부과할 수 있다. 한편 제시된 분류어휘는 선행학습이 있는 학생의 경우 학습동기를 유발할 수도 있다고 사료된다.

제**6**장

葛藤·協力·隷屬

-淸代 廣東對外貿易 中의 行商과 東印度會社의 關係를 중심으로-

박기수

1. 시작하면서

1834년에 2,600만 달러의 재산을 소유하여 당시 세계 최대의 부호로 꼽혔던 伍浩官(伍秉鑒)[1]은 가장 성공적인 行商의 한 사람이었다. 이처럼 행상의 꽃이었던 伍浩官과 달리 많은 행상은 사정이 그렇지 못하였다. 논문 후미에 제시한 <표 1>[2]에서 보듯이 1758년

---

1) W. C. Hunter, *The Fankwae at Canton*, Shanghai, 1911: 馮樹鐵 譯, 『廣州"番鬼"錄 1825~1844-締約前"番鬼"在廣州的情形』(廣州: 廣東人民出版社, 1993), 36쪽.

2) 이 표를 작성하기 위해 기본적으로 梁廷枏 等纂, 『粤海關志』(沈雲龍 主編, 『近代中國史料叢刊』 續編 第十九輯, 文海出版社)과 H. B. Morse, *The Chronicles of the East India Company Trading to China, 1635~1834*, 5 Vols, Oxford University Press, 1929(Ch'eng Wen Publishing Company, Taipei, 1975 影印)를 이용하였고 다음과 같은 선행연구를 참조하였다. 梁嘉彬, 『廣東十三行考』, 廣州: 廣東人民出版社, 1999(원저는 1937년). 章文欽, 「從封建官商到買辦商人—清代廣東行商伍怡和家族剖析(上)」, 『近代史研究』 1984-3. 章文欽, 「清代前期廣州中西貿易中的商欠問題」, 『中國經濟史研究』 1990-1. 章文欽, 「清代前期廣州中西貿易中的商欠問題(續)」, 『中國經濟史研究』 1990-2. 王巨新, 「清朝前期的商欠案及其解決」, 『安徽史學』 2007-5. 佐佐木正哉, 「清代廣東の行商制度について—その獨占形態の考察—」, 『駿臺史學』 66, 1986. 西村孝夫, 「廣東における中國の對歐貿易機構と推移」, 『經濟

이래 1842년 江寧條約(즉, 南京條約[3])으로 행상제도가 폐기되기까지 80여 년간 활동한 48行의 행상 중 33行의 행상이 파산하였고 최후에는 11行의 행상이 남았다.[4] 3분의 2 이상(약 69%)이나 되는 구성원이 파산의 구렁텅이에 빠졌다는 사실은 行商이라는 淸代 特權的 무역상인의 실상이 어떠하였을지 다시 생각해보게 한다. 일반적으로 행상의 파산은 행상 자체의 경영능력이라는 내부적 요인을 사상하고 외부적 요인을 거론할 경우, 다음의 두 가지 측면에 기인한다고 생각된다. 첫째는 황제를 비롯한 淸代 國家權力側[5]의 야만적 수탈의 결과이다. 蕭國亮의 연구에 의하면 乾隆 中葉부터 행상제도가 폐지된 道光 22년(1842)까지 70년간 행상이 청정부에 낸 헌금은

　研究』66, 1967. H. B. Morse, *The International Relations of the Chinese Empire*, Vol. I The Period of Conflict 1834~1860, London: Longmans, Green, and Co., 1910. 1760년 이후 존재한 행상 중에는 그 명칭만 알 수 있을 뿐 그 경영상황을 전혀 알 수 없는 경우도 12개에 달했으나 표를 작성할 때 이를 제외시켰다. 이를 포함한다면 1758~1842년 기간 동안 60개의 행상이 존재한 것이 된다.

3) 田濤 主編, 『淸朝條約全集』(黑龍江省人民出版社, 1999)은 1913년 中華民國 外交部가 청대 조약문을 條約文 正文 등에 의거하여 정리 출판한 乙種本을 저본으로 하고 여기에 『光緖朝通商條約』 등을 보충 정리하여 영인한 것이다. 乙種本은 조약 正文 이외에도 淸 정부 관련 인물의 의견, 보고, 처리결정을 수록하였다. 『淸朝條約全集』 第1卷 39쪽에는 「道光條約第一」로서 道光 22년(1842)체결된 中英江寧條約(소위 南京條約)의 제목이 있고, 56~57쪽에는 同條約 正文이 실려 있다.

4) 1760년은 公行이 성립된 해이자 西洋船과 전문적으로 교역을 전담하는 外洋行이 조직된 해이므로 하나의 기점이 된다고 하겠다. 그러나 1757년 廣東의 粤海關으로 대외무역 항구가 일원화된 이후 1758년 최초의 파산 행상이 출현하므로 1758년의 파산 사례도 포함시켰다. 일본학자 佐佐木正哉의 연구에 따르면 1760년 이래 1842년까지 80여 년간 36家의 행상이 활동하였지만 그중 24家가 파산하고 1家가 도중에 引退하여 겨우 11家만이 남았다고 한다(佐佐木正哉, 「淸代廣東の行商制度について―その獨占形態の考察―」, 『駿臺史學』 66, 1986, 66쪽). 이 분석을 통해서도 전체 행상 중에서 3분의 2가 파산한 것을 알 수 있다.

5) 郭蘊靜은 『淸代商業史』(瀋陽: 遼寧人民出版社, 1994) 355~357쪽에서 황제, 황실, 兩廣總督, 廣東巡撫, 粤海關監督 등의 청조 지배층이 행상에게서 각종 명목으로 수탈한 내용을 다섯 가지로 분류해서 설명하고 있다. 그중 1773~1832년 사이 조정에 기부한 금액만 銀 395萬 兩에 달하였다고 한다.

모두 22차, 헌금 액수는 총액 銀 937萬 兩(銀 1,302萬 元)에 달한다.[6] 둘째, 행상에게 엄청난 債務를 제공하여 이득을 챙긴 東印度會社 등 西洋商人의 잔인한 高利貸的 착취에 기인한다고 생각된다. 논문 후미의 <표 2>에서 보듯이 1758년 이래 아편전쟁 시기까지 파산한 행상이 외상에 지불해야 했던 채무액은 아편전쟁 배상금에서의 행상 부채액 300萬 元을 합한다면 1,620~1,740萬 元에 달한다.[7] 부채액 자체가 상당한 거액인데 이 중에서 상당 부분은 이자가 불어나서 생긴 액수이다.[8]

　　淸朝의 수탈액수와 外商의 채무액수를 단순히 비교하여[9] 어느

---

6) 蕭國亮, 「淸代廣州行商制度硏究」, 『淸史硏究』 2007-1, 39쪽. 銀 937萬 兩을 銀元으로 환산하면 1,302萬 銀元(달러)에 달한다(銀1兩=1.39銀元으로 환산).

7) Michael Greenberg의 추계에 따르면, 公行제도를 실행한 82년간(1760~1842) 상환하지 못한 (행상이) 채무 총액은 약 1,650만 달러 이상이었다(*British Trade and the Opening of China 1800~1842*, Cambridge University Press, 1951, p.63). 章文欽의 연구에 의하면 1811년부터 1820년까지 10년간 東印度會社가 중국 상인에 대여한 금액은 481만 4,060달러(銀元)(「淸代前期廣州中西貿易中的商欠問題」, 『中國經濟史硏究』 1990-1, 132쪽)이며, 1758년부터 1843년까지 파산행상의 外商채무는 1,658만 1,238달러(「淸代前期廣州中西貿易中的商欠問題」(續), 『中國經濟史硏究』 1990-2, 71쪽, 86쪽)라 한다. 아편전쟁을 전후한 시기 중국대외무역이나 경제관계에서 화폐단위가 '달러'로 표기된 것은 주로 스페인 달러나 멕시코 달러를 의미한다. 양자는 사실 같은 무게와 주조양식의 달러인데 중국에서는 대체로 銀元으로 표기하였다. 중국 근대시기 개항장에서 사용된 화폐의 종류와 환산비율에 대해서는 朴基水, 「근대 중국의 海關과 『中國舊海關史料(1859~1948)』」, 『史林』 제37호, 2010, 68~70쪽 참고.

8) H. B. Morse, *The Chronicles of the East India Company Trading to China, 1635~1834*, Vol. II Oxford, 1926, 「제34장 중국인의 채무, 1779」, pp.43~44에는 "중국인이 그들과 기타 인물들에게 빚진 채무는 거의 100만 파운드에 달하고 …… 이들 채무는 1년에서 11년 사이에 빚진 것인데, 대부분은 7년 내에 빚진 것이다. 원래 빚진 채무액이 다양한 이율로—대체로는 18 내지 20퍼센트의 연리로—복리 계산으로 추가되어 거대한 액수로 불어난 것이다. …… 올해 초까지 복리도 계산된 현재 영국인 채권자의 채권액은 3,808,076달러(銀元)에 달한다. 우리가 얻을 수 있는 최고의 정보에 따르면 중국인은 1,078,976달러 이상의 현금이나 상품을 받지 않았다. 게다가 그들은 일부 이자를 지불하였다"고 한다. 이에 따르면 1779년에 중국 행상 四家가 영국 상인에게 상환해야 할 부채는 380만여 달러 이상이었지만 원금은 107만여 달러에 불과하고, 270여만 달러는 대체로 7년 사이에 가산된 연 18%에서 20%의 이자였음을 알 수 있다.

쪽이 더욱 직접 행상의 파산에 영향을 미쳤는가를 검토하는 것은 다소 의미 없는 일일 것 같다. 두 요인이 相互作用한 결과라고 보이기 때문이다. 그러나 청조 관료들에 의한 수탈은 徵稅代行者인 行商이 외국상인에게서 수입하거나 수출할 상품에 대한 稅率을 높임으로써 전가할 수 있겠지만, 외국상인에게 꾼 빚의 원금과 이자는 무엇으로 갚을 것인가? 행상은 이 상황에서 막다른 골목에 몰려 파산에 처하게 되는 것이므로 외국상인의 빚이 더욱 직접적인 행상파산의 원인이었다고 할 수 있다. 이 점에서 행상의 破産을 논의할 때 행상과 외국상인과의 관계에 더욱 주목해야 하는 이유가 있다고 할 것이다.

일반적으로 경제주체가 경제행위를 할 때 가장 중요한 동기는 利潤追求에 있다. 淸代 아편전쟁 이전 중국의 유일한 대외무역항이었던 廣州에서 진행되는 對外貿易도 마찬가지였다. 특히 광주의 대외무역에서는 다양한 주체 사이에서 교역이 진행되었고 그들 사이에서도 이윤을 둘러싼 경쟁과 대립, 타협과 협력이 복잡하게 전개되고 있었다. 중국학자 彭澤益은 세 가지 차원에서 그 경쟁을 설명한다. "첫째는 외국상인 사이의 경쟁, 즉 무역독점권을 향유하는 영국 동인도회사와 港脚貿易에 종사하는 英印·英·美 등 국가의 자유상인 간의 경쟁이다. 둘째는 中國商人 사이의 경쟁, 즉 行商과 行外

---

9) 梁廷枏 等纂, 『粤海關志』 卷15 「奏課二」 26쪽 뒤(沈雲龍 主編, 『近代中國史料叢刊』 續編 第十九輯, 文海出版社, 1,132쪽)에 "追道光四年以後, 各洋行內有麗泉, 西成, 同泰, 福隆等行節次倒閉, 共欠稅餉銀六十八萬餘兩, 夷眼銀一百四十五萬餘兩, 皆係現開各行商分攤賠繳, 商力日絀, 完項日增, 若不早籌變通, 恐年復一年將有積重難返之勢"라고 하여 道光 4년(1824)의 경우에 국한해보면 청조에 납부해야 할 세액의 체납액이 68萬餘 兩인 데 비해 외국상인에게 갚아야 할 액수(夷眼銀)는 145萬餘 兩에 달하여 수량적으로는 외국상인에의 채무가 더 큰 문제였음을 알 수 있다.

商人 사이의 경쟁이다. 셋째, 외국상인과 중국 상인 사이의 경쟁, 즉 外商과 행상·행외상인 사이의 경쟁이다."[10] 당시 무역에 참여하는 상인층은 크게 行商, 行外商人(行商이 아닌 中國商人), 영국의 東印度會社, 외국散商(東印度會社 이외의 외국상인)의 네 부류로 나눌 수 있고 따라서 상호경쟁은 여섯 경우나 출현할 수 있으므로 실제로는 더욱 복잡한 양상을 띠었다고 생각된다. 그러나 본고에서는 서술의 편의를 위하여 광주 대외무역의 핵심적 축이었던 중국 측 특허상인(獨占商人)인 行商과 당시 중국 최대 교역국인 영국의 특허상인인 동인도회사의 관계를 중심으로 논의한다. 다만 필요에 따라 다른 상인집단과의 관계를 부가하여 설명하는 방식으로 청대 광주 대외무역과정 중 무역주체들 사이에서 나타난 葛藤·協力·隷屬의 문제를 살펴보려 한다.

2. 行商의 責務와 東印度會社

淸朝는 1684년 海禁을 해제하고 다음 해인 1685년 江海關·浙海關·閩海關·粤海關 등 4개 海關을 설치하여 대외무역을 관장하게 하였다.[11] 廣州의 대외무역을 담당할 상인으로서 洋商(行商)

---

10) 彭澤益,「淸代廣州體系時期中外商人之間的競爭」,『歷史硏究』1992年 第5期, 131쪽.

11) 朴基水,「淸代 廣東의 對外貿易과 廣東商人」,『明淸史硏究』9, 1998, 59쪽. 종래 夏燮의『中西紀事』에 의거하여 4海關의 위치를 廣東의 澳門, 福建의 漳州, 浙江의 寧波, 江南의 雲臺山으로 보았으나 彭澤益은 王士禎의『北歸志』와 道光『廈門志』 등을 이용하여 4海關의 위치를 江南의 松江, 浙江의 寧波, 福建의 泉州(廈門), 廣東의 廣州라고 밝혔다. 海關의 소재지를 보다 구체적으로 설명하면 江海關은 康熙 24年 松江府 華亭縣 漴闕에 위치하였으나 康熙 26年 松江府 上海縣 寶帶門 內로 옮겼고, 閩海關은 泉州府 同安縣 廈門에 설치하였으며, 粤海關(大關)은 廣東省城(廣州)

을 초빙하여 行商制度를 마련한 것은 1686년의 일이었다.[12] 1755
년(乾隆 20年) 이래 영국 상인 플린트(James Flint; 洪任輝) 등이 寧
波·定海 등지에서 교역을 기도하는 사건을 일으키자[13] 청 정부는
1757년 江海關·浙海關·閩海關에서의 해외무역을 철폐한다고 선
포하고, 외국 선박은 단지 廣東에서만 무역하도록 하였다. 이로써
중국의 해외무역은 주로 廣東 해안에서 진행되는 廣州貿易體制가
성립되었다.[14] 이에 따라 광주의 행상이 사실상 중국의 대외무역을
전담하는 상인으로 등장하였다. 특히 1760년 두 번째로 公行이 설
립되고 外國船과의 무역을 전담하는 外洋行이 구성되면서[15] 독점
적 대외무역상인으로서 행상의 역할과 기능이 본궤도에 오르게 되었
다. 아울러 시간이 흐름에 따라 行商이 맡는 역할과 기능은 점차 정
비되었다.[16]

行商이 중국과 서양의 무역에서 맡은 任務와 特權은 크게 세 가
지로 나누어 설명할 수 있다. 첫째로 행상은 중국의 對西洋 무역을
독점하였다. 행상은 처음 牙行으로서[17] 출발하였기 때문에 外國商

外城 五仙門 內에 위치하였는데 粤海關監督은 가끔 廣州府 香山縣 澳門에 출장 나
가기도 하였다고 한다(彭澤益, 「淸初四権關地點和貿易量的考察」, 『社會科學戰線』
1984年 3期, 128~129쪽).

12) 彭澤益, 「淸代廣東洋行制度的起源」, 『歷史硏究』 1957-1, 1~24쪽.

13) James Flint 등의 행적과 대외무역 교섭 상황에 대해서는 鄭誠一, 『阿片戰爭前淸英關係』
(慶北大學校大學院 박사학위논문, 1994), 32~74쪽. 陳東林·李丹慧, 「乾隆限令
廣州一口通商政策及英商洪任輝事件述論」, 『歷史檔案』 1987年 第1期 참고.

14) 朴基水, 앞의 논문, 『明淸史硏究』 9, 1998, 59쪽.

15) 『粤海關志』 卷25 「行商」 1쪽 앞, 1,797쪽. "乾隆初年, 洋行有二十家, 而會城有海
南行. 至二十五年洋商立公行, 專辦夷船貨稅, 謂之外洋行."

16) 1760년 이후의 광동 行商의 기능과 역할의 변화과정에 대해서는 吳建雍, 「1757年以
后的廣東十三行」, 『淸史硏究集』 第3集, 四川人民出版社, 1984, 93~134쪽 참조.

17) 『粤海關志』 卷25 「行商」 1쪽 앞(文海出版社, 1,797쪽). "國朝設關之初, 番舶入市

人을 대신하여 그들이 가져온 화물을 중국 상인이나 소비자에 중개하고, 外國商人(外商)이 가져갈 茶나 生絲, 綢緞 등을 중국 생산자나 상인에게서 구입하여 外商에게 제공하였다. 이 과정에서 수입품이나 수출품의 가격을 결정하는 권한도 지니게 되었다. 둘째는 外商이 납부해야 할 輸出入稅(船鈔와 貨稅)를 보증하는 것이다. 外商으로부터 수출입세를 책임지고 징수함은 물론 粤海關에 납부해야 했다. 이를 위해 淸朝는 保商制를 만들어 외국상선이 廣州港에 도착하면 우선 行商 중의 한 商人을 保商[18]으로 지정하여 保商의 책임으로 납세와 무역거래를 진행하도록 하였다. 만약 납세액을 未納했을 때는 保商이 책임을 져야 했다. 셋째, 행상은 外商을 관리 감독할 책임이 있었고, 청정부의 명령을 外商에 전달하여야 했다. 外商이 중국에 도착한 이후 일체의 행동은 모두 行商이 단속하였다. 만약 外商이 밖에서 일을 일으키거나, 당지 인민과 결탁하여 문세를 일으키면 다만 행상만 문제 삼았다. 동시에 중국관청이 외상에게 문서를 전달하거나 외국인이 중국당국에 어떤 요구가 있을 때에는 외상이 스스로 중국관부와 접촉하는 것이 허락되지 않았고 항상 행상을 통하여 처리되어야 했다.[19] 이상의 세 가지 임무 이외에도 行商

者僅二十餘柁, 至則勞以牛酒, 令牙行主之, 沿明之智, 命曰十三行"이라 한다.

18) 章深, 「十三行與廣州外貿」, 廣州市社會科學硏究所 編, 『近代廣州外貿硏究』, 科學普及出版社 廣州分社, 1987, 60~61쪽. "외국상선이 도착하면 반드시 먼저 한 保商을 찾아야 하고 보상은 이 선박의 화물에 대해 우선 구매할 권리가 있고 나머지는 기타 행상이 나누어 구매하였다. 만약 관부가 규정한 稅餉額을 다 걷지 못하면 保商은 스스로 부족한 액수를 채워 넣어야 했다. 행상 내부에서도 서로 보증하는 제도를 실행하여 한 상인의 납부액이 부족하면 전체 행상에 연대 배상시켰다. 保商制가 시행된 지 얼마 안 되어 보상은 外洋貨物稅를 징수하여 납부해야 했으며 船鈔, 規禮까지도 保商이 징수・납부해야 했다."

19) 『粤海關志』 卷25 「行商」 4쪽 뒤(1,804쪽). 郭蘊靜, 『淸代商業史』, 353쪽. 章深, 「十

은 每年 皇室에 貢銀과 貢物을 바쳐야 했다. 즉, 行商은 每年 廣東巡撫와 粤海關監督을 대신하여 시계(鐘表) 등 洋貨를 구입(采辦)해야 했는데 이를 貢品으로서 皇室에 바치고(呈獻) 필요한 費用全部를 行商이 대신 지불(賠墊)해야 했다. 아울러 行商은 皇上에게 貢銀하는 義務가 있었다.[20]

阿片戰爭 이전 중국이 교역하던 서양 각국 중 최대의 고객은 英國이었고, 영국은 동방무역에 관해서는 동인도회사에 독점권을 부여하고 있었으므로 잠시 東印度會社에 대해 살펴볼 필요가 있다. 영국 여왕 엘리자베스 1세로부터 1600년 12월 31일 대아시아 무역의 독점권을 확보[21]한 동인도회사(소위 런던 동인도회사)는 본격적으로 동방무역에 나섰으나 1689년에야 廈門에서 차를 중국에서 직접 수입할 수 있었다.[22] 그런데 동인도회사는 대주주의 전횡으로 많은 주주의 반발을 샀으며, 1688년의 명예혁명으로 즉위한 윌리엄 3세의 지지하에 1698년 9월 새로운 동인도회사(영국 동인도회사)를 세우게 됨으로써 잠시 두 개의 동인도회사가 병립하게 되었다.[23] 1699년에

三行與廣州外貿」, 58~62쪽. 蕭國亮, 「淸代廣州行商制度硏究」, 『淸史硏究』 2007-1, 33~37쪽.

20) 蕭國亮, 「淸代廣州行商制度硏究」, 『淸史硏究』 2007-1, 38쪽.

21) 아사다 미노루(淺田實) 지음, 이하준 옮김, 『거대 상업제국의 흥망사 동인도회사』(서울: 파피에, 2004), 22쪽.

22) H. B. Morse, *The Chronicles of the East India Company Trading to China, 1635~1834*, Vol. Ⅰ, p.9.

23) 아사다 미노루(淺田實)의 앞의 책 86~88쪽에 의하면, 舊東印度會社의 원명은 '東印度 모든 지역으로 무역을 하는 런던 상인들의 회사'이고 새로운 동인도회사는 '동인도와 무역하는 영국회사'였다. 브라이언 가드너(Brian Gadner)는 전자를 런던 동인도회사, 후자를 영국 동인도회사로 명명하고 있다(*The East India Company, A History by Brian Gadner*, A. M. Heath & Co., Ltd. 1971: 濱本正夫 譯, 『イギリス東インド會社』, 東京: リブロポート, 1989, 49쪽).

는 두 동인도회사가 경쟁적으로 廣州에 貿易船을 보냈는데 처음으로 광주에 도착한 것은 新東印度會社(즉, 영국 동인도회사)가 파견한 선박(Macclesfield호)이었다.[24] 1709년 3월 병립하던 두 개의 회사가 合倂됨으로써 東印度會社의 면모가 일신되었으며 자본액도 320만 파운드에 달하여 영국 최대의 무역회사로 발전하였다.[25] 이러한 상황에 1715년에는 康熙帝의 허가를 받아 廣州에 東印度會社의 商館을 설립하여 이후 중영무역의 교두보로 활용할 수 있었고[26] 1717년부터 정기적으로 廣州에서 중국 차를 수입할 수 있었다. 이 무렵부터 영국에는 차를 마시는 풍조가 유행하여 중국 차에 대한 수요가 날로 증가하였으며, 동인도회사의 차엽 수입량도 나날이 증가하였다. 중국 상품을 수입하려는 동인도회사는 中英 間의 貿易을 수행하기 위하여 廣州의 行商들과 접촉하게 되었다.

3. 行商과 東印度會社의 葛藤關係

중국에 도착한 동인도회사의 화물관리인(Supercargo, 중국에서는 보통 大班이라고 불렀다. 이후 大班으로 표기한다)이 중국 측과 교역하기 위해서는 중국의 대외무역을 전담하는 行商과 접촉하게 되고 그 과정에서 行商과의 사이에 일정한 관계가 형성되기 마련이다. 그

---

24) H. B. Morse, 앞의 책, Vol. I, pp.86~90. 李金明, 「鴉片戰爭前英商在廣州的貿易」, 『南洋問題硏究』 1994-4, 59쪽.
25) 아사다 미노루의 앞의 책, 72~73쪽에 의하면 이미 1691년 동인도회사의 자본금은 739,782파운드에 달하여 영국에 존재하는 무역회사 중 최대 규모를 자랑하고 있었다.
26) 李國榮 편저, 이화승 옮김, 『제국의 상점』(서울: 소나무, 2008), 24~25쪽.

관계는 단순하지 않고 복잡다단하였다. 한편으로 수출입상품의 가격을 정하고 관세를 징수하며 그들의 행동을 감독하는 행상에 대응하여 거래하고 이익을 다투다 보면 행상과 대립과 갈등의 관계를 맺기도 하고, 다른 한편 순조로운 무역을 진행하기 위해서 서로 양보하고 타협하다 보면 행상과 협조와 협력의 관계를 형성하기도 한다. 게다가 자본이 부족한 行商이 동인도회사로부터 현금을 빌리거나 화물을 외상으로 사다 보면 행상이 동인도회사에 경제적으로 예속되기도 한다. 이러한 다면적 관계를 분류하여 서술하는 것이 양자 관계의 實狀을 이해하는 데 도움이 될 것이다.

가장 먼저 문제가 되는 부분은 東印度會社가 가져온 화물의 가격이나 그들이 중국에서 구매할 상품의 가격을 놓고 행상과 동인도회사가 서로 대립하게 된다는 점이다. 각자 유리한 입장에서 상품가격을 결정하려는 것은 당연한 일이라 할 것이다. 行商은 보통 13行으로 불리는 것처럼 다수였다. 적을 때는 4家로부터 많을 때는 26家까지 변동이 심하였는데[27] 행상의 수가 많을수록 동인도회사에 유리하였다. 동인도회사에 유리한 가격을 제시하는 행상과 교역하면 되기 때문이다. 행상으로서는 단체를 조직하여 공동으로 상품가격 협상에 임한다면 행상 측에게 유리하게 협상할 수 있다. 그 결과 여러 차례 행상들의 단체인 公行의 설립과 해체가 나타나게 된다. 1720년(康熙 59년) 행상 간의 경쟁을 그치게 하고 대외무역에 대한 독점을 강화하기 위해 광주 16家 행상은 公行을 조직하였다. 행상들은

---

27) 郭蘊靜, 『淸代商業史』, 352쪽에는 乾隆 16년(1751)부터 道光 19년(1839)까지 개업한 洋行(行商)의 수자가 제시되어 있다. 예컨대 1757년에 26家, 1765년에 10家, 1776년 8家, 1781년 4家, 1786년에 20家, 1790년에 5家, 1800년 8家, 1811년 10家, 1823년 11家, 1830년 10家, 1838년 11家였다.

장엄한 의식을 거행하고 모두 함께 신 앞에서 수탉의 피를 마시면서 맹서하고, 규약을 제정하여 상호 준수하기로 하였다.[28] 公行에 가담하지 않은 行外商人은 이를 불만으로 여겼고, 또한 영국 선박의 화물관리인(大班)도 公行에 반대하여 무역을 정지하였으며, 公行에 참가하지 않았던 유력상인 2인과 협력하여 總督에게 제소함으로써 드디어 1721년 공행을 해산시키는 데에 성공하였다.[29]

1760년 행상들은 두 번째로 公行을 성립시켰다. 公行에 소속한 행상이 개별적으로 외국 무역선과 거래하는 것을 금지하고 일체가 되어 거래하는 방식을 취하였다. 그 때문에 차 등 수출품 가격은 등귀하고 모직물 등 수입품 가격은 하락하였으며, 또한 外商에 대한 각종 課稅가 현저히 무거워졌다. 외국상인은 이 公行에 반대하여 집요한 항의를 반복하였다. 예컨대 1761년 동인도회사 大班은 행상간의 의견 차이를 이용하여 개별 행상과 가격을 논의하고 공행의 동일적 규정을 거절하려고 하였다. 심지어는 화물구매를 연기하겠다고 위협하고 여러 달이나 대치하였다. 그러나 결국 公行이 제시한 대로 모직품의 가격을 깎아 판매하고 차 가격을 올려 구매할 수밖에 없었다.[30] 10년이 지나 1771년 동인도회사는 당시 행상의 지도자 同文行 潘振承을 통하여 兩廣總督에게 10萬 兩의 뇌물을 제공함으로써 결국 公行의 解散에 성공했다.[31]

---

28) H. B. Morse, 앞의 책, Vol. I , pp.163~165. 행상들은 13개 조항의 협약을 약정하였다.

29) H. B. Morse, 앞의 책, Vol. I , p.165. 아울러 佐佐木正哉, 앞의 글, 54쪽에 이러한 과정이 잘 설명되어 있다.

30) H. B. Morse, 앞의 책, Vol. V , pp.103~104.

31) 모스(H. B. Morse)의 기재에 의하면 "1771년 이사회는 大班이 공행을 해산시키려는 공작을 성공시켜, 2월 13일 총독의 포고로 실현되었다는 정보를 얻었다. 潘啓官은 이 건

1775년 行商들은 兩廣總督과 기타 관원의 원조를 받아 새롭게 公行을 조직하려고 기도하였다. 이번에도 동인도회사는 공행설립을 반대하였지만, 서양 각국의 商人 그리고 英國散商이 시종해서 동인도회사와 뜻을 같이하지 않았다. 그 결과 동인도회사의 반대는 영향을 발휘하지 못했고, 공행은 드디어 1780년 再建되었다.[32] 그러나 이 시기에 이르면 行商이 주체적으로 公行을 조직하였다기보다는 廣東官府가 주도하여 조직한 것이었고, 이미 대부분의 行商이 자금의 면에서 東印度會社에 지배되고 있었기 때문에 회사의 이익에 반하는 聯合의 결성은 곤란하였으며, 또 회사는 茶의 매입량에 따라서 수입 모직물을 각 행상에 할당하였기 때문에 행상은 일방적으로 차와 생사의 가격을 조작하여 수익을 올리는 것도 곤란했다.[33] 즉, 公行에 의한 수출입품 가격의 공동결정 방식은 오래 계속되지 못하였다. 1783년에 이 방식이 파괴되었고, 그 후에도 1785년, 1809년, 1814년, 1816년, 1830년에 이 방식을 재건하려는 움직임이 있었지만 결국은 실현시키지 못하였다.[34] 18세기 후반과 19세기에 이르러서는 행상과 동인도회사 사이의 관계에서 동인도회사가 우월하고 유리한 상황이 지속하였다고 하겠다.

을 위해 10萬 兩을 사용하였고 동인도회사는 그에게 그 돈을 상환하였다." H. B. Morse, 앞의 책 Vol. I , p.301.

32) 梁嘉彬, 『廣東十三行考』(廣州: 廣東人民出版社, 1999), 143쪽. 佐佐木正哉, 앞의 글, 58쪽.

33) 佐佐木正哉, 앞의 글, 78~79쪽. "다만 公行이 결성되었던 때에는 관헌이 수출품 가격의 결정에 간섭하여 일정 금액을 강제적으로 부가하여 그것을 착복하는 것은 어느 정도 가능했던 모양으로 행상이 공행의 결성에 소극적이었던 것에 대하여 관헌이 적극적이었던 것은 여기에 원인이 있었는지도 모른다"라고 한다.

34) 佐佐木正哉, 앞의 글, 60쪽.

4. 行商과 東印度會社의 協助關係

행상과 동인도회사가 순조로운 교역을 진행하기 위해서는 서로 타협하고 협조할 필요가 있었던 것은 당연한 일이다. 『粤海關志』卷25에는 1780년(乾隆 45) 刑部에서 올린 奏摺을 수록하고 있는데, 그 주접은 廣東巡撫 李湖 등의 상주를 인용하고 있다.

> "종래 외국 각국의 夷人들이 배에 화물을 싣고 광주에 와서 행상과 교역하는데, 행상은 자신과 거래를 하는 夷人이 친밀하므로 매양 마음속에 이상야릇한 생각을 품어(每有心存詭譎) 夷人을 대신하여 화물을 팔 때 다른 행상에 비해 값을 더 비싸게 해주고 夷人을 대신하여 화물을 사들일 때는 다른 행상에 비해 값을 싸게 해줍니다."[35]

'詭譎'이란 표현을 쓴 것은 廣東巡撫가 볼 때 행상의 행위는 도무지 이해할 수 없었기 때문이다. 행상의 입장에서 보자면 사업 파트너에 대한 배려이고 고객을 관리하는 방법이다. 제3자가 볼 때 이상야릇하다고 생각될 정도로 좋은 가격으로 거래해줌으로써 자신과의 거래 횟수와 거래량을 늘리고 이를 통해 이익을 증가시키려 했다고 생각된다. 이러한 행상의 협조행위는 동인도회사와의 관계를 우호적으로 만들었을 것이다.

한편으로 생각하면 行商은 본시 牙行의 일종이므로 그들의 주요한 경제적 직능은 상품의 거래를 중개하는 것이고 거래가 성사된 이

---

35) 梁廷枏 等纂, 『粤海關志』卷25「行商」4쪽 앞(1,803쪽). "臣等更有請者, 向來外番各國夷人載貨來廣, 各投本商交易, 行商惟與來投本行之夷人親密, 每有心存詭譎, 爲夷人賣貨, 則較別行之價加增, 爲夷人買貨, 則較別行之價從減, 祗圖夷人多交貨物, 以致虧本, 遂生借銀換票之弊."

후 수수료를 받는 것이라고도 할 수 있다. 따라서 커다란 자본을 소유할 필요가 없었다.[36] 실제 당시의 무역도 행상으로서는 커다란 자본이 필요 없는 물물교환이었다. 모스(H. B. Morse)는 이런 상황을 다음과 같이 설명하고 있다.

> "이 지역에서의 거래는 물물교환제도(Barter)라고 간주하지 않으면 안된다. 우리와 거래하는 상인들은 거의 현금을 가지고 있지 않고, 따라서 그들이 지불할 수 있도록 15개월 내지 2년 정도의 상당히 장기간을 허용해주지 않으면 그들은 상품을 구매할 수 없다. 즉, 本城의 鋪戶(즉, 소매상인)가 그들(행상)에게 대가를 지불하여 비로소 우리에게 청산하는 것이다."[37]

이와 같은 物物交換에서 行商은 굳이 대자본을 소유할 필요는 없었다. 게다가 동인도회사 측은 수입하려는 차와 생사의 구입대금을 行商에게 先拂해주고 있었다. 즉, 행상은 차의 경우는 대체로 가격의 50%(때로는 80%), 生絲의 경우는 가격의 90% 정도를 동인도회사 商館으로부터 사전에 받고 그것으로 국내의 茶商이나 絲商에게서 화물을 구입하여 동인도회사에 조달하는 것이 보통이었다.[38]

---

36) 李士楨, 『撫粵政略』 卷6 「文告二」 「分別住行貨稅」 康熙 25年 4月, 55～56쪽에 의하면 "嗣後如有身家殷實之人, 願充洋貨行者, 或呈明地方官承充, 或改換招牌, 各具呈認明給帖"이라고 하는 것처럼 행상에 충당되는 사람은 身家가 殷實한 사람이었다. 이는 행상이 자본이 넉넉한 사람이었다는 인상을 갖게 한다. 실제 청조는 은실한 사람이 행상에 충당되기를 원하였으나 반드시 그런 것은 아니었다.

37) H. B. Morse, 앞의 책, Vol. Ⅴ, p.24.

38) H. B. Morse, 앞의 책, Vol. Ⅱ, pp.89～90. Vol. Ⅴ, p.87. 한편 John K. Fairbank ed., *The Cambridge History of China*, Vol.10 *Late Ch'ing 1800～1911* Part 1, Cambridge University Press, 1978(김한식 · 김종건 책임번역, 『캠브리지 중국사』 10권 1800～1911 청제국말 1부 내란과 외환의 시기 上, 서울, 새물결출판사, 2007)에 수록된 프레더릭 웨이크먼 2세, 「광저우 교역과 아편전쟁」, 274～275쪽에도 같은 내용

사정이 이러하니 행상은 동인도회사의 협조(자금지원) 없이는 그들의 대외무역 업무를 진행할 수 없었을 것이다. 이러한 상황에서 행상은 동인도회사 측으로부터 반품된 차나 생사를 과징금 없이 교환해주기도 하였고, 회사의 大班 등에게 구매정보를 제공하기도 하였다.[39] 특히 자본이 부족한 행상은 동인도회사가 가져온 화물을 외상으로 구매하는 일도 허다하였다. 이러한 외상구매는 양자의 협조 때문에 가능하였다고 할 수 있겠지만, 한편으로 행상이 동인도회사에 예속되는 원인이 되기도 하였다. 다음 장에서 서술하듯이 행상이 동인도회사에 막대한 채무를 지게 되어 일부는 파산하기도 하고 일부는 회사에 隸屬되는 상황을 빚기도 하였다.

19세기에 들어서서 양자 사이에 다시 한번 협력과 상생의 노력이 필요한 상황이 전개되었다. 행상은 중국인 경쟁상대로서 行外商人에 대처해야 했고, 東印度會社로서는 地方貿易商人,[40] 散商[41]으

이 나온다.

39) 하오옌핑 지음, 이화승 옮김, 『중국의 상업혁명: 19세기 중·서 상업 자본주의의 전개』(서울: 소나무, 2001), 226~227쪽.

40) 田中正俊은 동인도회사에 대해서 독립적인 상인이 회사의 허가를 얻어, 아시아 지역 내의 상호 간 교역을 행하는 무역(conurty trade)을 '지방무역'으로 번역하고 이를 행하는 상인을 '지방무역상인'으로 호칭하였다(『中國近代經濟史研究序說』, 東京大學出版會, 1973, 第2編 第2章 「中國社會の解體と阿片戰爭」, 113~114쪽). 佐佐木正哉도 앞의 글 93쪽에서 영국의 지방무역상인(conurty trader)이라는 표현을 사용하고 있다.

41) 陳旭麓 等主 編, 『中國近代史詞典』(上海辭書出版社, 1982), 668쪽. 「散商」 조항에 의하면 散商은 다음의 의미를 갖고 있다. "阿片戰爭 전 광주의 대외무역에서 중국과 영국 양국의 특허 상인 이외의 자유로이 무역을 경영하는 상인을 말한다. 외국 散商은 東印度會社 이외에 각국에서 廣州에 와서 무역하는 상인이다. 소위 자유 상인으로 그중 주로 17세기 말엽에서 20세기 1930년대까지 동인도회사의 허가를 얻어 廣州에 와서 무역을 행하는 영국·인도 상인을 가리켰는데 영문으로는 Country merchant, Parsees (대대로 인도에 거주하며 무역하는 페르시아 후예로 배화교도)라 한다. 당시 중국인은 이들을 港脚이라 불렀고 그들의 배를 港脚船이라 하였다." 따라서 광주 대외무역에서 散商은 行商 이외의 중국인 行外商人을 의미하는 경우도 있고, 동인도회사 이외의 외국상인을 의미하기도 한다. 그러나 본고에서는 혼란을 피하기 위해 동인도회사 이외의 외국상

로도 불리는 자유상인과 미국·네덜란드 상인 등의 도전에 맞서야
했기 때문이었다. 行外商人인 鋪號는 행상과 비교하면 여러 가지
명목의 세금이나 관료의 수탈이 훨씬 적었기 때문에 차나 생사, 土
布 등을 행상보다 저렴한 가격으로 동인도회사나 기타 外國商人에
게 팔 수 있었고 이에 따라 많은 外商들이 실제 行外商人과 거래
했다.[42] 이로써 행상의 영업 입지가 위축되었다. 경영이 어려워진 행
상은 외상에게 많은 채무를 짐으로써 파산위기에 내몰리기도 하였다.
한편 중국과 무역관계를 맺은 외국상인은 영국 동인도회사 이외에도
미국, 네덜란드 등의 상인이 있었으며, 동인도회사가 공인한 자유상
인(散商)이 활동하고 있었다. 미국 상인은 1784년 이래 중국과의 교
역을 시작하여 새롭게 중국 무역의 경쟁대열에 합류하였고, 1813년
동인도회사의 인도 무역 독점권이 폐지되자 散商의 활동이 더욱 왕
성해지고 세력이 강대해졌다. 동인도회사가 여전히 행상의 특권을
존중하고 이와 교역하고 있었을 때, 미국 상인과 英國 자유상인은
行外商人과 대량의 화물거래를 함으로써 행상과 교역할 때에 비해
더욱 많은 이익을 얻을 수 있었다.[43] 이러한 상황은 동인도회사와
행상으로 하여금 서로 연대할 필요를 느끼게 하였다. 그러나 연대라
고 해도 주로 동인도회사의 행상에 대한 지원으로 나타났다. 1814년
당시 행상은 모두 11행이 활동하고 있었는데 그중 麗泉, 福隆, 西
成, 同泰, 東裕의 5行은 이미 파산을 면하기 어려운 상태에 처하여
있었다.[44] 전체 행상이 동인도회사 및 외국상인에게 빌린 부채는 무

인을 가리키기로 한다.

42) 하오옌핑 지음, 이화승 옮김, 앞의 책, 33~34쪽.

43) 彭澤益, 앞의 글 1992, 134쪽.

려 4백만 달러에 육박하고 있었다. 많은 행상이 일시에 파산하는 것은 동인도회사에도 중대한 문제였기 때문에 회사의 결사적인 지원으로 이 11행은 1822년까지 겨우 명맥을 유지할 수 있었다.[45]

1828년에는 미국 상인이 그들과 行外商人의 무역을 중개할 새로운 行商을 세우려고 계획하였으나, 기존 行商들의 강력한 반대에 부딪혀 결국 실현되지 못하였다. 미국 상인의 계획이 行商의 경영에 타격을 줄 것을 두려워했던 동인도회사 측은 처음부터 이 계획에 반대하고 行商을 지지하였다. 1829년에는 동인도회사 측에서 행상제도를 개혁하려는 방안을 중국 당국에 청원하였는데, 이는 행상에 대한 착취와 학대를 중지하고, 행상의 부담과 책임을 경감함으로써 행상의 증가를 도모하고자 한 것이었다.[46] 동인도회사 측의 행상에 대한 지원, 지지, 개혁안은 행상에게 유리한 측면이 있기는 하지만 실상은 동인도회사 측의 이해관계를 반영하여 도출된 것이기도 하였다.

---

44) 〈표 1〉에서 보듯이 東裕行을 제외한 나머지 행상은 1823∼1828년 사이에 모두 파산하였다.

45) 佐佐木正哉, 앞의 글, 65쪽. 그러나 1816년(嘉慶 21년) 동인도회사 이사회는 이미 광주 大班이 소규모 행상을 지원하는 방법에 대해 불만을 표시하였고 이러한 방법은 명확한 실리가 없으며 소행상의 파산이라는 위험부담을 안을 수밖에 없다고 생각하였다. 이에 大班에게 행상과 회사의 무역계약 내에 필요한 세금의 선지불을 엄격히 제한하고 기타방면의 선지불도 제한의 대상으로 삼으라고 훈령하였다. 이로 인해 회사 大班은 1821년부터 소행상에게 빌려주는 선불금을 엄격히 제한하기 시작하였다. 章文欽, 「淸代前期廣州中西貿易中的商欠問題」, 『中國經濟史硏究』 1990-1, 126쪽 참고.

46) 佐佐木正哉, 앞의 글, 74∼76쪽.

5. 行商의 東印度會社에 대한 債務와 隷屬關係

<표 2>에서 보듯이 1758년부터 1843년까지 80여 년간 파산한 행상이 갚지 못한 外商에 대한 채무는 1,620~1,740萬 元[47)]에 달하였다. 도대체 왜 이런 엄청난 부채가 발생하였던 것일까? 章文欽은 정치조건, 시장조건, 자본구성, 신용조건, 대부조건, 얻은 이윤, 자본축적 등 7가지 면에서 중국 행상이 영국 동인도회사를 중심으로 한 外商에 비해 열악했기 때문이라고 지적하였다.[48)] 물론 이러한 여러 가지 이유가 복합적으로 작용해서 그러한 결과를 도출하였음은 쉽게 이해할 수 있다. 다만 여기서는 행상과 동인도회사의 무역관계에 초점을 맞추어 그 원인을 추구해보고자 한다.

동인도회사는 점차 성장하는 영국 산업자본가의 요구에 떠밀려 영국산 모직물을 중국에 팔지 않으면 안 되었다.[49)] 그러나 영국산 모직물은 따뜻한 날씨의 南中國에서 판로를 개척하기가 매우 곤란했다. 1769년 영국 동인도회사는 이윤이 많은 차와 팔리지 않는 영국의 모직물을 한데 묶어 거래하는 방법을 고안했다. 곧 행상이 일정 비율로 영국 모직물을 구매하여야만 동인도회사는 거기에 상응하는 비율의 茶를 사겠다고 규정하였다.[50)] 모스는 이를 "1769년부터 차

---

47) 章文欽의 계산에 따르면 파산행상의 채무액수는 1,658만 1,238달러에 달하고(「淸代前期廣州中西貿易中的商欠問題」(續), 『中國經濟史硏究』 1990-2, 71쪽, 86쪽) 영국학자 그린버그(Michael Greenberg)에 의하면 모두 1,650만 달러 이상[*British Trade and the Opening of China 1800~1842*, Cambridge University Press, 1951, p.63]이다.

48) 章文欽, 위의 논문, 『中國經濟史硏究』 1990-2.

49) 애초에 영국 동인도회사의 설립목적은 당시 영국에서 생산되고 있던 모직물을 판매하는 것이었다고 한다. 아사다 미노루 지음, 앞의 책, 29쪽.

50) H. B. Morse, 앞의 책 Vol. Ⅴ, p.151. 章深, 앞의 글, 66쪽. 章文欽 「淸代前期廣州中西

구매와 모직물 판매의 교역이 계통적으로 결합하기 시작하였다"고 표현하였는데, 1769년 동인도회사는 두 행상과 이러한 교역을 하였고 1770년 말에는 다섯 행상과 이러한 교역을 하였다. 이는 "그들이 선박으로 가져온 모직물을 팔아버릴 수 있는 유일하고도 가장 좋은 방법"[51]이었다. 이후로 行商들은 차를 많이 팔기 위해서는 모험을 감수하며 팔리지도 않을 영국 모직물을 구매해야 했다. 오랫동안 모직물 재고품을 쌓아 놓았던 영국 상인들은 해묵은 문제를 해결했지만, 행상들은 또다시 스스로 족쇄를 채우는 꼴이 되었다. 1772년 행상 懷官(倪宏文 Wayqua)은 모직물을 구입하다 자금이 고갈되자 부채를 이기지 못하고 도망치고 말았다.[52] 사실 東印度會社가 행상으로부터 차를 구입하지만, 회사가 미리 그 가격의 일부를 행상에게 선불하고 일정 기간 내에 행상이 차를 조달하는 방식을 취하였으므로, 동인도회사는 먼저 행상에게 채무를 제공함으로써 양자 간의 서례가 시작되는 셈이었다. 결국 처음부터 행상은 동인도회사에 빚을 지면서 양자 간의 무역관계를 수립하였다고 하겠다. 따라서 회사가 제공하는 차의 선불금은 일종의 부채인 셈이고, 행상이 떠안은 잘 팔리지 않을 모직물은 당연히 미래의 부채였다. 따라서 대체로 자본이 넉넉한 행상은 동인도회사가 가져온 모직물을 떠안으려 하지 않았지만,[53] 군소 행상들은 차를 팔려는 욕심으로 동인도회사의 미끼

貿易中的商欠問題(續), 『中國經濟史研究』 1990-2, 82쪽.

51) H. B. Morse, 앞의 책 Vol. V, p.151.

52) H. B. Morse, 앞의 책 Vol. V, 161쪽. 李國榮 편저, 앞의 책 219쪽.

53) 예컨대 怡和行 伍秉鑒과 廣利行 盧觀恒처럼 자본이 풍부한 행상은 종래 이런 방식의 거래를 희망하지 않았다고 한다(彭澤益, 앞의 논문 1992, 138쪽). 반면 1775년 總商을 맡았던 同文行 潘振成은 이런 계약을 적극적으로 활용하여 동인도회사가 가져온 모

를 물어 부채가 늘어나 파산지경에 이르렀던 것이다.

그럼에도 영국산 모직물이 잘 팔리지 않자 이러한 국면을 타개하기 위하여 1810년 동인도회사 大班들은 모직물의 대리 판매, 수수료 제공이라는 방법을 취하였다. 일부 행상을 회사의 대리인으로 삼아 모직물을 직접 各省 客商에게 판매케 하였다. 예컨대 通事를 지내다 行商(東裕行)이 된 謝嘉梧를 일종의 중매인(掮客)으로 삼아 모직물을 팔게 하고 3%의 수수료를 지불하였다.[54] 그는 동인도회사의 지휘하에 회사를 위해 일하게 되었던 것이다.[55] 謝嘉梧 이외에 회사를 위해 중매인으로 충원된 소규모 행상에는 潘長耀(麗泉行)와 李應桂(별명 李協發, 萬源行) 등이 있었다.[56] 이러한 방법에 따른 판로확대는 회사로 하여금 이익을 얻게 하였다. 반면 이러한 모직물 판매는 적지 않은 행상으로 하여금 결손을 보게 하였고 곤경에 빠지게 하였다. 예컨대 麗泉行 潘長耀, 福隆行 關成發, 興泰行 嚴啓祥(嚴啓昌)은 모두 영국 모직물을 대규모로 장사하다가 심각한 결손을 보고 종국에는 도산하게 되었다.[57] 1823년 행상인 麗泉行 潘長

직물의 3분의 1을 맡음으로써 자신과 동인도회사와의 무역량을 대폭 늘이고 있다(H. B. Morse, 앞의 책, Vol. Ⅱ, p.10).

54) H. B. Morse, 앞의 책 Vol. Ⅲ, p.138, p.349.

55) 吳建雍, 「1757年以后的廣東十三行」, 『淸史硏究集』 제3집(四川人民出版社, 1984), 118~119쪽. 謝嘉梧는 장기간 회사의 모직물 판매 브로커(掮客)가 되었고 회사와 관계가 아주 밀접하였다. …… 謝嘉梧의 東裕行과 회사의 무역액은 필경 총상 伍敦元 怡和行과의 무역액을 초과하였다. 회사의 특별한 배려하에 1821년 동유행은 이미 外商과 伍敦元에게 빚진 채무를 상환하였다. 소행상 중에 파산을 면한 행운아가 되었다. 章文欽, 앞의 글, 『中國經濟史硏究』 1990-2, 83쪽.

56) 章文欽, 앞의 글, 『中國經濟史硏究』 1990-2, 83쪽.

57) 彭澤益, 앞의 글 1992, 138쪽. 潘長耀는 1823년, 關成發은 1828년, 嚴啓祥은 1830년에 각각 파산당하였다. 〈표 1〉 참고. 그린버그(Michael Greenberg)에 의하면 이러한 행상의 모직물 거래는 통상 5~7%의 손실을 가져왔다고 한다(British Trade and the Opening of China, 1800~1842, p.186).

耀의 파산을 예로 들어보면 그는 다년간 영국 동인도회사가 중국 내지 상인에게 판매하는 羽紗(면과 모 등을 혼합하여 짠 얇은 방직품)의 주요 중매인이었다. 1821년 9월 그의 수중에는 아직 팔지 못한 羽紗가 6천 건이 있었다. 그해 팔아야 할 羽紗를 더하면 모두 15,600건이나 되었다. 가능한 한 빨리 현금으로 바꾸기 위해 싼값에 팔 수밖에 없었다. 그 결과 18만 1,629兩의 적자를 보았고, 동인도회사에 진 채무는 무려 31만 6,965兩이었다. 결국 파산하고 말았다.[58]

행상이 외국상인에게 진 채무를 외국인에게 빚졌다는 의미에서 夷欠, 또는 행상이 빚졌다는 의미에서 行欠, 商行爲 도중 빚졌다는 의미에서 商欠이라고도 하는데, 이러한 채무가 발생하게 된 데는 여러 가지 이유가 있다. 앞서 서술한 동인도회사가 강제한 모직물 판매도 하나의 원인이 될 것이다. 淸朝皇室이나 地方大官에게 바쳐야 할 여러 가지 명목의 貢物이나 기부금을 충당하기 위해서 외상에게 빚을 얻기도 하였으며, 행상의 무리한 사업 확장이나 국가에 밀린 세금을 갚기 위해 외상에게 빌린 채무도 발생하였다.[59]

이러한 채무의 발생원인 이외에 행상과 外商 사이의 특수한 교역관계에서 발생한 夷欠도 있었다. 본고는 행상과 동인도회사의 관계를 살피는 것이 목적이므로 행상과 청조의 관계에서 발생하는 채무는 논외로 하고 행상과 外商 간의 문제를 검토하기로 하자. 청조의 규정(1759년 兩廣總督 李侍堯의 「防範外夷章程」 5조)에 따르면,

---

58) H. B. Morse, 앞의 책, Vol.Ⅳ, p.8. 吳建雍, 앞의 글, 114~115쪽. 章文欽, 앞의 글, 『中國經濟史硏究』 1990-1, 127쪽 참고. 1823년 潘長耀가 사망했을 때 세금 체납액이 22,528兩이었고 외국상인에 대한 화물대금 빚이 172,207달러, 또 회사 채무가 308,565兩이었다.

59) 蕭國亮, 앞의 글, 44쪽. 佐佐木正哉, 앞의 글, 71쪽.

중국에 온 외국상선은 매년 9～10월간에는 廣州를 떠나야만 했다.[60] 일반적으로 外商은 떠나기 전에 판매하지 못한 상품을 모두 그와 거래하는 행상에게 맡겼다. 쌍방은 행상이 상품을 판매하여 얻은 상품대금을 외상이 돌아오면 이자를 포함하여 돌려주기로 약조하였다. 그러나 외상이 언제 중국으로 돌아올지가 불분명하였다. 어떤 외상은 수년이 지난 뒤에 비로소 중국에 다시 무역하러 왔다. 이 경우 상품대금은 이자가 붙어 거액이 되었다. 행상은 이를 전부 배상해야 했는데 많은 행상이 이를 배상할 수 없었다. 때문에 '夷欠'의 문제가 발생하였다.[61] 1784년의 한 상주문에는 행상이 외상의 팔지 못한 상품을 떠안는 상황을 잘 묘사하고 있다.

> "洋商(行商)이 夷人의 銀兩을 빚지고 갚지 못하게 된 것은 다음과 같은 사정 때문입니다. 夷人이 귀국할 때 미처 팔지 못한 화물의 가격을 정하여 행상에게 대신 팔아달라고 남기면서 판매액, (夷人이 돌아올) 시기, 이자율 등을 정하게 됩니다. 행상은 화물을 얻으면서 현금을 쓰지 않아도 되므로 이를 탐내어 승낙하게 됩니다. 그러나 夷人이 귀국하면서 보통 1년이라고 정하였지만 일을 구실삼아 돌아오지 않고 늦으면 2～3년이 되어서야 비로소 돌아오는 일도 있습니다. 夷人에게 돌려줄 돈은 햇수에 따라 이자를 계산하는데 이자에 다시 이자가 붙어, 즉 본금과 이자가 복리로 계산되니 갈수록 많아져 행상은 부담이 늘어나므로 상환하지 못하게 됩니다."[62]

---

60) 『粵海關志』卷28「夷商」22쪽 뒤, 2,012쪽「部覆兩廣總督李侍堯議」乾隆二十四年 "一. 據稱夷商在省住冬, 應請永行禁止也. 外洋夷船向係五六月收泊, 九十月歸國."

61) 郭蘊靜, 앞의 책 353～354쪽.

62) 『粵海關志』卷25「行商」6쪽 뒤～7쪽 앞(1,808～1,809쪽). "乾隆四十九年九月軍機大臣會同總督奏言: …… 臣等當卽詢之舒璵, 據稱洋商拖欠夷人銀兩, 總由夷人於回國時, 將售賣未盡物件, 作價留與洋商代售, 售出銀兩, 言明年月, 幾分起息.

자본이 부족한 행상으로서는 현금이 없어도 외상이 맡긴 화물을 팔아 수익을 올릴 수 있다고 생각하여 덥석 外商과 계약하는 것이다. 그리고 그것은 이자에도 이자가 붙는 복리계산이고 일종의 고리대였다. 외국상인으로부터 대부를 받을 때에는 1779년 당시 연리 16%에서 20%, 1796년 당시에는 10%, 그 후에도 보통은 12% 정도였지만, 금융이 핍박한 경우에는 1813년과 같이 연리 40%로 폭등하는 때도 있었다고 한다. 1779년에 행상 四家가 외국상인으로부터 빌린 부채는 380萬餘 銀元(Dollars) 이상이었지만 원금은 107萬餘 銀元에 불과하고, 270萬餘 銀元은 대체로 7년 사이에 가산된 연 18%에서 20%의 이자였다.[63]

이렇듯 행상이 外商에 제공하는 借金에 빠지게 되는 것은 외상의 대부조건이 중국인의 고리대에 비해 좋은 조건이었기 때문이었다. 청대 법정 이자율은 월 3%로 정해져 있었지만[64] 실제로는 그 이상이었다. 예컨대 嘉慶年間 刑部 檔案을 조사한 李文治의 통계에 의하면 廣東에서는 24건 사례 중 16건이 월 3% 이상이었다.[65] 월 3%라면 年 36%이므로, 외상이 제공하는 대부는 특수한 경우를 제외하면 이자율이 중국인의 고리대에 비해 훨씬 낮은 것이다. 따라서

洋商貪圖貨物, 不用現銀, 輒爲應允. 而夷人回國時, 往往有言定一年, 託故不來, 遲至二三年後始來者, 其本銀旣按年起利, 利銀又復作本起利, 以致本利輾轉積算. 愈積愈多, 商人因循負累, 欠而無償等語."

63) H. B. Morse, 앞의 책, Vol.Ⅱ, p.44. 한편 佐佐木正哉, 「淸代廣東の行商制度について」, 『駿臺史學』 66, 1986, 71쪽에서는 이 부분을 인용하면서 달러를 銀兩으로 오독하였다.

64) 光緖 『大淸會典事例』 卷764 「戶律: 違禁取利」(『續修四庫全書』 「史部: 政書類」 V.809, 上海古籍出版社, 2001, 416쪽).

65) 李文治 編, 『中國近代農業史資料』 第1輯(1840~1911)(北京: 三聯書店, 1957), 98쪽.

행상은 외상이 제공하는 借金에 별다른 저항감 없이 빠져드는 것이다. 일단 동인도회사에서 借金한 후 많은 이자를 지불해야 할 뿐만 아니라 원금을 갚지 못하면 동인도회사의 監督과 관리를 받아들여야 했다. 1813년(嘉慶 18年) 行商 潘長耀, 黎顔裕, 鄧兆祥, 麥觀廷, 謝嘉梧 等은 外商의 채무를 상환할 힘이 없었기 때문에 東印度會社 廣州 大班은 다른 債權者과 會同하여 三人委員會를 조직하고 이들을 감독·관리하였다. 관리하에 놓인 行商은 그들이 얻은 이익 전부를 채무' 상환하는 데 사용하여야 했다. 그들은 이미 經營의 독립성을 상실하고, 外國商人의 附庸으로 전락하였던 것이다.[66]

6. 결론

이상에서 청대 行商과 영국 동인도회사의 관계를 葛藤·協力·隸屬이라는 세 측면에서 살펴보았다. 물론 세 가지 측면이 차례대로 나타난 것은 아니다. 全 期間 동안 세 가지 관계는 복합적으로 나타났다고 생각된다. 때로는 두 가지 관계가 병존하고 때로는 한 가지 관계가 지배적이기도 하였을 것이다. 그러나 대체적인 흐름은 다음에서 제시하는 두 사료의 내용이 보여주듯 행상의 우월한 지위가 점차 동인도회사에 대해 예속적인 지위로 바뀌는 변화과정이었다고 생각된다.

1937년 『廣東十三行考』라는 저서를 낸 梁嘉彬은 行商의 후예

---

66) 蕭國亮, 「淸代廣州行商制度硏究」, 『淸史硏究』 2007-1, 46쪽.

로 그의 先祖로부터 들은 이야기를 다음과 같이 쓰고 있다.

"처음 행상이 설립되었을 때 예에 따라 家業이 殷實한 자를 행상에 충당시켜 세금을 납부하게 하였다. 서양 상품이 수입되면 모두 행상이 판매하게 하였고 洋人은 이를 넘볼 수 없었다. 외국인은 그저 공손히 명령을 받들 뿐이었다. 洋人이 행상을 보러 갈 적에 모두 걸어갔으며 가마를 탈 수 없었다. 행상이 혹시 일이 있다 하여 거절하면 후일을 기다려 다시 가서 뵈었다. 행상이 夷館에 갈 때는 가마를 탔고 외국인은 모두 나와서 맞이해야 했다. 외국인이 행상을 뵐 때는 모두 옆에 서 있어야지 감히 앉을 수 없었고 공손히 화물 단자를 바치고 물러났으며 또한 말을 많이 해서도 안 되었다."67)

처음 외국상인과 행상이 교역에 임하였을 때는 행상의 지위가 마치 상전이고 동인도회사 대반의 지위가 하인과 다름없는 상황이었다. 중국의 생사와 차를 구입하여 본국에 운송함으로써 경제적 이익을 얻으려는 상업자본가로서는 중국 무역의 독점권을 가진 행상에 대해 마치 상전처럼 존귀하게 대할 수밖에 없었을 것이다. 그러나 동인도회사는 당시 영국의 최대 무역회사로 엄청난 자본력을 갖추고 있었던 반면 행상은 자기 자본이 허약한 牙行的 존재로서 늘 청조 권력의 수탈 때문에 곤경에 처하곤 하였다. 따라서 동인도회사에 팔 차와 생사를 조달할 때도 자본이 모자라 동인도회사로부터 선수금을 받아야만 하였다. 영업규모를 확대하기 위해서 청조 권력의 거듭되

---

67) 梁嘉彬, 『廣東十三行考』(廣州: 廣東人民出版社, 1999), 205쪽. "始設行商時, 例以家業殷實者充之, 使輸其餉. 洋貨入口, 總歸行商販賣, 不得他越; 而外人亦奉命惟謹. 洋人往謁行商, 皆徒步, 不得乘轎; 行商或辭以事, 則俟他日復趨而見; 行商至夷館, 則乘轎, 外人并須出迎. 外人見行商, 皆旁立, 弗敢坐, 恭呈貨單乃退. 亦弗敢多語; 而行商則冠冕高坐, 隨意訂定全船貨價, 亦不徵外人同意."

는 기부금 요구에 부응하기 위해서 동인도회사로부터 현금을 대부받는 처지로 내몰렸다. 게다가 잘 팔리지도 않는 모직물을 수령해야만 차와 생사를 구매하겠다는 동인도회사의 전술 앞에 자본력이 미약한 행상은 동인도회사의 방침에 순응할 수밖에 없었다. 수출입화물의 가격을 좌우하기 위해 결성된 공행도 번번이 동인도회사의 공세 앞에 와해되고 말았다. 귀국하는 동인도회사 대반이 남긴 화물을 이용하여 이득을 볼 수 있다는 잘못된 판단과 허황된 욕심이 오히려 동인도회사에 대한 채무 규모를 확대했다. 일부 행상은 채무를 갚지 못하고 파산하기도 하였다. 행상은 생존하기 위해서 오히려 동인도회사에 도움을 받고 회사에 예속적 상태에 놓이는 것도 용인해야 하였다. 일부 행상은 동인도회사의 감독을 받거나 동인도회사를 위해 일하는 처지로 떨어지기도 했다.

이제 행상의 지위는 전과 달리 동인도회사나 外商의 비위를 맞추어야 하는 서글픈 처지로 전락하게 되었다. 道光 年間(1821～1850)의 이러한 상황에 대해 張杓는 다음과 같이 묘사하고 있다.

> "자본이 부족한 자는 돈을 빌리려는 마음뿐이어서 뜻을 굽혀 영합하지 않음이 없고, 夷人이 자기를 아껴주기를 바란다. 이에 기생을 끼고 함께 노는 자가 있는가 하면, 첩을 사서 몸소 증정하는 자도 있다. 심지어는 자기의 妻妾으로 하여금 술을 권해서 그의 환심을 얻으려는 자조차 있으니 후안무치할 뿐이고 정의감은 전혀 없다고 할 것이다."[68]

---

68) 張杓, 『磨甋齋文存』「上楊侯陳善後事宜書」, 38쪽 앞뒤(本公司編輯部 編, 『叢書集成三編』 58 文學類, 臺北: 新文豊出版公司, 1997, 152쪽). "賤丈夫欲求壟斷, 旣竭其能, 而資本不充者復存賒欠之心, 無不曲意迎逢, 冀夷人之私我. 于是有挾妓而與遊者, 有買妾而持贈者, 甚至有以妻妾行酒而博其歡笑者, 可謂有靦面目全無心肝矣."

행상의 지위가 이전과는 완전히 상반되었음을 잘 보여주는 지적이라 할 것이다. 19세기에 들어서서 관료의 수탈과 外商에의 채무로 행상 대부분이 파산 위기에 몰리자 동인도회사는 행상을 扶養시키는 방침을 택한다. 그러나 그것은 진정으로 공생과 협력을 위한 것이라기보다 동인도회사라는 상업자본의 이윤추구라는 동기에서 출발한 것이었다. 19세기 후반은 중국 지식인이 보기에 각박한 弱肉强食과 適者生存의 시대였고, 貿易戰爭, 즉 商戰이 전개되는 와중에 놓여 있었다.[69] 과연 진정한 협력이 존재할 수 있었을 것인가?

끝으로 淸朝 황제가 택한 行商 夷欠의 처리대책에 대해 간단히 언급하고자 한다. 만약 개별 행상과 개별 外商(동인도회사 大班) 사이에서 발생한 채무를 양자 사이의 개별적 차원에서 해결했다면, 전체 행상의 3분의 2 이상이나 되는 행상이 파산할 정도에 이르렀을 것인가? 청조는 원래 행상이 외상에게서 자금을 借貸하는 것을 용인하지 않았지만[70] 정작 夷欠으로 인하여 파산하는 행상이 발생하자 소위 天朝의 위신 때문에 '외국 오랑캐에게 웃음거리가 되는'[71] 것

---

69) 이화승, 「19세기 상해의 경제개혁사상, 상전–정관응 사상의 배경과 전개–」, 『현대중국연구』, 4권, 2호, 2002 참고.

70) 「乾隆二十四年口英咭唎通商案: 李侍堯摺三」, 『史料旬刊』 第9期, 乾隆 24年 10月 25日(故宮博物院文獻館, 1930), 天309에서는 "嗣後內地民人, 槪不許與夷商領本經營, 往來借貸. 倘敢故違, 將借領之人, 照交結外國借貸誆騙財物例問擬, 所借之銀, 査追入官, 使外夷並知炯戒"라고 하여 건륭 24년(1759) 외국상인에게서 借貸하는 것을 금하고 있다. 후에 1795년 乾隆帝는 石中和 채무사건에 대한 보고를 받은 후 진노하면서 이후 매년 商欠 액수는 10餘萬 兩을 초과할 수 없다고 정하였다. 章文欽, 앞의 글, 『中國經濟史研究』 1990–1, 121쪽.

71) 『粤海關志』 卷25 「行商」 9쪽 앞–뒤(文海出版社, 1,813~1,814쪽). "乾隆五十六年奉聖諭: 行商吳昭平揭買夷商貨價, 久未淸還, 情殊可惡, 應照擬發遣. 所欠銀兩, 估變家産, 餘銀先給夷商收領, 不敷之數, 各商分限代還. 但內地商人拖欠夷商銀兩, 若不卽爲淸欠, 轉致貽笑外夷. 著福康安等卽將欠稅盈餘銀兩, 照所欠先給夷商收領, 再令各商分限繳还歸款."

을 두려워하여 채무를 중국 측에서 모두 갚도록 하였다.[72] 특히 1780년 이후에는 개별 行商이 破産한 후에 償還할 수 없는 '行欠'을 全体 行商이 나누어 대신 償還하게 하였다.[73] 행상들이 연대해서 공동으로 갚도록 한 것이다. 자신에 문제가 없더라도 다른 행상이 외상에게 채무를 지고 갚지 못했다면 그 부담이 자신에게까지 돌아오는 것이다. 이러한 행상의 연대 책임은 당연히 행상의 파산을 촉진하는 한 요인이 되었다.[74]

〈표 1〉 청대 아편전쟁 이전 行商 상황표(1758~1842)

行名	商人名	英文名	行商創業年度	破産年度	債務額(欠餉/夷欠)	처벌 등	기타
資元行	黎光華	Beau Khiqua(Quiqua, Coiqua)	1723 존재	1758	194,600元	사망	保商 담당 原籍 福建
		Sy Anqua		1771			1774년 사망
	蔡昭復 兄弟			1774	22.2萬 元		
豊進行(倪懷官)	倪宏文	Wayqua		1776	11,726兩	伊犁유배	형제, 친척, 광동관료가 분담상환
聚豊行	蔡姓		1765 존재	1776 이미 파산			

---

72) 『粤海關志』 卷25 「行商」 2쪽 뒤(文海出版社, 1,800쪽)에 의하면 1777년 발생한 倪宏文 商欠案에서는 倪宏文이 갚지 못한 채무를 그의 가족과 광동지방관(兩廣總督, 廣東巡撫, 廣東布政司, 해당 知府, 知縣) 등이 연대해서 갚도록 황제는 지시하고 있다.

73) 蕭國亮, 「淸代廣州行商制度硏究」, 『淸史硏究』 2007-1, 45쪽.

74) 嘉慶元年(1796) 수석 행상 萬和行 蔡世文이 돌연 자살하였다. 1795년 파산 행상 石中和의 갚지 못한 부채를 분담하여 지탱하기 힘들다고 느끼고 있었던 것도 그의 자살 원인의 하나였다. 章文欽, 「淸代前期廣州中西貿易中的商欠問題」, 『中國經濟史硏究』 1990-1, 122쪽.

行名	人名	영문명	존재	종료	부채	처벌	비고
遠來行	陳姓		1765 존재	1776 이미 파산			
廣源行	葉姓		1765 존재	1776 이미 파산			
		Tinqua (廷官)	1732 존재	1777			1777년 도주
廣順行 (陳求官)	陳姓	Coqua	1765 존재	1778	1,156,162元	투옥	
泰和行	顏時瑛	Yngshaw	1759 以前	1780	135.4萬餘 元 (H. B. Morse 1,387,311元)	發邊遠充軍	聯名保商분할상환
裕源行	張天球	Kewshaw	1765 以前	1780	43.8萬餘 元 (H. B. Morse 399,463元)	發邊遠充軍	聯名保商분할상환
義豊行 (蔡昭官)	蔡昭復	Seunqua	1765년 존재	1784	16.6萬餘 兩 (H. B. Morse 648,359元)		保商분할상환 원래 邱姓이 담당
豊泰行	吳昭平	Eequa	1786	1790	夷欠 40.16萬餘 元	發往伊犁當差	各商分限繳還
而益行 (石瓊官)	石中和	Shi Kinqua	1776 존재	1795	59.8萬餘 兩 (Morse586,992兩)	兄發往伊犁	녹승사방
如順行	劉如新			1795		革除	行用분할상환, 暹羅夷賬
怡順行	辛時瑞			1795		革除	行用분할상환, 暹羅夷賬
萬聚行	鄧彰傑			1795		革除	行用분할상환, 暹羅夷賬
逢源行 → 萬和行 (蔡文官)	蔡世文	Munqua	1765 존재	1796	合 50萬 兩 (夷欠 228,167兩)	自殺	總商역임 合伙人茂官 盧觀恒負擔
源順行 (陳祚官)	陳姓	Geowqua	1782	1797	180,986元		怡和行이 부채 승계
	陳長緒			1799		立行斥革	
萬成行	沐士芳	Lyqua Washing	1804	1809	夷欠 351,038元	發邊遠充軍, 發伊犁	行用銀으로 처리, 本籍折工

會隆行 (鄭謙官)	鄭尚乾, 子鄭崇謙	Gnewqua	1793	1809	合 106.8萬餘 兩 (8.9萬餘兩/97.9 萬餘 兩)	發往伊 犁充軍	行用으로 상환 子鄭崇謙시기 파산 광동에 種 痘法 전파 본적 廣東南海
達成行 (倪鵬官)	倪秉發	Ponqua	1792	1809	合 49.8萬餘 兩 (8.8萬餘 兩/41 萬餘 兩)	發伊犁 充當苦差 (獄死)	行用으로 상환, 原籍廣東南海
麗泉行 (昆水官)	潘長耀	Conseequa	1794	1823	欠餉 22,528兩 /夷欠 172,207 元+308,565兩	死亡	查抄家産估變 原籍福建
西成行 (黎伯官)	黎顏裕, 黎光遠	兄Exchin, 弟 Pakqua	1803	1826	合 626,985兩 (149,769兩 /477,216兩)	發伊犁 當苦差	弟黎光遠1815 겨슴 查抄家産, 行用으로 상환 廣東順德籍
同泰行 (麥磻官)	麥觀廷	Poonequa	1804	1827	12.2萬餘 元	死亡	分年상환
福隆行 (關九官)	鄧兆祥/ 關成發	Manhop	1803	1810/ 1828	欠餉 345,311兩 /夷欠 1,099,321 元모스 190萬 元	鄧兆祥 潛逃/關 成發發 伊犁當 苦差	1810년 鄧兆祥 潛逃 시 關祥 이 福隆行 접 수 子關成發 계 승. 1828년 파 산 查抄家産. 行 用, 廣東順德籍
東生行 (劉章官)	劉德章, 劉承주	Chunqua	1795	1829	862,109元(다 른 자료 86만 9 천餘 元)		本籍安徽 子 劉承주(雨+ 澍) 파산
萬源行 (李發官)	李應桂	Fatqua	1811	1833	欠餉 314,253.17兩		家産查抄, 衆 商攤賠 又名李 協發
茂生行	林應奎	Linqua		1833	欠餉 2,359,695兩		家産查抄, 衆商攤賠
福順行	王大同		1832	1837			1837년 이 行名 없음
東昌行	羅福泰	Lamqua	1835	1837			
興泰行	嚴啓昌	Sunshing Hengtae	1830	1837	欠餉 10萬 元/ 夷欠 2738,768 元(2,261,439 元認可)		他行商분할상 환

赤官		Chetqua	1759		189,500兩		1771년 사망
* 同文行 (潘啓官), 同孚行	潘振承	Puankhe qua	1744				原籍福建 總商 子潘有度 總商, 同孚行으로 개명 孫子潘正 煒 계승
* 怡和行 (伍浩官)	伍國瑩	Howqua	1783				子伍秉鑒(伍 敦元) 總商역 임 1834년 세 계최대부호 伍紹榮이 계승
源泉行 (陳周官)	陳姓	Chowqua	1759 존재				1789 사망
廣利行 (盧茂官)	盧觀恒	Mowqua	1792		1832년 150萬 元		子盧文錦 總商 역임 伍秉鑒의 姪壻
義成行 (葉仁官)	葉上林	Yanqua	1792				1802 사망. 行 務退辦
同昌行	許永淸		1792				
* 天寶行 (梁經官)	梁經國	Kinqua	1808				廣東番禺籍
* 東裕行 (謝鰲官) →東興行	謝嘉梧→ 謝有仁	Goqua	1811				通事인 謝嘉梧 東裕行개설→ 謝有仁이 계승 하여 東興行으로 개명 福建原籍
* 中和行 (潘明官)	潘文濤	Mingqua	1830		備貢 分參價銀 17,655.8兩 체납		一名潘國榮
* 順泰行 (馬秀官)	馬佐良	Saoqua	1830		備貢 分參價銀 22,788.8兩 체납		
仁和行 (潘海官)	潘文海	Pwanhoy qua	1830		備貢. 分參價 銀 16,170.3 兩 체납		中和行 潘文濤 (潘國榮)의 동생
* 孚泰行 (易昆官)	易元昌	Kwanqua Chingshin	1835		1838 備貢銀 5848.9兩 체납		

同順行 (吳爽官) *	吳天垣	Samqua	1832		1838 備貢銀 9711.8兩 체납	原名吳健彰 후일 上海道가 됨
安昌行 *	容有光	Takqua	1836		備貢銀 2395.08兩 체납	

行名 앞에 * 표는 최후까지 남은 行商.

〈표 2〉 청대 아편전쟁 이전 破産行商의 外商에 대한 채무액(1758~1843)

行名	商人名	英文名	行商創業年度	破産年度	債務額 (漢文자료 위주: 단위 元)	債務額 (英文자료 위주: 元)	기타
資元行	黎光華	Khiqua	1723	1758	194,600	194,600	保商 담당
	蔡昭復 兄弟			1774	222,000	222,000	
豊進行	倪宏文	Wayqua		1776	16,299	16,299	형제친척관료 분담상환
廣順行	陳姓	Coqua	1765 前	1778	1,156,162	1,156,162	
泰和行	顔時瑛	Yngshaw	1759 前	1780	1,354,000	1,387,311	聯名保商분할상환
裕源行	張天球	Kewshaw	1765 前	1780	438,000	399,463	聯名保商분할상환
義豊行	蔡昭復	Seunqua	1765 前	1784	230,740	648,359	聯名保商분할상환
豊泰行	吳昭平	Eequa	1786	1790	401,600	401,600	各商分限撥還
而益行	石中和	Shi Kinqua	1776 前	1795	831,220	815,919	옥중사망
逢源行	蔡世文	Munqua	1765 前	1796	317,152	317,152	茂官盧觀恒 負擔
源順行	陳姓	Geowqua	1782	1797	180,986	180,986	怡和行이 부채승계
萬成行	沐士芳	Lyqua	1804	1809	351,038	351,038	行用銀으로 처리
會隆行	鄭崇謙	Gnewqua	1793	1809	1,360,810	1,360,810	行用으로 상환
達成行	倪秉發	Ponqua	1792	1809	569,900	569,900	行用으로 상환
麗泉行	潘長耀	Conseequa	1794	1823	601,112	601,112	査抄家産估變

西成行	黎光遠	Exchin	1803	1826	663,330	663,330	查抄家産, 行用사용
同泰行	麥觀廷	Poonequa	1804	1827	122,000	122,000	分年상환
福隆行	關成發	Manhop	1803	1828	1,099,321	1,900,000	查抄家産, 行用사용
東生行	劉德章	Chunqua	1795	1829	862,109	869,000	
興泰行	嚴啓昌	Sunshing	1830	1837	2,261,439	2,261,439	他行商분할 상환
합계					13,233,818	14,438,480	
전 행상		전쟁배상금		1843	3,000,000	3,000,000	남경조약배상금
총계					16,233,818	17,438,480	

* 銀1兩=銀1.39元(달러)로 환산.
* 이 표는 〈표 1〉을 기초로 파산 시 채무액을 알 수 있는 경우를 중심으로 작성하였다.

제 7 장

전주화교사회를 통해 본 한국화교의 고찰

李和承

1. 시작하면서

화교가 주목받고 있다. 중국 경제의 부상과 함께 중국 경제를 뒷받침하고 있는 중요한 세력으로 화상이 주목받고 있고 화상이 속해 있는 화교 커뮤니티가 새롭게 주목받고 있다. 세계 유명 도시 중 대략 인구 50만이 넘는 도시에는 대부분 소위 차이나타운(唐人街)이 존재한다. 미국 LA나 일본의 요코하마는 물론 동유럽이나 중남미 국가와 멀리 아프리카에서도 예외는 아니다.[1] 그러나 외국에서 흔히 볼 수 있는 번화한 차이나타운을 한국에서는 발견할 수 없다. 유일하게 한국에서만은 이러한 논리가 성립하지 않기 때문이다. 물론 한국에도 화교들이 모여 사는 곳은 있지만, 외국의 차이나타운에서 보는 규모에는 훨씬 미치지 못한다. 그 결과 2005년 서울에서 개최된

---

1) International Society for The Study of Chinese Overseas Regional African Conference Report, 2006.12.4, South Africa.

제8차 세계화상대회에서는 한국화교들의 위상이 타국보다 대단히 미약하다는 것이 알려졌다. 화교들의 강한 생명력에도 왜 한국에서는 그 뿌리를 내리지 못하였는가. 기존의 연구들이 민족주의, 정체성에서부터 화교의 이동, 교육을 다루고 있지만, 아직 지역 연구를 통한 구체적 실체의 접근에는 대단히 미약한 상태이다.[2] 한국화교는 한국에 정착한 지 100여 년, 3세대가 지났으나 초기 자료를 제공할 1세대는 이미 세상을 떠났고 2세대 역시 노년에 진입하였지만, 문자기록을 거의 남기지 않았으며 3세대는 이미 한국을 떠났거나 전업, 결혼들을 통해 1, 2세대와는 전혀 다른 생활 양상을 보이고 있어 실제 연구에 많은 어려움이 있다. 따라서 지역 연구는 생존해 있는 세대들의 개별 방문을 통한 케이스 연구를 통해 실체에 접근할 수밖에 없다. 2세대가 생존해 있는 동안 시급하게 과거 100년간에 걸친 한국 각 지역의 화교 실태를 파악하는 것이 급선무일 것이다. 한국화교의 변천사와 궤를 같이하는 전주지역을 통해 사회경제사적인 관점에서 한국 사회에서 화교가 낙엽귀근(落葉歸根)에서 낙지생근(落地生根)으로 가는 한 지역의 과정을 살펴보고자 한다.

---

2) 최근에 나온 민족주의나 정체성에 관한 연구로는 王賡武, 「民族主義, 種族性與亞太區域」 『中國社會科學季刊』 春季號(25期), 1999年; 吳洪芹, 「海外華人的民族主義與國家觀念辨析」 『華僑華人歷史研究』 1期, 1996年. 한국화교에 대한 연구로는 초기의 譚永盛, 『조선 말기의 청국상인에 관한 연구』, 단국대학교 사학과 석사논문, 1976; 박은경, 『화교의 정착과 이동: 한국』, 이화여자대학교 사학과 박사논문, 1981 등과 비교적 최근의 김기홍, 『한화종족성에 관한 연구』, 고려대학교 석사학위논문, 1995; 楊昭全·孫玉梅, 『朝鮮華僑史』(北京, 中國華僑出版公司, 1991); 崔承現, 『韓國華僑史硏究』(香港社會科學出版有限公司, 2003年) 등이 있으며 날로 다양화되는 추세에 있다.

2. 한국화교사회의 성립

1) 초기 중국인의 한국 이주

조선은 인조 연간(1636~1643) 중국과의 무역을 위해 소위 '북도개시제(北道開市制)'를 제정하고 중국 접경지역인 의주(義州), 회령(會寧), 경원(慶源) 등지에 1년에 1~2회씩 물물교환을 하는 시장을 열었다. 이는 조선 정부의 대외 문호개방의 효시가 되었다. 또 변경지역의 '책시(柵市)'도 간헐적으로 열려 지역 간의 인구이동이 이루어지고 있었는데,3) 영구(營口) 세관 보고는 1860년대 중국 남방의 화물들이 산동 연태(煙臺)와 요령 대고산(大孤山)을 거쳐 책문으로 이동하였다고 하였다.4) 『조선왕조실록(朝鮮王朝實錄)』의 「화인록(華人錄)」에도 적지 않은 중국인들의 존재가 기록되어 있다.5) 이후 비교적 구체적인 기록으로는 1874년 광둥성 가오야오현(廣東省 高要縣) 사람인 담걸생(譚杰生)이 수표교 부근에 무역업인 동순태(同順泰) 상점을 연 것이다.6)

1881년 1월, 조선 조정은 러시아의 남하와 일본의 침입을 막기 위해 기존의 '북도개시제'를 폐지하고 다음 해 8월 중국과 '상민수륙무역장정(商民水陸貿易章程)'을 제정하였다. 이 장정 4조에는 원래

---

3) 『風城瑣錄』 30쪽; 張存武, 『淸韓宗藩貿易』(臺灣中央研究院近代史研究所, 1985), 104쪽에서 인용.

4) Chinese Martime Custom, Report on trade at the Treaty Port in China, 1867, Appendices p.7; 張存武, 앞의 책, 104쪽에서 인용.

5) 『朝鮮王朝實錄』 英祖三十年六月十二日條, 二十一年三月十九日條.

6) 楊昭全・孫玉梅, 앞의 책, 142쪽.

"중국 상인이 조선 내륙에서 통상할 수 있다"는 조항이 있었는데 조선 조정이 이를 극력 반대하자 타협을 거쳐 "중국 상인은 조선 지방관의 허가를 거쳐 내륙에서 통상에 종사할 수 있다"로 조정되었다.[7] 이를 통해 중국인들은 변경무역에서 점차 내륙무역으로 상업 활동범위를 확대하고 영사재판권을 확보하는 등 조선에서 비교적 안정적인 지위를 확보하였으므로 이로부터 한국에서의 화교 역사가 시작되었다고 보는 견해가 타당할 것이다.[8] 장정 체결 후 북양대신 이홍장(北洋大臣 李鴻章)은 1883년 9월 진수당(陳樹棠)을 주조선상무위원(駐朝鮮商務委員)에 임명하고 조선의 정치, 경제, 외교 등에 대한 지배력의 확장을 시도하였다.[9] 진수당은 한성 도착 후 토지 640여 평을 구입하고 7,645은량을 투입하여 상무공서(商務公署)를 설치하고, 11월에는 인천, 1884년 5월에는 부산과 원산에 분서(分署)를 설치하였다. 당시 무역은 중국군을 따라 온 상인들의 군납이 주를 이루어졌는데 공연덕(鞏連德)은 최초로 장통방(長通坊, 현재의 종로 관수동 일대)에 땅을 사서 잡화점 공성화(公盛和)를 열고 중국 물품을 공급하였다. 1882년 한성 등지에서 활동하던 중국 상인은 82명으로 22개의 상점을 열었으며 당시 한성에 있던 중국인은 모두 111명으로 소수의 관리를 제외하면 모두가 상인이었다.[10] 이들은 통유상(通裕祥), 천풍(天豊), 조강(肇康), 공평(公平), 협창무(協昌茂) 등 절강(浙江) 출신과 중화흥(中華興), 화흥순(和興順), 화상(和祥), 항태흥(恒泰

---

7) 「商民水陸貿易章程」, 『中外舊約章匯編』 1册(三聯書店, 1981), 405쪽.
8) 崔承現, 앞의 책 30쪽.
9) 김종국, 「朝中商民水陸貿易章程에 대하여」 『역사학보』 32집, 1966, 162쪽.
10) 譚永盛, 「조선 말기의 청국상인에 관한 연구」, 단국대학교 사학과 석사논문, 1976, 17쪽.

興), 공화순(公和順), 인풍잔(仁豐棧), 복상성(復祥盛), 영원순(永源順), 복유호(福有號), 공성화(公盛和) 등 산동(山東) 출신이 대부분이었다. 이들은 주로 관수동, 수표동 일대에서 남대문 주변에 자리를 잡았으며 이 밖에 인천에 54명, 부산에 20여 명, 원산에 10여 명의 중국 상인이 있었다.[11] 영국인이 설립하여 광동사람(廣東人)을 고용하여 경영하던 이화양행(怡和洋行)도 개항장에서 중국과 일본을 오가며 큰 규모의 무역을 진행하였다.[12] 1884년 진수당은 조선 조정과 최초로 '인천화교조계장정(仁川華僑租界章程)'을 체결하고 선린동 부근 5천여 평에 화교가 정착할 수 있는 근거를 마련하였다.

1885년 중국은 오장경(吳長慶)의 참모를 지낸 원세개(袁世凱)를 파견하였고 그는 동순태 상점을 적극 지원함으로써 이 상점이 성장하는 데 결정적인 역할을 하였다. 동순태는 한때 자신의 상점이름으로 수표를 발행할 만큼 번성하였고 원세개의 중개로 조선 조정과 20만 은량의 거래를 성사시키기도 하였다.[13]

1887년 부산, 원산 지역과 조계장정이 체결되어 더욱 많은 중국인이 이주하며 무역과 광산, 농업, 포목상, 잡화상 등 다양한 사업에 종사하였다. 특히 포목상 등에서는 이미 상당 부분 시장을 장악하고 있었다. 한성의 동합동(同合東), 광화동(廣和東), 취성호(聚成號), 덕순복(德順福), 금성동(錦盛東), 이성호(怡盛號), 유풍덕(裕豐德) 등 포목점이 있었는데 광동 상인이 운영하는 이성호를 제외하고는 모두

---

11) 위의 글, 20쪽.
12) 이에 관해서는 郝延平(이화승 역), 『중국의 상업혁명』(서울, 책세상, 2001), 5~8장을 참고할 것.
13) 杜書溥, 「韓華走過的脚步」, 『韓華在浴火中重生』 捌玖印刷公司, CA, USA, 2003, 171쪽.

산동 상인들이었다. 인천에는 원생동(源生東), 수취공(首聚公), 동창
흥(東昌興), 인래성(仁來盛), 영래성(永來盛), 덕순복(德順福), 공순
(公順), 동성합(同盛合), 쌍성태(雙盛泰), 태성동(泰盛東), 금성동(錦
盛東), 의순동(義順東) 등 이십여 가가 있었는데 역시 모두 산동 상
인들이었다. 이들은 영국 맨체스터에서 중국 상하이를 거쳐 인천으
로 들어오는 무역노선을 점유하고,[14] 양 지역에서 자본과 운영을 공
유하는 연호점(聯號店) 형태로 일정 규모를 유지하며 시장 정보와
인력 면에서 일본 상인들을 압도하였는데, 당시 한 일본의 조사보고
에는 "중국 상인들이 조선 사람들이 필요로 하는 물품 대부분을 공
급하고 있으며 일본 상인들은 아주 적은 부분만을 차지하고 있다"고
하였다.[15] 상업 이외에 농업도 중요한 산업이었다. 1887년을 전후하
여 산동의 왕 씨와 강 씨가 연태에서 여러 종류의 채소 종자를 들여
와 인천 교외에서 재배하기 시작하여 농업 부문의 효시가 되었다.
화교들은 농지를 확보하기 위해 지방 관리들과 결탁하여 강제로 조
선인들의 토지를 강점하고 가옥을 불사르는 등 무리한 확장을 시도
하였다.[16] 1891년 관에서는 '농업공의회(農業公議會)'를 설립하여
채소 매매를 시작하였는데 참여하는 화교 회원 수가 140여 명에 달
하였다.[17]

---

14) 朴紅心, 「試論明治時期的日朝貿易」, 100쪽; 崔承現, 앞의 책, 46쪽에서 인용.

15) 聯號商店에 관해서는 李和承, 『淸末民初東北民族資本中聯號的硏究(1860～1931)』
(臺灣國立師範大學校 歷史硏究所 碩士論文, 민국 81년)을 참조하고, 최근 林滿紅
氏는 이에 대해 상세하게 토론한 바 있다. 中村哲・박섭 편저, 『동아시아 근대경제의
형성과 발전』 제1장 「근대화교상인 역사에 관한 대만학자들의 논의」(신서원, 서울,
2005).

16) 『總理交涉通商事務衙門日記』, 高宗二十二年五月五日, 二十三年八月十三日, 三
十年七月十三日條.

1890년 1월 한성의 육의전(六矣廛) 상인들은 중국 상인들의 횡포에 대항하는 대규모 철시를 시도하였으나 원세개의 압박에 눌려 실패하고 말았다.[18] 이는 화교들의 경제세력이 빠른 속도로 성장하고 있음을 보여주는 방증일 것이다.

1894년 6월 김홍집내각은 일본의 압박을 받아 날로 확대되고 있는 중국 상인들의 활동을 제한하기 위해 이른바 '청상보호규칙(淸商保護規則)'을 수립하여 중국 상인들의 활동을 한성으로 제한하고 인천과 부산, 원산항에는 정박 후 허가를 거쳐 거주하며 반드시 성명, 거주지역, 영업항목 등을 보고하도록 하는 것이었다. 게다가 조선에서 수입하는 물건 중 전쟁에 관계되는 물건은 수입을 금지하였고 이를 위반하면 구속, 추방할 수 있도록 하였다.[19] 이를 통해 '상민수륙무역장정'을 무력화시키려는 의도가 분명하였으나 이미 나날이 증가하고 있는 중국 상인의 활동을 제한하는 실효는 미지수였다. 그러나 청일전쟁 이후 조선과 중국이 평등한 외교관계로 변화하자 주조선상무위원인 당소의(唐紹儀)는 1896년 8월 '보호화상조규(保護華商條規)'를 발표하고 화상들의 활동에 신중을 기하라고 당부하였다.[20] 3년 후인 1899년 양국은 '중한통상조약(中韓通商條約)'을 제정하여 영사관의 설치와 교민 거주, 무역에 관한 법률 등 호혜 평등한 최혜국 대우를 약속하였다.[21]

---

17) 杜書溥, 앞의 글, 173쪽.

18) 『總理交涉通商事務衙門日記』, 高宗二十七年一月十一日條.

19) 『朝鮮王朝實錄』, 高宗三十一年十一月二十日.

20) 楊昭全・孫玉梅, 앞의 책, 112~113쪽.

21) 『淸季外交史料』139卷, 21~25쪽.

1906년 입국한 중국인은 7,519명이었으며 조선에 거주하는 중국인 수는 이미 3,661명으로 증가하였고 거주지역 또한 한성(1,363명), 인천(714명), 진남포(369명), 군산(365명), 원산(230명), 목포(94명), 마산(69명), 대구(33명), 기타 등 광범위해졌다.[22] 산업분포 또한 다양하여 농업 641명, 공업 276명, 목공 335명, 기타 상업 등으로 상업이 약 반수를 점하였다. 비록 '청상보호규칙'을 통해 거주지를 제한하였으나 중국 상인들은 이미 항구를 중심으로 점차 내륙으로 확산하며 전국에 분포하고 있었다. 다만 청일전쟁으로 일부 상인들이 일본의 압박을 받아 일시적으로 중국으로 돌아가기도 하였지만 1916년 16,904명, 1917년 17,969명, 1918년 21,896명, 1919년 18,588명, 1920년 23,989명, 1922년 30,826명으로 꾸준한 증가세를 보였다. 이들 중 상업에 종사하는 수가 제일 많았으며 다음이 농업과 공업이었다. 이들은 1901년 한성에 처음으로 중화상무총회(中華商務總會)를 조직하고 1930년에는 전국 각지로 확산하며 자신들의 권익보호에 나서고 지역별 조직인 북방회관(北幇會館), 남방회관(南幇會館), 산동향우회(山東同鄕會), 광동향우회(廣東同鄕會) 등이 활발하게 조직되었다.

1927년 말 일본 제국주의자들의 침략으로 한국화교들은 커다란 타격을 입었다. 특히 군산과 인천 등지에서는 배화사건(排華事件)이 줄을 이었으며 1931년 발생한 '만보산사건(萬寶山事件)'은 결정적으로 화교 경제권을 위축시키는 결과를 가져왔다. 약 80%에 달하는 화교 경제가 타격을 입고 많은 화교가 중국으로 돌아가기도 하였다.

---

22) 朝鮮統監府 編, 『第一次統監府統計年譜』, 1906.

그러나 1928년 중국의 국민당 정부가 산동을 장악했을 때 약 11,266 명의 화교가 한국지부를 결성하고 성원을 보냈으며 당시 한성에 330 명, 인천에 47명, 광주에 23명, 부산에 8명, 조치원 9명, 원산 6명, 울산 5명, 수원 2명, 개성 1명의 당원이 참가하였다는 기록을 통해 간접적으로나마 당시 화교 숫자를 가름할 수가 있을 것이다. 1930년 대 이후 각지의 화교 수는 다음과 같다.

〈표 1〉 1930년대 각지 화교 수

연도	1930	1931	1936	1937	1938
총 수	67,794	36,778	63,981	41,909	48,533
경기	11,571	6,026	12,745	3,648	4,597
충북	1,215	457	697	292	314
충남	2,700	1,533	1,790	789	861
전북	2,990	2,074	2,426	725	766
전남	2,115	1,071	1,244	425	433
경북	2,384	1,369	1,336	301	419
경남	1,614	835	1,848	263	282
황해	4,520	2,526	3,901	1,346	1,474
평남	5,635	1,700	5,005	2,549	3,035
평북	16,771	9,937	19,766	19,287	22,101
강원	1,664	561	768	221	855
함남	8,216	3,382	6,140	5,748	5,517
함북	6,399	5,307	6,315	6,315	7,879

출처: 朝鮮總督府 編, 『朝鮮總督府總計年鑑』, 1930~1938년.

2) 발전시기

1945년 한국이 해방되자 국내에서는 소비재가 부족하여 화상들은 다시 번성기를 맞이하였다. 홍콩, 상해, 연태, 청도, 천진, 대련, 안동 등지에서 선공급 후결제 방식으로 각종 소비재가 쏟아져 들어왔다. 『조선연감(朝鮮年鑑)』통계에 의하면 1946년 한국 수출액 중 82%가 중국으로 향했는데 이 중 화상이 91.1%를 독점하였고 일본은 18%를 차지하였으며 1947년에는 52.5% 중 화상이 92.25%를 차지하였다. 1948년 중국으로의 수출액은 11억 6,300만 원으로 전체 수출의 16%, 중국으로부터의 수입은 18억 7,600만 원으로 전체 수입의 21%를 점하였고, 13개 화상이 이를 담당하였다. 이 수치는 중소형 무역상의 거래는 포함치 않은 것으로 이를 생각한다면 그 규모는 더욱 커질 것이다. 당시 한국 화상은 한국의 대외 무역에서 상당한 역할을 수행하였다.[23]

1950년 6·25전쟁이 발발하자 서울과 인천을 근거지로 활동하던 한국화교는 다시 한번 전쟁 포화 속에 커다란 타격을 입게 되었다. 전쟁 이후 경제 부흥기에도 한국 정부 내국인의 경제 참여를 촉진하기 위해 화교들에게 금융상의 제재를 가함으로써 규모가 큰 화상들은 점차 경쟁력을 상실하였다. 다만 1945년 이후 중국에서는 격렬한 내전이 계속되자 산동지역의 농민들이 대거 한국으로 유입되어 한때 4만 명에 달하다가 6·25전쟁 이후 다시 대만과 홍콩으로 빠져나가 1954년 통계에는 화교 인구가 23,000명으로 기록되어 있다. 이후 한국 정부의 외국인에 대한 한국 이주 통제가 강화되어 새로운 인구 유입이 봉쇄된 채 자연적 인구 증가만으로 1972년 약 33,361명이 있었다. 출신 지역별로는 산동 출신이 90% 이상을 점하고 하북(河北) 3.5%, 동북(東北) 2%, 기타로 되어 있으며 산업구조로는 요식

---

23) 杜書溥, 앞의 글, 180쪽.

업, 잡화점, 한약업 등이 절대다수를 차지하였다.

3) 새로운 이민

1970년대 초 한국 정부가 외국인에 대한 토지매매와 사업자에 대한 제한을 강화하자 화교들은 다시 한번 선택의 기로에 서게 되었다. 계속 한국에서 사업을 계속해야 하는지 아니면 다른 선택을 해야 하는지 심각한 결정에 직면하였다. 요식업 등 비교적 전통적 산업에 종사하는 화교들에게 이러한 정책은 근본적으로 투자를 제한함으로써 다음 세대에 대한 장기적 차원에서 교육 환경이 비교적 유리하였던 대만이나 투자가 용이한 미국으로의 이주 등 선택을 하게끔 하였다. 결국 1980년대를 전후하여 한국 국내 정치 상황의 불안과 함께 대만과 미국으로 떠나는 새로운 이민 풍조가 생겨났고 그 결과 한국화교는 수적으로 현저한 감소현상을 나타내게 되었다(<표 7> 참조).

1982년 미국 남가주한화연의회(南加州韓華聯誼會) 통계에 의하면 1970년대 초부터 1980년대 초까지 10여 년간 미국에 이민 온 한국화교는 14,000여 명으로 미국 각지에서 약 1,000여 곳의 식당을 운영하고 있었다. 한국화교사회는 막대한 재산과 인력이 대량 '외류(外流)'되고 지도층 또한 미처 후속세대가 연결되지 못하는 이른바 '단대(斷代)' 현상이 발생하였다. 이 이민대열에는 牟宗熙(한국중화요식업총회장), 王維展(한성중화요식업연합회장), 于碧川(한의사학회회장), 杜學增(부산화교협회회장), 王連平(인천화교협회회장), 陳榮國(수원화교협회회장), 陳嗣宣(한성중화청상회회장), 于全之(한성화교중교장), 孫文逢(한성교소교장), 張義信(한성화교협회부회장) 등 한국화교사회를 이끌던 중요 인사들이 망라되었다.

〈표 2〉 화교 인구의 유출현황

연도	인구수	비고
1972	33,361	외국인 46,192명 중 65.3%
1980	29,254	출입국관리국 통계
1982	28,717	중화민국 대사관 통계
1983	27,321	중화민국 대사관 통계
1984	27,662	중화민국 대사관 통계

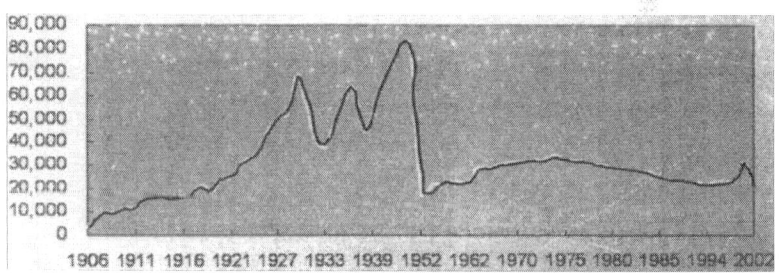

출처: 임채완, 「한국화교의 역할과 발전방향」, 『한·화상 미래협력 논단』(한국무역협회, 2006).

〈그림 1〉 100여 년간 화교 인구 변화도

3. 전주화교사회의 성립

1) 전주화교사회의 현황

전주화교사회는 한국화교사회의 변천사를 보여주는 한 단면이라고 할 수 있다. 언제부터 전주에 화교가 들어와 정착하였는지는 정확하지 않다. 1930년대 이전에 관해서는 기록도 거의 없고 이를 증언해 줄 인사도 없기 때문이다. 화교들이 이주한 후 가장 먼저 조직했으리라 추정되는 동향회나 그 이후의 중화 총상회, 혹은 자치조직인 구회(區會)나 협회도 조직에 관한 가장 기초적인 기록, 예를 들어 창립시기, 역대 임원이나 조직내용, 주요활동, 회의기록 등 가장 기본적인 사항에 대해서도 기록을 남기지 않았다. 이는 전주뿐 아니라 한국의 중소도시에 살고 있는 대다수 화교가 가지고 있는 공통적인 문제이기도 하다.[24] 조선통감부 기록에 의한 인구 숫자는 전북을 기준으로 1930년 2,990명, 1931년 2,074명, 1936년 2,426명, 1937년 725명, 1938년 766명이나 이 숫자는 당시 화교들이 주로 거주하던 군산과 익산(당시 이리)을 포함한 것으로 전주만의 화교인구는 훨씬 적을 것이고, 전주의 화교숫자가 전주시 인구통계에 나타난 것도 1978년이 처음이다.

이 표에 의하면 1980년대 초 100여 명이던 화교 수는 1986년을 고비로 80명대, 1990년에는 50명대로 감소하였다.

전주지역은 전북의 도청소재지로 전북에서 가장 큰 도시지만, 전북지역의 화교는 세 구역으로 나누어져 있다. 첫째 지역이 전주와 삼례, 임실, 오수, 고산, 남원을 포함하는 전주구역이고 익산과 군산이 각각 독립된 구역으로 되어 있다. 따라서 위의 통계는 전주화교협회의 협조를 받은 것으로 전주를 포함한 전주구역일 확률이 높고 단지 전주지역만을 본다면 숫자는 더 적어질 것이다. 현존하는 인사

---

24) 최근 대구화교협회는 『대구화교백년사』라는 자료를 출간하였다. 그러나 이러한 자료는 극소수이며 서울, 인천을 제외한 다른 지역에서 이러한 자발적 자료 출판은 거의 보이지 않는다.

들의 기억에 의하면 1960년대에는 전주에 200~300여 명의 화교가 거주하고 화교 소학교의 학생 수도 100여 명에 육박하였지만, 1970년대 말 급격히 줄기 시작하여 1978년에 80명으로 등록된 것은 당시 전주에 대략 20여 가구가 살았다는 당사자들의 증언과도 부합한다. 이후 100여 명 정도를 유지하다 사망과 유학 등 타지 전출 등으로 말미암은 자연감소분을 포함하여 점차 줄다가 1992년부터 다시 증가세를 나타내고 1995년에 세 배 이상으로 급증하였다. 이는 한중 수교 이후 유입된 농촌지역의 국제결혼, 노동력 유입과 무관하지 않다.

〈표 3〉 전주시 화교 인구 변화도

연도	남	여	계
1978	42	38	80
1979	62	61	123
1980			
1981	53	59	112
1982	51	51	102
1983	58	45	103
1984	54	44	98
1985			
1986	47	39	86
1987	45	37	82
1988	45	42	87
1989	36	28	64
1990	31	22	53
1991	41	29	70
1992	63	63	126
1993	72	61	133
1994	53	48	101
1995	111	208	319

1996	109	234	343
1997	129	228	357
1998	161	292	453
1999	176	385	561
2000	194	413	607
2001	208	450	658
2002	205	529	734
2003	166	403	569
2004	321	647	968
2005 ,	253	319	572

출처: 『전주시 통계연보』, 2006.

즉, 중국 국적을 가진 조선족들-이른바 신화교들이 점차 유입되었고 더군다나 최근의 급등세는 도내 대학에 유학 온 중국 유학생들의 숫자를 포함한 것이다.[25] 그러나 사실 이 숫자는 등록된 숫자일 뿐 실제 숫자는 훨씬 더 많으리라 추정된다. 적어도 도내 6개 대학에 재학하고 있는 중국 유학생 숫자만 해도 벌써 이 숫자를 초과하고 있기 때문이다. 따라서 최근 급증한 이른바 신화교에 대한 문제는 별도로 논하도록 하고 구화교는 1970년대 후반부터 100여 명 남짓에서 자연 감소분을 포함하여 현재는 전주지구에 136명이 등록되어 있지만, 실제 거주자는 약 20% 미만이다. 최근 숫자가 너무 적고 협회 활동도 거의 없어 사망자나 이탈자를 파악하지 못하고 있을 뿐이고 전주에만 20여 명이 거주하고 있다.[26] 따라서 전주의 화교연구는

---

25) 현 우리나라 국적법에 의하면 중국인들이 한국인과 결혼하여 만 2년이 지나면 한국 국적을 취득하게 되어 있다. 그러나 조선족을 화교의 범위에 넣을 수 있을 것인가는 또 다른 문제일 것이다. 따라서 조선족이 아닌 중국인 노동자들만을 파악한다는 것은 현실적으로 대단히 어려운 문제이다.

26) 전주화교협회장 윤가홍 씨 면담 증언. 2006.10.2.

거의 생존자들의 개별방문을 통한 증언에 그칠 수밖에 없다. 소수 간접자료와 방문조사를 통해 도대체 언제부터 전주에 화교가 살기 시작했는지를 추적해보았다.

2) 초기 정착시기

전주에 화교가 살기 시작한 추정이 가능한 연대로는 1900년대 초까지 거슬러 올라갈 수 있다. 적어도 다음 몇 가지 경우에서 그 실마리를 찾을 수 있다.

첫 번째 기록은 전주의 건축, 토목 현장에 투입된 중국인 목수나 노동자 등에 관한 기록이다. 청일전쟁 이후 인천 등 개항장에서는 유럽인들이 중국인 목수나 노동자들을 고용하여 부두를 건설하였는데 이내 들어온 중국인들이 주로 광산과 공장이 집중해 있던 한반도 북부에 거주하였고 나머지는 계절성 임시공이 되어 전국을 누비고 다녔던 것으로 보인다. 이들은 당시 조선인들이 가지지 못했던 서술을 보유하고 있었기 때문이다. 1911년 통계에 의하면 한성에 거주하는 화교 약 2,100여 명 중 30%가 석공, 기와공, 목공이라고 하였다.[27]

전주의 중심지인 전동에 있는 천주교 전동성당은 이미 100여 년의 역사를 가지고 있는데 본당 건물은 비잔틴 양식과 로마네스크 양식이 복합된 아시아에서 제일 아름다운 성당 중의 하나로 매우 상징적인 건축물이다. 이 본당 건물의 기초공사 당시 중국 공장(工匠)들이 초록색 벽돌을 찍어 쌓았다는 기록이 남아 있다. 1908년에 착공하여 1914년에 완공되었는데 5명의 목수와 100여 명의 석공들이 가

---

27) 朝鮮總督府 編 『朝鮮總督府統計年譜』, 1911.

마를 설치하고 65만 장에 이르는 벽돌을 찍었다. 당시 이런 벽돌을 찍을 수 있는 서술은 중국인 석공들만이 가능하였다. 이 서술자 중에는 강방지거라는 중국인 신도 석공이 특히 중요한 역할을 하였다고 한다.[28] 이들 중 얼마가 전주에 거주하였는지는 분명치 않지만 적어도 완공까지 3년 정도는 머물렀음이 틀림없다.

두 번째 사항은 전주시 외곽인 대성동 산기슭에 있는 관성묘(關聖廟)에서 찾을 수 있다.[29] 임진왜란 때 명나라 군대가 들어오면서 나라를 지켜주고 병을 물리친다는 믿음으로 삼국시대의 관우를 숭배하는 관제(關帝)신앙이 유입되어 대단히 흥하였다. 그 후 300여 년 동안 서울의 동묘를 비롯한 전국에 관성묘가 건립되었고 전주성 외곽에도 비교적 큰 규모의 관성묘가 건립되었다. 이 관성묘는 몇 차례 화재로 소실되었다가 1895년 전라도 관찰사인 김성근(金聲根)과 전주 외곽의 남고산성 무관인 이신문(李信文)이 각 지역 유지들의 도움을 받아 다시 복원되어 현재에 이르고 있다. 이곳에는 중앙에 여느 관성묘처럼 '위령현혁(威靈顯赫)', 좌우에는 '문무성신(文武聖神)' 등 현판이 걸려 있다. 중앙의 '위령현혁(威靈顯赫)'은 '중화민국 10년 산동동향회'가 기증한 것으로 되어 있어 이미 당시에 전주에 산동인을 중심으로 하는 동향회가 있었음을 반증한다. 왼쪽의 '문무성신(文武聖神)' 현판은 '화상 의화길(華商 義和吉)'이 기증하였는데 의화길은 1930년대 전주에서 의화리(義和利), 화취복(和聚福), 전취

---

28) 보르메(Baugoumet) 신부가 대구교구에 보낸 편지, 『전동성당 100년사』(천주교 전주교구, 1996), 313~314쪽.

29) 전북지역에 관우를 숭배하는 사당이 5곳이 있다. 전주의 관성묘, 남원의 관왕묘, 그리고 태인, 김제 등지에 관제묘가 있으나 규모는 전주의 관성묘가 단연 제일이다.

복(全聚福) 등과 더불어 가장 큰 규모의 화상이었다. 따라서 1921년 전후 전주에는 이미 화교들이 살고 있었으며 관성묘에 현판을 올리고 의식에 참여하였던 흔적을 발견할 수 있다. 오른쪽의 마지막 현판은 민국 54년(1965) 당시 전주화교 소학교 교장이며 진미반점(眞味飯店)을 운영하던 임국량(任國良) 씨가 기증한 것으로 당시에도 화교들의 출입이 매우 빈번하였던 것이다. 중국인들의 관우에 대한 숭배는 여러 민간신앙 중 특히 철저하였고 상인들이 더욱 그러하였으며,[30] 전주에서도 예외는 아니었다. 전주 관성묘는 전국적으로도 규모가 큰 곳으로 초기부터 화교들의 참여가 적극적이었고, 지금도 1년에 6차례의 정기적인 의식을 치르는데 멀리 인천에서도 연로한 화교들이 참석한다고 한다.[31]

또 다른 기록으로는 1921년 호남평야의 중심인 만경 일대에 농업용수를 공급하기 위해 만경강 상류인 고산천에 대아리 저수지를 건설하면서 댐 외벽에 석축을 쌓았는데 이때에도 중국 공장들이 참여한 기록이 있다.[32] 이러한 기록들을 통해 1910년 전후에 전주에 이미 중국인들이 머물렀음이 분명하다.

이후 전주에 거주한 화교들은 한국의 다른 지역과 마찬가지로 대부분 산동 사람들이고,[33] 특히 황현(黃縣) 출신이 많았다. 지리적으

---

30) 李和承, 『明淸傳統商人區域化現象硏究』 4章, 臺灣國立師範大學校歷史硏究所, 民國 86.

31) 6차례 행사는 경칩, 관우아들 관평의 생신제(음력 5.13), 관우 생신제(음력 6.24), 상강, 관우 제일(음력 10.19)과 적벽대전 출전일(음력 12.6) 등이다. 이 중 관평의 생신제가 제일 큰 규모로 이때는 옷을 새로 지어 관우에게 올린다고 한다.

32) 全北農地改良組合 編, 『全北農組70年史』, 1978, 280∼310쪽.

33) 1929년 인천 화교의 분포도를 통해서도 한국화교의 절대 다수가 산동출신임을 알 수 있다.

로 가깝고 가까운 친인척끼리 무리를 지어 이동하다 보니 자연스럽게 동향출신들이 많았다. 이들은 연태 북쪽의 용구항(龍口港)에서 배를 타고 대련(大連)으로 가서 열차 편으로 안동(安東)을 거쳐 조선에 들어온 뒤, 신의주를 거쳐 전주까지 오거나 아니면 선편으로 인천, 군산, 목포 등지로 온 뒤 다시 육로를 이용해 전주로 왔다. 배를 타면 시간이 단축될 수 있었지만 상대적으로 위험이 커서 주로 기차를 이용하는 경우가 많았다.[34]

1931년 '만보산사건' 전에 이미 전주화교들은 주로 포목점, 음식점을 운영하거나 농업에 종사하였다. 다가동 일대를 중심으로 몇 집의 포목점이 있었고 유씨(劉氏) 성을 가진 점포가 비교적 규모가 컸다. 그리고 진북동(鎭北洞)에는 채소를 재배하는 농민들이 있었다. 음식점으로는 최초로 오세길(吳世吉)이 창업한 중흥관(中興館)이 역시 다가동에 문을 열었다. 오 씨는 얼마 후 당시 진북동에서 채소를 재배하던 산동 영성(榮成) 출신 윤전승(尹傳昇)을 경리로 영입하게 된다. 1930년대 후반 충남 강경지역에 들어온 윤 씨는 다른 형제들과 분가하면서 전주 외곽지역인 진북동(鎭北洞)에 정착하여 채소를 재배하였다. 영성에서 농사를 짓던 평범한 농민 윤 씨 일가는 4형제 중 2형제가 가난을 피해 한국으로 건너왔고 장남이 강경에, 차남이 윤전승 씨가 전주에서 채소농사를 지으며 한국생활을 시작하였다. 비록 농사에 익숙한 건장한 농민들이었지만 이국에서의 정착은 쉽지

본적	산동	하북	요녕	절강	호북	강소	광동	복건	안휘	산서	계
인수	3085	88	36	20	12	11	3	1	1	1	3258

『外交部公報』 3권, 4기, 1930.8 楊昭全·孫玉梅, 앞의 책, 167쪽에서 인용.
34) 신흥상회 왕국민 씨 면담, 2006.10.11.

않았다. 언어와 생활습관이 달랐고 매번 밭으로 물을 끌어 쓰기도
쉽지 않았으며 채솟값은 형편없이 싸 호구지책도 힘이 들었다. 그
후 장남(家鴻)과 차남(家賓)이 태어나자 윤 씨 일가는 당시 타 지역
의 화교들처럼 농사를 접고 오 씨와 같이 중흥관을 운영하게 되었던
것이다. 원래 초기에는 요릿집 형식으로 일반 기생들도 있었다고 하
였지만 1950년대 이후 단순한 중화요리점으로 변모하여 전주에서 가
장 큰 식당으로 발전하였다.[35]

이렇듯 19세기 말 전주에 건너온 화교들은 주로 상인이 많았지만,
1930년대를 전후하여 온 산동 사람들은 농민들도 적지 않았다. 그리
고 이들은 짧은 적응기간을 거치면서 하나둘 요식업, 포목점, 잡화점
등 비교적 수입이 좋은 상업으로 전업을 시도하였다. 1945년을 전후
하여 도청 배후지역으로 번화가인 다가동 일대는 화상들이 하나둘
자리를 잡기 시작하여 100여 명에 이르렀다. 유일하게 하북(河北) 출
신 유춘수(劉春秀) 씨는 주물공장을 운영하였는데, 동자(東字) 연호
를 사용하였고, 황현 출신 상인들의 음식점은 취자(聚字) 연호를 구
성하였다. 이러한 변화는 전체 한국화교의 변화와도 궤를 같이한다.
1945년 이후 요식업과 이에 재료를 공급하는 잡화상의 증가는 명확
한 추세였고 제조업이나 농업은 현저하게 감소하였다.[36]

---

35) 윤가흥 씨 면담 결과, 2006.10.18.

36) 박은경 『화교의 정착과 이동: 한국』 62쪽, 이화여자대학교 박사논문, 1981. 1955~1966
년 사이 화교 농민은 501명에서 264명으로 대폭 줄다가 1966년 이후 통계수치에서는
더 이상 보이지 않는다. 내무부통계국, 『대한민국통계연감』 1955~1966. 또 다른 자료
에 의하면 1960년대 말 요식업에 종사하는 수는 전체 화교수의 70%에 달하였다고 하
였다. 秦裕光, 「화교」, 중앙일보, 1979.9.

3) 발전시기

전주화교들의 발전을 보여주는 중요한 근거는 학교이다. 다가동을 중심으로 화교들이 모이고 아이들이 많아지자 학교 설립이 추진되었다. 1945년에 양진옥(楊振玉) 선생을 초빙하여 최초로 화교 서당을 개설하였다. 다음 해에는 화교 소학교로 이름을 바꾸고 1기 2명, 2기 4명, 3기 4명의 학생이 배출되었고 1960년대에는 교사 4명과 120명에 달하는 규모로 발전하였다. 전쟁기간에도 전주지역은 별다른 영향을 받지 않아 타 지역에서 많은 화교가 유입되어 다가동은 점차 화교들의 중심지역이 되어갔다. 농업지역으로 경제상황이 비교적 좋았고 기후가 따뜻했으며 민풍 또한 온화하여 적응하기가 쉬운 배경이 있었다. 화교들의 수에 비해 아이들이 적었던 이유는 당시 독신자들이 많았기 때문이었다. 화교들이 고향인 대륙에서 이미 결혼을 했지만, 관동군이 엄격하게 가족들의 동행을 제한했기 때문에 단신으로 한국에 건너와 생활하느라 초기에 아이들은 많지 않았지만, 점차 안정적으로 증가하였다. 1970년대 들어 다가동에는 윤전승 씨의 아들인 가홍 씨의 홍빈관, 가빈 씨의 홍콩반점, 임국량 씨의 진미반점, 아관원 등 음식점이 개업하여 화상들이 활발하게 발전하였다.

전주화교사회를 논할 때 빼어놓을 수 없는 인물이 임국량 씨이다. 그는 전주화교 소학교의 설립자이자 1990년대 초까지 약 40여 년 동안 교장직을 맡아왔다. 그는 원래 타지에서 전주로 이주해왔는데 국민당원이었고 독실한 일관도 신자였다. 전주화교들 사이에는 일관도 신자가 유독 많았다. 당시 한국에서 활동하던 일관도는 대략 금복당(金福堂)과 장진인(張眞人) 두 파가 있었는데 금복당파가 수적으로 우세하였다. 이들은 불당을 조성하고 정기적인 모임을 통해 선교활동을 하였다. 이러한 배경을 기초로 대사관 등 중앙 인사들과 교분을 하면서 오랫동안 전주화교사회의 중심에 있었다. 애초 소학교를 설립할 당시 자금이 부족하자 임씨 등은 전국 대도시의 화교협회를 찾아다니며 재원을 모금하여 현 위치인 다가동지에 학교를 세우게 되었다. 그 후 그는 오랫동안 교장과 화교협회회장으로 있었는데 초기부터 자금의 운용과 투명성에 대해 계속 구성원들 간의 불만이 쌓여갔다. 그러나 화교사회가 너무 좁고 위계질서 때문에 불만이 잠복되어 있다가 1990년대 초 결국 교사 매입문제로 문제가 불거지면서 임 씨는 교장직을 내놓았고 결국 1990년대 중반 미국으로 이주하였다. 지금 화교학교 교사는 화교들이 공동 지분으로 매입하였고 일부는 이를 다시 팔기도 하였다. 그 후 윤가빈 씨가 교장직을 이어받았으나 화교 수가 급감하여 1990년대 후반 이후 1명의 선생님하에 30여 명의 한국 아이들만 언어를 배우고 있다.

4) 신이주기

1980년대 중반 전주화교들은 하나둘씩 전주를 떠나기 시작하였다. 가장 큰 이유는 1960년대 출생하여 정규교육을 받은 자녀들이 대만과 미국으로 대학진학을 하면서 생활기반이 옮겨갔기 때문이다. 부동산 매매 규제 등으로 새로운 투자처를 찾지 못한 것과 젊은이들이 배우자를 쉽게 찾을 수 없는 것도 큰 이유였다. 다만 윤가홍 씨는 성이 한국인에게도 흔한 윤 씨여서 담당 공무원의 소홀 때문에 비교적 큰 규모의 부동산을 구매할 수 있었지만 다른 화교들은 그렇지 못하였다. 2세대 중 일부분은 미국으로, 또 일부분은 대만으로 그들의 선대가 고향을 떠나 둥지를 찾듯이 새로운 둥지를 찾아 떠났다. 미국으로 이주한 화교들은 대부분 식당을 개업한 반면 대만을 선택한 이들은 대북시의 외곽인 영화(永和) 주변에 자리를 잡고 한국 물건을 파는 소규모의 잡화점으로 변모하였다. 그리고 교육을 받은 3세대들은 부모세대와는 달리 요식업을 이어받은 극소수를 제외하고는 한의사나 교사 혹은 무역상 등 완전히 다른 업종으로 전환하였다. 그들은 부모들이 음식점을 통해 힘들게 돈을 버는 것을 보면서 성장하였기에 비교적 안정적이고 사회적으로 존경받는 직업을 택하려 노력하였다. 윤가홍 씨는 다섯 자녀를 한의사와 대학교수, 교사로 키우는 등 대부분 화교 3세들은 더는 음식점을 경영하지 않는다. 세계 다른 지역의 화상들이 몇 세대를 거쳐 오면서도 가업을 포기하지 않는 것과는 달리 한국의 화교들은 소수만이 비교적 규모를 갖춘 성장을 하였고 나머지는 전업하였다. 이는 한국 사회에서 요식업이 갖는 사회적 위치와 무관하지 않을 것이다. 미국으로 이주한 한국화교들이 오히려 그곳에서 요식업을 계속하고 있다는 것은 바로 이러한 단면을 보여주는 것이다.

5) 차이나타운 건설사업

지방자치제 도입 이후 전주의 민선시장들은 도심을 새롭게 꾸미기 위해 여러 가지 사업을 추진하였다. 차이나타운 건설도 그중의 하나였다. 2002년부터 김완주 전주시장은 전북을 통과하는 서해안 고속도로 완공과 인접한 김제공항 건설 예정에 따라 중국 관광객을 유치하기 위한 새로운 명소를 세우고 신시가지 개발로 구도심권의 쇠퇴를 방지하고 활성화하기 위해 특화거리를 조성하여 시민에게 휴식공간 및 주변 상권 활성화를 기한다는 목적하에 차이나타운을 건설하기로 하였다.[37] 따라서 원래 화교들이 거주하고 화교 소학교가 있는 다가동 일대를 차이나타운으로 지정하고 거리조성사업을 하였다. 원래 화교들이 밀집해 있던 다가동 일대와 인접해 있는 웨딩거리를 연계하여 차후 서문 등을 복원하고 중국 문화센터 및 중국 공원을 조성하여 면세점, 특산물, 공예품 및 공산품 점을 우선적으로 배치한다는 계획이었다. 또 전동거리와 연결되는 약전거리와 연결하여 중국한약상을 유치하므로 서전주 특유의 차이나타운을 건설한다는 구상이었다. 이를 위해 시비 15억 원이 투자되어 길이 245미터 폭 8미터거리를 판석으로 포장하고 상하수관을 정비하였으며 자매도시인 장쑤성 쑤저우시(江蘇省 蘇州市)의 도움을 받아 패루(牌樓)를 설치하는 등 2004년 9월 기간사업을 마무리 지었다.[38] 그러나 이 거리는지금 사람들이 많이 지나다니지 않는 공허한 거리가 되어 있다. 우선 이 사업을 시작하기 전에 화교들에 관한 정확한 실태조사가 없었고 또 기존의 화교들의 의견도 도외시된 채 무리하게 사업이 추진되다 보니 덩그러니 외형만 남은 무리한 사업이 되고 말았다. 아무리거리를 조성해놓아도 그곳을 채울 화교 인구가 없는 현실 때문이다.사람에 주의하기보다는 사업에 집중한 전형적인 결과였다. 애초 화교들은 거리조성보다는 기존에 있는 자신들의 노후한 건물에 대한

---

37) 전주시 편 「구도심 활성화 지원조례」, 2003.12.
38) 전주시 편 「전주 차이나타운 조성사업 기본계획 및 실시 설계보고서」, 2003.12.

보수를 통해 거리 활성화를 요망하였으나 개인 사업에 대한 지원은 조례가 없다는 이유로 받아들여지지 않았다. 결국 거리는 만들었으되 이를 채울 콘텐츠가 없는 공허한 사업이었다. 사업이 추진된 다가동 일대는 오직 화교 소학교와 화상 잡화점인 신흥상회만이 우두커니 자리 잡고 밤이면 이 일대는 온통 암흑으로 휩싸인 채 적막감만 들고 있다. 전주시는 구도심 재개발을 통해 인접한 태평동 일대가 개발되면 다가동까지 새로운 인구유입이 있을 것이라는 기대가 있지만 그리 순탄치는 않아 보인다. 최근 전주는 지속적으로 인구가 감소하고 그나마 구도심의 인구가 도청, 경찰청 등의 이주와 더불어 서신동과 중화산동 등 신도심 쪽으로 급격히 이동하기 때문이다.

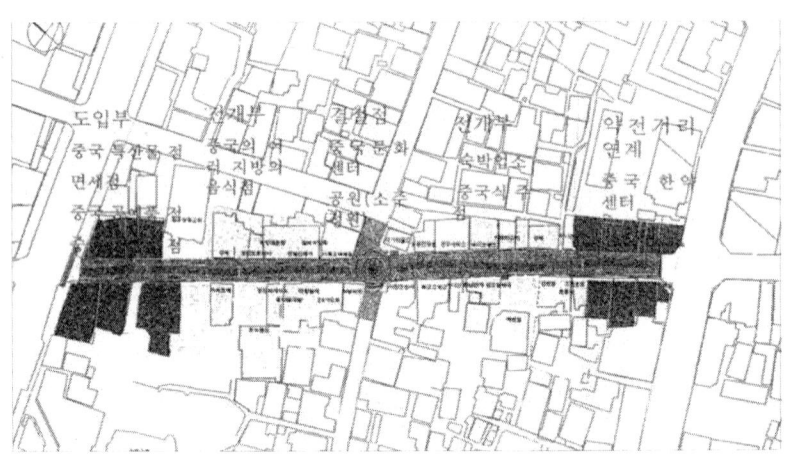

출처: 전주시 편, 「전주 차이나타운 조성사업 기본계획 및 실시 설계보고서」, 2003.12.

〈그림 2〉 전주시 구도심 활성화 계획도

4. 결론

전주화교는 2세대 이후 3세대들이 거의 전주를 떠나버려 명맥이 완전히 끊길 상황에 처해 있지만 별다른 변화는 보이지 않는다. 2세대 중 명맥을 이어가고 있는 진미반점, 홍콩반점, 어선방, 대보장, 영흥관, 일품향 등 불과 6집이 남아 있고 3세대는 이미 한의사, 교사 등으로 전업하여 타 지역으로 이주하였다. 남아 있는 2세대들 중, 윤가흥 씨는 화교협회회장을 맡고 있지만 이미 사업을 접고 여느 한국 은퇴자들처럼 구청의 노인 프로그램에 참여하며 한적한 시간을 보내고 있다. 윤가빈 씨는 아직도 음식점을 경영하고 있고 잡화점을 운영하는 신흥상회의 왕국민 씨도 아직 남아 있는 몇 화상 가게에 물건을 공급하고 있지만 역시 곧 문을 닫고 은퇴할 예정이다. 나머지도 머지않은 시간 내에 가게를 접고 은퇴를 한다면 진주 구화교사회는 완전히 그 명맥이 끊어지게 된다. 이들은 전주에서 태어나 한곳, 한 업종으로 일생을 보낸 그야말로 전주 토박이들이다. 전주에 화교가 정착한 지가 20세기 초반부터라고 하더라도 전주화교사회는 100여 년의 역사를 가지고 있고 1960～1980년대까지 전주 도심부에서 화려한 번성기를 누렸지만 1990년대 이후 급격히 인구가 유출되면서 위축되기 시작하였다. 이들은 자신들이 전주 역사의 한 축을 이루었지만 크게 단합된 모습으로 좀 더 응집력을 보이지 못한 것에 대해 무척 아쉬워하였다. 여러 가지 제약으로 커다란 부를 쌓지도 못했고 전주의 주류사회와 깊은 유대관계를 맺지도 못한 채 3세대들은 모두 객지로 떠나버려 더는 전주에서 살아가야 할 힘도 잃고 있다. 최근 급격히 늘어가고 있는 신화교들과도 어떠한 연계도 없이 자신들에

관한 어떤 문자기록도 남기지 않은 채 새롭게 건설된 차이나타운에
도 참여하지 못하고 어느 날 마치 지나가는 손님처럼 갑자기 전주사
회에서 사라져 버릴 상황이다. 이들이 기록을 남기지 않은 배경은
아마도 지역사회 규모가 작고 2세대와 3세대 간의 급격한 이탈이 중
요한 원인이었을 것이다. 전주와 비교적 규모가 비슷한 일본 중소도
시는 역시 세대 간의 교체가 컸지만 3세대가 산업연수생이라는 새로
운 요인으로 지속적으로 유입되어 현지주민과의 결혼이라는 과정을
통해 적응하는 과정을 거치면서 대만과 중국 사이에서 정치적 선택
문제로 고민하는 것과는 매우 다른 양상이다.[39] 적어도 전주의 화교
들에게 중국과 대만이라는 정치적 사안에서 선택 문제는 그리 중요
하지 않았다. 지금 한국의 화교사회는 서울과 인천을 제외한 다른
도시에서는 모두가 대동소이한 문제에 봉착하고 있다. 각 지자체 단
체들이 앞다투어 막대한 투자를 하며 차이나타운을 건설하고 있지만,
그전에 선행되어야 할 역사적 배경이나 실태조사는 충분하게 이루어
지지 않고 있어 비단 한국화교들의 역사가 공백으로 남는 것뿐만 아
니라 지자체들의 재정낭비가 더욱 심각한 상황이다. 군산, 법성포,
목포, 속초, 삼척 등 항구는 물론 강경, 익산, 전주, 김해, 춘천 등 내
륙 중소도시에도 적지 않은 화교들이 거주하였던 역사가 남아 있다.
전주는 이러한 전형적인 경우로 마지막 남은 2세대들에 대한 현지조
사를 통해서라도 이들이 살았던 역사의 공간을 메꾸고 지자체들의
예산낭비를 막는 기초작업에 인색해서는 안 될 것이다.

---

39) Wang Wei, Chinese New Migrant Community in Takamatsu of Japan, International
    Society for The Study of Chinese Overseas Regional African Conference,
    2006.12.4, South Africa.

박기수

　성균관대학교 사학과 교수
　전공: 중국 명청시대 사회경제사
　성균관대학교 현대중국연구소 부소장
　『전근대 동아시아 대외무역과 국제관계』(2008) 외 다수

巫仁恕(Wu Jen-shu)

　(臺灣) 臺灣大學 歷史系 兼任講師
　　　中央研究員 近代史研究所 副研究員
　전공: 중국 명청시대 사회경제사
　『激變良民: 傳統中國城市群衆集體行動之分析』(2011) 외 다수

小川快之(Ogawa Yoshiyuki)

　(日本) 早稲田大學, 國士舘大學 非常勤講師
　　　法政大學 兼任講師
　전공: 중국 근세법제사, 사회사
　『傳統中國の法と秩序−地域社會の視点から』(2009) 외 다수

이화승

　서울디지털대학교 중국학과 교수
　전공: 중국 명청시대 상업사
　『제국의 상점』(2008) 외 다수

정혜중

　이화여자대학교 사학과 교수
　전공: 중국 근대사
　『중국의 청사공정연구』(2009) 등 다수

강용중

　성균관대학교 현대중국연구소 연구교수
　전공: 中國語史(어휘학)
　「조선시대 유해류 역학서 상업어휘 수록 양상과 대비」(2009) 외 다수

홍성화 ─────────────────────────────────

부산대학교 역사교육과 교수

전공: 중국 근세사

「명대 후기 상업관행 속에서의 정보와 신용」(2009) 외 다수

중국
전통상업관행의
동아시아적 전개

초판인쇄 | 2012년 9월 10일
초판발행 | 2012년 9월 10일

지 은 이 | 박기수 외
펴 낸 이 | 채종준
펴 낸 곳 | 한국학술정보(주)
주   소 | 경기도 파주시 문발동 파주출판문화정보산업단지 513-5
전   화 | 031) 908-3181(대표)
팩   스 | 031) 908-3189
홈페이지 | http://ebook.kstudy.com
E-mail | 출판사업부 publish@kstudy.com
등   록 | 제일산-115호(2000. 6. 19)

ISBN   978-89-268-3855-6 94320 (Paper Book)
         978-89-268-3856-3 95320 (e-Book)
         978-89-268-2549-5 94320 (Paper Book Set)
         978-89-268-2550-1 95320 (e-Book Set)

 한국학술정보(주)의 학술 분야 출판 브랜드입니다.